核心素养与教学改革

主编◎钟启泉　崔允漷

华东师范大学出版社
·上海·

图书在版编目(CIP)数据

核心素养与教学改革/钟启泉，崔允漷主编. —上海：华东师范大学出版社，2017
ISBN 978-7-5675-7282-9

Ⅰ.①核… Ⅱ.①钟…②崔… Ⅲ.①课程改革—教学研究—中国 Ⅳ.①G423.07

中国版本图书馆CIP数据核字(2017)第313833号

核心素养与教学改革

主　　编　钟启泉　崔允漷
策划组稿　李恒平
项目编辑　师　文
审读编辑　赵建军　师　文
责任校对　王婷婷
封面设计　庄玉侠
版式设计　俞　越

出版发行　华东师范大学出版社
社　　址　上海市中山北路3663号　邮编200062
网　　址　www.ecnupress.com.cn
电　　话　021-60821666　行政传真021-62572105
客服电话　021-62865537　门市(邮购)电话021-62869887
地　　址　上海市中山北路3663号华东师范大学校内先锋路口
网　　店　http://hdsdcbs.tmall.com

印 刷 者　浙江临安曙光印务有限公司
开　　本　787毫米×1092毫米　1/16
印　　张　12.5
字　　数　273千字
版　　次　2018年7月第1版
印　　次　2025年7月第16次
书　　号　ISBN 978-7-5675-7282-9/G·10839
定　　价　42.00元

出 版 人　王　焰

序言|Foreword

立德树人是教育的根本任务。作为学校教育的专业实践，课程承载着国家的教育意志、教育目标和教育内容，培育着学生的社会主义核心价值观，直接影响人才培养的质量。为了将立德树人根本任务与学科课程教学建立内在的联系，破解教育目的与课程教学“两张皮”的世界难题，明晰课程育人、学科育人的具体路径，此次国家修订普通高中课程标准，在经过持续对话与广泛讨论之后，每一门学科都凝练了学科核心素养，这是我国中小学课程标准研制的重大突破之一。

核心素养是当今世界各国课程改革的风向标、主基调。世纪之交，自经济合作与发展组织(OECD)提出核心素养之后，一石激起千层浪，欧盟、联合国教科文组织、世界经济论坛等国际组织，以及美国、英国、法国、日本、澳大利亚、新加坡、韩国、芬兰、新西兰等国都提出了自己的“核心素养”，并依此倡导课程改革，以回应如何培养能够在复杂多变的未来社会获得个人成功、促进社会进步的时代新人的问题。在这样的形势下，我国也在2014年启动了学生发展核心素养项目，经过专家团队的努力，建构了三个维度、六个素养、十八个基本要点的中国学生发展核心素养框架。核心素养的提出，标志着课程改革为了应对信息化、全球化与知识经济社会对人才培养需求变化而实现的一次华丽转身，即从对内容的关注转向对学习结果的关注，从对教材、标准的要素关注转向对“培养什么样的人”、“怎样培养人”、“为谁培养人”的功能的关注。

作为课程与评价概念，核心素养是一种完整的育人目标体系。从抽象到具体，它可以分为三层：顶层是教育目的，中层是学科育人目标，底层是课堂教学目标。这三层自上而下不断具体化，自下而上不断抽象化，构成了课程育人的完整框架，也体现了课程育人的复杂性与专业性。国际上关于核心素养的文献表明，大多数核心素养涉及的是顶层的教育目的，是关于“培养什么样的人”的问题，这是由延续教育(课程)标准研制的传统决定的，而鲜有涉及“怎样培养人”的问题。在教育目的层面，我国长期以来已经形成了共识，即“培养德、智、体、美全面发展的社会主义建设者和接班人”。基于我国的中小学教育传统与国情，我们遇到的最大挑战是“怎样培养人”和“为谁培养人”的问题，即学科课程育人的问题，也就是如何通过一门一门学科贯彻党的教育方针、落实立德树人根本任务的问题。学科核心素养就是对这一重大问题的有力回应，揭示了学科育人的价值观念。

学科核心素养是学科教育在全面贯彻党的教育方针、落实立德树人根本任务、发展素质教育中的独特贡献，是学科育人价值的集中体现，是学生通过学科学习之后而逐步形成的正确价值观念、必备品格和关键能力。由于学科不同，每门学科凝练的核心素养的个数也有差异，最少的有三个，最多的有六个，如地理学科核心素养有四个，即区域认知、综合思维、地理实践力与人地协调观；历史学科核心素养有五个，即唯物史观、时空观念、史料实证、历史解释、家国情怀。在同一学科中，尽管为了可理解、可操作、可测评，把核心素养分开来表述，但我们应该把它理解为一个整体，核心素养是通过整体发挥作用的，需要从整体来把握。每个学科核心素养划分为五个水平，不同的核心素养在同一水平上进行整合，形成学科学业质量标准的水平，以规范和指导过程性评价、学业水平考试或高考命题。

学科核心素养体现了学科性、科学性、教育性与人本性的特点。它厘清了学科课程的育人目标，指明了学科教学与评价的方向，规划并引领了学科教育教学实践。学科核心素养是知识与技能、过程与方法、情感态度与价值观“三维目标”的整合与提升，是学科育人目标的认知升级。学科核心素养有助于建构课程育人的专业话语，打破学科等级化的困局，提供更具教育性的问责，消解分科与整合的对立，推动课程领域的专业对话，体现了中国课程人为世界课程共同体解决同类问题所提供的“中国方案”。

为了便于各位同仁深入学习与研究上述问题，我们将近几年此领域的最新研究成果进行汇编，希冀能够为深化我国基础教育课程改革贡献一点微薄的力量！感谢各位作者的专业洞见并应允在此发表！感谢《全球教育展望》杂志社同仁为此书出版所作出的贡献！感谢华东师范大学出版社！

编者

2018 年 7 月

目录 | Content

核心素养

核心素养与教学改革

目录 | Content

核心素养与评价改革

核心素养

- 学科教学的发展及其课题：把握『学科素养』的一个视角
- 学科素养模型及其验证：别国的经验
- 基于语文核心素养的『语用热』再认识
- 美国『各州共同核心标准』之『阅读标准』
- 也论数学核心素养及其构建
- 数学表征与变换能力的评价指标体系研究综述
- 西方国家数学教育中的数学素养：比较与展望
- 综合实践活动课程核心素养与评价探析

学科教学的发展及其课题：把握“学科素养”的一个视角

钟启泉

“学科教学”(subject teaching)不是自然现象，而是一种同时代、社会、文化息息相关的社会现象。进一步可以说，作为学校核心教育活动的“学科教学”是借助师生的互动而形成的兼具科学性和艺术性的一种创造性活动。这里主要探讨学科教学及其所体现的“能力・素养”的历史发展，现代学科教学的诉求与特质，以及在“核心素养”语境下透过“学科群”把握“学科素养”的课题。

一、学科教学与“能力・素养”的历史发展

学科教学与“能力・素养”犹如一个钱币的两面：学科教学是该时代对学校教育所期许的“能力・素养”的具体体现，“能力・素养”是借助学校的学科教学得以现实化的。然而，在应试教育的背景下，这种相辅相成、相得益彰的关系被扭曲、瓦解了，于是旨在扭转这种局面的“核心素养”的界定应运而生。

（一）学科教学的框架

“学科”(subjects)的历史同学校教育的历史一样，可以追溯到古希腊的修辞、辩证法、算术、几何、天文学、音乐，尽管整合了古希腊以来传统的世俗学科，但这种学科课程远离了世俗的生活，旨在培育“圣职者”，是为特权阶级服务的。“这就是作为近代史出发点的一种传统学科课程。克服这种课程弊端的过程，便是近代新的学科课程与新的学科的形成史。”[1]所谓“学科教学”是在学校的课程编制中以程序化的各门学科为媒介，作为教学活动而加以定型化的。学科教学的独特功能是以形成儿童的人类能力的方法论体系作为框架而形成发展起来的。这种框架是“以作为人类共同的文化遗产而建构的诸学科领域的客观内容为基本构成单位，借助教学指导的实践形态，使儿童通过习得人类文化遗产与科学的见识，来形成自身的人类能力的一种方法论体系”。[2]自公共教育制度下的学校教育诞生以来，学科教学被赋予的固有含义不断演化，一直发展至今。在今日时代，学科教学的模式仍然是牵涉学校课程争论的一个焦点。

毫无疑问，在不同社会历史背景下的学校教育中存在着不同的课程编制意图，不同的学

科教学构想。近代以降,随着教育内容与教学方法的经验与理论建构的积累,以学科内容的编制与排列的学科和学科群为基础的学科教学,形成了一定的框架与意涵。大体可以说,作为近代化教育发展的一个指标,伴随学校教育义务化的进程,"学科教学是以全体国民为对象,借助'知识'的'解禁',得以实现权利、财富、社会地位等社会条件的自由化与平等化的一种启蒙"。[3]这是一种在学校教育的所有活动中准备了学科教学与学科外教育,并不断得以补充、完善的过程。作为学校教育近代化的一个杠杆的,是在公共教育制度形成之后形成的双轨制国家投资计划——一面是基于众多民众的启蒙作为基础,借以培育低廉的劳动力;一面是培养少数精英。这种教育是以知识的意识形态控制与主导权的再生产为其根本特征的。近代以降的"考试时代"横行的现象是,以知识测验作为有效的甄别与等级化的工具,"社会选拔"得以合法化,从而扭曲了学科教学的本来面貌。

近代以降,作为重要社会装置的学校教育是同产业化进程同步展开、与时俱进的。不仅中世纪以来的大学,即便在古典的中等学校,随着世俗化的进展,在传统的古典教养学科基础上添加了近代的各种学科。无论在封闭的精英教育机构还是在开放的平民教育机构中,世俗化、实学主义受到推崇,形形色色的近代学科诸如替代拉丁语的母语、外语、数学、几何、测量、地理、历史、博物与自然、手工业、家政、图画、唱歌、体操、政治、经济、法律等,被引进到学校教育中。这种近代学科大体分两种样态。第一种样态,"要素主义"——传承并发展了平民的"生活能力"这一传统特色浓厚的、以"三基"(读、写、算)为基础,旨在充分地、系统地习得基础素养而设定的类型。第二种样态,"百科全书主义"——以夸美纽斯(J. A. Comenius)、孔多塞(Condorcet)为代表,着眼于变革时代的科学与学术的探讨而设定的类型。这两种完全不同的学科编制隐含着"实质训练"与"形式训练"的教学逻辑的对立,构成了公共教育制度下课程发展的一个恒久的理论课题。

近现代学科发展的一个思想背景是"儿童的发现"与人权教育思想。近代学科教学的理论发祥,可以归结为"把一切事物教给一切的人"。特别是文艺复兴运动,以卢梭(J. J. Rousseau)、裴斯泰洛齐(J. H. Pestalozzi)、福禄贝尔(F. W. Frobel)等为代表的新人文主义、博爱主义、马克思主义,以及倡导学科改造的新教育运动的理论,无不贯穿着"人性教育"与"自由教育"的逻辑,都是支撑近现代学科教学的基本理论。倘若从社会制约性的角度来梳理学科教学谱系的时代划分,那么,可以区分如下的时期:[4]

(1)近代学科教学的摸索与19世纪末伴随公共教育确立的学科教学定型化时期。(2)20世纪初直至20世纪50年代旨在人才培育与国民养成的国民教育的形成与确立期所表现出来的学科教学的改造——基于学校课程的综合与学科结构变革的教学改造,开始重视学科的有机构成与儿童的学习活动,以及学科教学还原于生活与活动的社会适应化的时期。(3)1950—1970年代技术革新与高等教育大众化浪潮中,旨在确保人才培育的"学科现代化"、推进学习的程序化与教学的系统化,展开教学类型探讨的时期。(4)20世纪60年代后半叶寻求教育机会均等与"教育人性化"思潮昂扬的时期。

总之,规约学科教学的一个根本要因,是同各国各时代公共教育制度的开放性与教育保障的民主性成熟程度息息相关的。在各自的社会历史条件的制约中，决定了阶梯式的学科教学的内涵与地位。从这个意义上说，学科教学终究是一种社会现象，是同学校教育所承担的功能与作用相呼应的。

（二）从“素养”概念的演进看学科教学的发展脉络

我们还可以从“素养”(literacy)概念的演进，进一步把握学科教学的历史发展脉络。在近代学校教育中，所谓“素养”意味着“初步的读写能力”，主要指以书面语言为媒介而构成的书面文字的沟通能力。19世纪80年代伴随着公共教育制度的普及，“读、写、算”成为学校中必须共同学习的基础教学的内容。到了20世纪二三十年代，学校中掌握的“读、写、算”的知识与技能，在日常生活与工作中已经不能适应了，于是产生了作为一个社会成员必须具备的读写能力——“功能性素养”(functional literacy)的要求。然而进入20世纪70年代，特别是在发展中国家，越是在中小学培育日常生活与工作中运用的读写能力(功能性素养)，出生社会底层的人越是容易受到统治阶级的压迫，因而固化了统治阶级与被统治阶级的关系，形成了有助于统治阶级利益的价值再生产。巴西的“被压迫者教育学”之父弗拉雷(P. Freire)倡导，必须借助教育，使受压迫、受贬低的被压迫者能够批判性地直面自身所处的社会现实，争取自身的解放与社会的变革。这种“素养”谓之“批判性素养”(critical literacy)。晚近围绕“素养”的讨论愈益活跃，PISA的“阅读素养”、“数学素养”、“科学素养”的界定就是一个典型。此前，“××素养”的方式，诸如“媒体素养”、“信息素养”、“金融素养”也层出不穷。PISA探讨的“素养”，不是单纯的、初步的读写能力，而是能够在现实世界中运用的能力。就这一点而言，它具有“功能性素养”的一面。但另一方面，PISA的基础素养针对欧盟的“关键能力”的界定，指向了另一个方向——不是旨在单纯地提高经济效率，而是应当从民主进程、社会沟通、人权与和平、公正、平等、生态、可持续的角度，提出了审视、矫正自己所处的社会模式的方向。就这一点而言，它具有“批判性素养”的一面。全球化时代期许的核心素养，应当从功能性素养与批判性素养两个方面来构想学科教学的实践。

“素养”概念经历了三个历史发展阶段的演进，按照威利斯(A. I. Willis)的描述，这些阶段表现了各自的主要特征。[5]第一阶段，素养即技能。这是近代学校教育发祥之前就有的观点，它是一种去语境的，批判性素养不承认“素养”的具体语境和制约。这是第一阶段的主要特征。第二阶段，素养即学校里传授的知识技能。这种观点同现代学校教育制度的出现与发展相关。哈希(E. D. Hirsch)的“文化素养”(cultural literacy)尽管冠以“文化”的名称，但依然属于第二类概念。第三阶段，认识到素养即社会文化的创造，强调知识的社会建构过程，学习者的背景性知识和既有经验，读者和文本之间的交互作用。显然，第一阶段的“素养”概念是脱离或是排斥语境的立场的。第二、三阶段都重视语境，但在第二阶段，是从个人出发来考虑与社会文化的关系的，而在第三阶段，是民族和文化之中的素养的实践，视为民族和文化创造素养，或是视为对于民族和文化之挑战的素养——“批判性素养”。

进入新世纪以来，奔腾着两股搅动世界学校改革的“核心素养”(Core Competencies)潮流。其一，是以“知识社会”为背景界定“关键能力”的经济合作与发展组织（Organization for Economic Co-operation and Development，OECD）的“核心素养的界定与选择”的潮流。“关键能力”的界定也纳入了OECD学生学业成绩调查（PISA）的框架，对各国教育改革产生了巨大的影响。其二，是“21世纪型能力”的界定潮流。美国一直有众多的项目致力于必要的“资质”与“能力”的概念化研究，形成了旨在培育“21世纪型能力”的教育改革运动，对国际教育界也产生了巨大的影响。

另外，“21世纪型能力的学习与评价”的国际项目的一部分见解在PISA2015中产生了影响。试比较各国各地区的“核心素养”的界定，可以发现存在诸多共同的特征。其一，作为教育目标培育的“能力·素养”，几乎在所有国家与地区都以关键词的形态做出了梳理。可以说，基于“核心素养”的课程改革成为当今时代的国际潮流，其背景主要是受OECD的“关键能力”与美国的“21世纪型能力”两股潮流的影响。其二，所指向的“能力·素养”，不同国家有不同的用语，包括通用能力、核心素养、关键能力、21世纪型能力、共同基础、核心力量、通用技能，等等。大体是以“通用”、“关键”的形容词与“素养”、“能力”（技能）的搭配组合起来的术语。其三，试梳理一下这些“素质”、“能力”可以发现，其大体可以囊括为“基础素养”、“认知技能”、“社会技能”三种构成要素。不同国家与地区显示出种种的构成要素，但大体可以分为三类：（1）读写能力、数学能力、处理ICT之类的语言、数学、信息的“基础性素养”。（2）以批判性思维与学习方式的学习为中心的高阶的“认知技能”。（3）社会能力、自我管理能力等同他者与社会的关系以及其中有关自律性的“社会技能”。

（三）基于“核心素养”的学科教学

国际教育研究组织“课程重建中心”（the Center for Curriculum Redesign，简称CCR）会长法德尔（C. Fadel）主张，在“21世纪型能力”的培养中必须重视四个维度，即不仅重视知识，而且必须重视知识同其他三个维度——“技能”（skills）、“人性”（character）、“元学习”（meta-learning）的关联。[6]因此，学校课程必须从“知识本位”的课程设计转向“素养本位”的课程设计，借以培育学生的“全球（多元文化）素养”、“环境素养”、“信息素养”、“数字素养”、“系统思维”、“设计思维”等，这就无异于提出了学科知识系统改造的课题，也提出了求得学科知识与跨学科知识平衡的课题。CCR基于证据与研究归纳出的“知识框架”表明，无论是学科知识还是跨学科知识都是沿着如下的方向得以表达的：（1）概念与元概念；（2）过程、方法、工具；（3）领域、主题、话题，同时也包容了更多的跨学科表达。[7]

基于“核心素养”的学科教学面临诸多挑战。首当其冲的一个挑战是，梳理“核心素养”与“学科素养”的关系。“如果说，核心素养是作为新时代期许的新人形象所勾勒的一幅‘蓝图’，那么，各门学科则是支撑这幅蓝图得以实现的‘构件’，它们各自有其固有的本质特征及其基本概念与技能，以及各自学科所体现出来的认知方式、思维方式与表征方式。”[8]倘若认同这一认识，那么，准确的提法应当是“学科素养”，“学科核心素养”的提法自然是不成立的，这种提法只能导致“多核心”的“分科主义”的张扬。“学生发展核心素养”也是一种画蛇添足的提法，世界上没有哪个国家与地区是这么表达的。再者，“核心素养”与“学科素养”之间的关系也不是从两者引出的简单化罗列的条目之间一一对应的关系。这是因为，“核心素养”的养成意味着学习者面对真实的环境，能够解决问题的整体能力的表现，而不是若干要素的机械的总和。

紧接着的另一个挑战是，各门学科如何彰显各自的“学科素养”的课题。换言之，新时代基于“核心素养”的学科教学面临怎样的挑战？概括的回答是：界定各自学科的“学科素养”，发起“上通下联”两个层面的挑战：其一，“上通”——从学科的本质出发，发挥学科的独特价值，探讨同学科本质休戚相关却又超越了学科范畴的“认知的、情意的、社会的”、“通用能力”（诸如问题解决、逻辑思维、沟通技能、元认知）的培育，进而发现学科的新的魅力与命脉。其二，“下联”——挖掘不同于现行学科内容的内在逻辑的另一种系统性，亦即从学科的本质出发，并从学科本质逼近“核心素养”的视点，来修正和充实各门学科的内容体系（学科固有的知识与技能），进而发现学科体系改进与改革的可能性。

下面，着重探讨一下同“上通下联”相关的两个命题：学科本质的探讨与“学科群”教学的创造。

二、 现代学科教学的诉求与特质

（一）现代学科与学科教学的诉求

学校教育涵盖了学科教学和课外教育等主要领域，它们各自发挥其独特的作用。学科教学是基于传统的语言、科学、艺术、技术等的学科与教材的划分与体系展开知识与技能的教学的；而课外教育活动则是借助儿童在与环境的交互作用中所获得直接经验、所产生的兴趣与困惑展开问题解决，从而培育其思考能力（问题解决能力）并求得知识的整合的。这种“综合学习”可以区分为“直接经验的情境”与“问题解决学习的情境”，“问题解决学习”就是联结综合学习与学科教学的纽带，而成为“知识整合化”的方法论原理。这两个侧面和谐地发挥功能，对于人格的形成至关重要。可以说，没有“关键能力”的培育，人格是难以形成的。这样，如何形成每一个儿童的关键能力，就成为学科教学的本质性课题，这些课题终究是同人格的形成联系在一起的。“人类的遗传基因拥有生物学的遗传信息，但不能没有人类的社会、文化、科学等历史地传递的遗传信息。人类正是通过教育来传承人类积累起来的文化科学成果的。”[9]

学科教学在学校教育中处于核心地位。学科的设定是以教育目标为依归，以扩大和深化学习者的知识积累与变化为前提的。作为“学科”的元素决不是单纯碎片化的知识内容的堆积，学科结构必须具有逻辑。所谓“学科的本质”存在两个水准：其一，囊括、整合该学科的具体知识与技能的、诸如“粒子”、“能源”之类称之为“关键概念”、“本质性问题”与“大观念”（big idea）的水准；其二，该学科的认知方式与表征方式，诸如理科中的“剩余变量的控制”、

“系统观察”，社会学科中的“多层面、多视角的见解”，数理学科中的“归纳、演绎、类比”等。[10]学科教学中的知识建构倘若离开了“人”这个学习主体的情感、意志、态度和价值观，离开了学习主体的具体的活动情境及其默会知识，那是不可想象的。学科教学必须根据学生的身心发展阶段及其能力发展实际，来组织体现知识体系和价值体系的教学内容。然而传统的学科教学是“教师中心”的培育“记忆者”的教学，而不是“学习者中心”的培育“探究者”的教学。就是说，历来学科教学的主要课题是“教师应当教什么”，几乎不过问“学习者如何学习”。因此，历来的教学是基于教师的一厢情愿展开设计的，往往是不考虑学习者的状况的，是一切由教师“包办代替”的，这不是“真正的学习”。基于核心素养的学科教学寻求的是“真实性”——真实性学力、真实性学习、真实性评价。

“真实性学力”归根结底是“可信赖、可迁移、可持续的真实的学力”。[11]这里的“知识”不是碎片化知识的堆积，而是一个系统、一种结构。这种知识不是死的知识，而是活的知识；不是聚焦理解了的知识，而是有体验支撑的能够运用的知识；不是不会运用的知识，而是能够运用的知识：(1)能够汇集、编码种种见解的智慧——不仅能够解释理解了的东西，而且能够借助语言，思考理解了的东西。(2)每一个人能够基于证据、根据，做出自己回答的智慧。(3)能够基于反思，拓展语言范围，用于问题解决的智慧。这就是21世纪型的能力。总之，知识社会时代的教育课题不是追求知识中心的学力，而是寻求以怎样的学习才能形成“通用能力”为中心的“真实性学力”。

“真实性学力”唯有借助“真实性学习”，探究学习与协同学习才能实现。探究学习的特征是：第一，儿童自身拥有课题意识。当儿童直面问题情境之际，从现实的状况与理想状态的对比中发现问题。比如在考察身边河流的活动中，发现垃圾污染的现象，激发环境保护意识。在设定课题的场合让儿童直接接触这种对象的体验活动极其重要，这将成为以后展开探究活动的原动力。第二，基于课题意识与设定的课题，儿童展开观察、实验、参观、调查、探险，通过这种活动收集课题解决所需要的信息。信息收集活动可分自觉与不自觉的两种。目的明确地进行调查或者采访的活动属于自觉的活动，而埋头于体验活动，在反反复复的体验活动中不知不觉地收集信息的情形也很多。这两种活动往往是浑然天成的。收集的信息多种多样，有数字化的，有语词化的，这是由于测量或者文献调查之类的不同活动而导致变化的结果。第三，整理与分析。整理、分析收集的信息有助于活跃、提升思维活动。这里需要把握两个度。一是怎样的信息，进行了多大程度的收集；二是决定用怎样的方法来整理与分析信息。第四，归纳与表达。在整理与分析信息之后，就得展开传递给他者或自己的思考的学习活动。这种活动把每一个儿童各自的既有经验与知识同通过学习活动整理、分析的学习连接起来，使得每一个儿童的思考更加明晰，课题更加突出，从而产生新的课题。这里需要关注的是，明确对方的意思与目的意识——向谁传递、为什么而梳理，从而会改变进行的梳理与表达，也会改变儿童的思维方向。再者，自觉地把归纳与表达同信息的重建、自身的思考和新的课题连接起来，并且充分地积累应当传递的内容。可以说，探究过程是儿童自身直面现实问题的解决而展开的学习过程。这种过程对于学习者的儿童而言是有意义的学习活动的展开，不是没有目的、没有意义的单向灌输的学习，而是能动的学习活动。当然，要从根本上提升探究学习的品质，培育通用能力的协同学习也是不可或缺的。单独一个人要实现探究学习是困难的，通过同诸多伙伴一道的协同学习，探究学习才能充实。协同学习可以集中诸多的信息；可以从不同视点展开分析；可以超越学校，同社区与社会连接起来。

"真实性学习"需要"真实性评价"的支撑。"真实性评价"不同于标准测验，它是"真实的"、"可信赖"的评价，是一种矫正标准评价的弊端而使用的概念。构成这种评价的三个要素是：第一，观察。以某种方式观察学生知道什么、思考什么、会做什么。第二，推测。推测学生的这些表现背后的认知过程是怎么起作用的。第三，清晰地把握学生的这些表现背后的认知过程本身的真实面貌。在"真实性评价"中最普遍的是"档案袋评价"。所谓"档案袋评价"不是单纯的存放儿童作品的文件夹，是作为儿童学习轨迹的资料与信息，具有某种目的、按照时间序列，有计划地收集起来的。"档案袋评价"的一大特征是，运用依据目标的评价，明确达成目标，能够让儿童高质量地、独立地完成学习任务，来培育自己的学习力与自我评价力。这种评价法是根据多角度的学习来把握儿童学力的整体面貌的。表现性课题是属于最复杂的能够体现儿童学习的实际成绩的内容。大体可以分为笔记与实绩。前者诸如研究笔记、实验报告、叙事等，后者诸如朗读、小组讨论、演戏、体育比赛等。

（二）现代学科教学的特质

学科具有动态性，它不应当是僵化的、万古不变的。人类的知识基础在持续地成长与变化。所谓"学科"是以人类文化遗产为线索，选择儿童成长所必需的内容加以编制的，需要与时俱进地设计。学科无非是谋求儿童主体性学习活动的一种场域。因此，学科的教学并不是习得教学内容而已，"分科主义"学科观与教材观是幼稚可笑的。学科教学的内容应当适应儿童的兴趣、爱好和不同的课题，做出灵活的调整。当然，学科的动态性不等于否定相对稳定的"学科结构"。20 世纪 60 年代布鲁纳(J. S. Bruner)的"学科结构论"为我们思考学科的现代化问题提供了诸多启示。在他看来，构成学科课程的最重要的东西，就是抽取"构成一切科学和数学的基础性观念，形成人生和文学的基础性题材"，"这种观念是强有力的，同时又是简洁的"。所谓"学科结构"无非就是各门学科中所发现的"基础性观念"。以数学为例，所谓"代数"就是把已知数同未知数用方程式排列起来，借以了解未知数的方法。解方程式所包含的基本法则是交换律、分配律、结合律。学生一旦掌握了这三个法则所体现的具体观念，那么，"新"的方程式就完全不是新的了，它不过是熟悉题目的变式罢了。布鲁纳强调"学习结构就是学习事物是怎样关联的"。[12]就是说，所谓"学习结构"决不是单纯地获得基础性知识。这种基础性知识的学习，同时也是促进研究态度和思维方式的培育，是跟"学科素养"、"关键能力"的形成联系在一起的。

学科不等于科学。当"科学"经过了教育学的加工，体现"学科逻辑"、"心理逻辑"与"教学逻辑"之际，才成为"学科"。学科编制的根基当然是人类社会积累下来的科学与文化的遗产，但同时又受制于儿童身心发展的条件。要发挥儿童的主体性及其内在条件，那么，学科内容就得基于儿童的生活，亦即学科知识的教学要真正成为儿童的主体性活动，就得同他们的现实生活与社会实践结合起来。强调这一点，并不意味着学科内容的“经验主义”式编制。这是因为，学科教学必须遵循“从具体的经验到抽象概念”的发展路径：儿童的“生活概念”——通过生活与经验所掌握的对事物与现象的表层的把握，必须借助“科学概念”的教学，才能提升到本质性认识的高度。任何学科的构成总是包含了知识、方法、价值这样三个层面的要素：构成该学科的基础知识和基本概念的体系；该学科的基础知识和基本概念体系背后的思考方式与行为方式；该思考方式与行为方式背后的情感、态度和价值观。换言之，它囊括了理论概念的建构，牵涉知、情、意的操作方式和真、善、美之类的价值，以及探索未来和未知世界的方略。这种以逻辑的知识形态来表现知识体系和价值体系的，就是“学科”。

学科教学归根结底是一种对话性实践。其一，学科教学具有“活动性”。学科结构必须是问题解决活动的系列。就是说，学科的设定必须包含具体的教育活动本身，设定学科的环环相扣的四环节：目标、内容、活动、评价。“学科教学”作为学校教育活动的核心环节，是在课程编制中以计划化的学科（科目）作为媒介而预设的教学活动。这样，所谓“学科教学框架”可以界定为，以人类文化遗产而建构的多领域学科知识的客观价值内容为其基本内容，以教师指导下学生自主学习的实践形态作为契机，去习得人类文化遗产和科学见识，从而形成学生的“关键能力”的一种方法论体系。[13]其二，学科教学具有“生成性”。根据“学科知识”的研究，“学科知识”是由“理论知识”（明言知识）和“体验知识”（默会知识）组成的。因此，我们应当从两个方面优化“学科知识”。一方面要改造和更新“学科知识”的内容。事实上，许多学科知识中的“理论知识”的内容过于繁难偏旧，落后于时代。直面现代社会问题的学科知识是十分必要的。另一方面要认识到“基于体验知识的学科知识的相对化”，[14]缺乏相应的日常体验，即便如何准确地习得了学科知识，也不能说真正理解了它。脱离了体验的学科知识，只有字面上的意义，尽管这种知识不是毫无意义的。这种“体验知识”也就是所谓的“默会知识”，但在学科教育中往往被忽略了。总之，无论学科的“理论知识”还是“体验知识”，都各自具有其“相对正确性”。了解这些知识的特征、价值和内容是十分必要的。

基于“核心素养”的学科教学离不开三大关键课题——洞察“学科本质”（构成学科的核心概念）；把握“学科素养”（软化学科边界，实施跨学科整合）；展开“学科实践”。其具体的切入点就是“三维目标”。从国际教育界流行的“冰山模型”或“树木模型”可以发现，各国的学科教学都存在着用各自的话语系统表述的“三维目标”，只不过我国的“三维目标”用“知识与技能；过程与方法；情感态度与价值观”来表述罢了。“三维目标”是一个整体，不可分割。有人反对“三维目标”，说“三维目标”是“虚化知识”，因此是“轻视知识”的表现。这种观点是不正确的。“三维目标”恰恰是基于现代“学科素养”概念的界定，因而恰恰是“重视知识”的表现。为什么这样说呢？这里可以借用日本学者的“扎实学力”（基础学力）的“四层冰山模型”来说明这个问题。[15]假定有一座冰山，浮在水面上的不过是“冰山”的一角。倘若露出水面的一层是“显性学力”——“知识与技能”、“理解与记忆”，那么，藏在水面下的三层则是支撑冰山上方显性学力的“隐性学力”——“思考力和问题解决力”，“兴趣与意欲”以及“体验与实感”。“真实性学力”即是由上述的显性学力和隐性学力组成的，它们是相辅相成、不可分割的一个整体。为了实现指向“真实性学力”的“真实性教学”，我们必须把握“真实性学力”形成的两条运动路径，这就是：(1)从下层向上层推进的学力形成路径——即从“体验与实感”、“兴趣与意欲”向“思考力和问题解决力”以及“知识与理解”的运动；(2)从上层向下层延伸的学力形成路径——即从“知识与技能”与“理解与记忆”向“思考力和问题解决力”以及“兴趣与意欲”、“体验与实感”的运动。这种表层与深层的循环往复的学力形成路径，正是培养核心素养所需要的。

不过，“学科的边界不是实线、直线，而是点线、波线”。[16]超越传统学科的边界，谋求儿童主体性学习活动的学科之间的连接与整合——这是基于核心素养的学科教学必须遵循的一个重要原理。学科教学的过程绝不是简单的知识灌输的过程，扎实的学科教学需要关注学生的道德成长，关注学生的知识习得、知识活用和知识探究。罗塞韦尔特(T. Roosevelt)说：“只求知性而没有道德的教育，无异于培植对社会的威胁”。[17]因此，学科教学的研究不能停留于“具体教法”的探讨，还必须追究各自“学科素养”的形成。显然，各门学科拥有体现其各自学科本质的视点与立场，但同时又拥有共同的或相通的侧面。唯有透视“学科群”的本质特征才能精准地把握“学科素养”。下面就来探讨若干学科群的本质特征，以便为“核心素养”语境下各自学科的“学科素养”的界定提供思想基础。

三、学科群：把握“学科素养”的一个视角

(一)语言学科群：语言能力与意义创造

语言学科群主要是以“语言能力”(包括听、说、读、写)作为主要对象，旨在为儿童当下及未来的语言生活品质的提升而组织的教学内容的总体。语言教学的目标涵盖了谋求语言理解力与表达力的提升、掌握语言沟通的技能以及基于语言的思维能力的提升等，希望借助语言来求得人性与人格的内在成长。

所谓“语言能力是以知识与经验、逻辑思维、直觉与情绪为基础，深化自己的思考，运用语言同他人进行沟通所必需的能力”。[18]这个定义有两个要点。第一个要点是“以知识与经验、逻辑思维、直觉与情绪为基础”，主要包含三层涵义：(1)知识与经验——强调学习者倘能以自身的“实感、领会、本意”去获取知识，那就说明这获取的知识不会被剥离，会作为学习者的生存能力固着下来，并在种种情境中加以运用。(2)逻辑思维——逻辑思维薄弱的言说难以说服别人、获得他者理解，而且理解事物的能力、运用知识的能力，控制情感与欲望的理性的作用也会薄弱。培养这种逻辑思维有两点是重要的：一是能够明确地叙述判断与见解、解释之依据；二是能够琢磨、思考判断与见解、解释之依据的逻辑性。(3)“逻辑思维与直觉、情绪”——两者并非二元对立，而是相互影响、相互关联的，两者并不是各自活动而是统整地活动的，两者的关系可以转换到认知层面与情意层面。语言能力与内心世界是相辅相成的关

系。所谓儿童的“内心世界”既有获得的知识，也有经过语言化了的体验，即经验，还有逻辑思维、直觉、情绪的综合作用。所有这些都是个人固有的“内心世界”。“语言能力”在内心世界的培育中起着巨大的作用，两者不可分割、相辅相成。第二个要点是“人际沟通”。要建立诚信的、良好的人际关系就不能表面化地理解沟通。仅仅抓住同他者沟通所必须的语言运用力的部分，把语言力视为沟通力，是一种狭隘的理解。“沟通”是以知识与经验、逻辑思维、直觉与情绪为基础的，是在深化自身的思考中展开的。因此所谓“沟通”亦即“表达自己的内心世界并传递给对方，理解对方的内心世界，最终理解自身从而培育自己的内心世界”。可以说，“沟通”是在沟通过程中培育和深化人际之间内心世界的行为，是受对方的内心世界的触发，从而理解并培育自己的内心世界的行为。

“语言能力”必须是在打破学科边界的条件下培育的。语言是学习的对象，同时也是学习的重要手段。没有语言能力，学科的教学就会受到影响。因为，语言是从事学习的重要手段。好的数学教学就是运用语言培育数学思考方式，运用语言加深对数量和图形的知识与理解，其结果亦即培育语言能力。社会学科、数理学科等其他学科莫不如此。语言能力原本就具有通过语文学科之外的各门学科培育的一面，培育各门学科的学科素养的教学终究是培育语言能力；而培育语言能力的教学终究是培育“基础学力”。尽管如此，通过各门学科提高的语言能力，反映了各门学科的特质。各门学科既有共同的要素，也有学科独特的要素。比如，逻辑思维能力是数学教学和语文教学的共同要求，但它们之间有共同点和不同点，因此需要讲究学科之间的“整合”。语文作为培育语言能力的核心学科应当发挥愈益重要的作用。语言能力不充分，个人的成长与发展就不会充分。语言能力“病病歪歪”，无异于个人的成长与发展“病病歪歪”。要保障儿童的学力和成长，就得有各门学科教师的通力合作，共同致力于语言能力的培育。

（二）数理学科群：认知方略与问题解决力

从数理的角度综合地、发展性地考查和处理客观现象的态度与技能的学群科，谓之“数理学科群”。在“数学”教学中“培育数学思维的能力”与其说是授予数学的知识、技能，不如说是养成如下的“数学素养”：尽可能地运用数学来考查与处理现象的能力与态度；展开数学创造的能力与态度；最终在数学思维中养成数学的审美与数学乐趣。“理科”是以自然界的事物与现象为对象的学科，作为其对象的是生物与无生物。儿童通过同这些自然现象的接触，借助感官获得信息，而所获得的信息作为概念在头脑中构成网络的一部分，并形成记忆的一端。在这里，是否汲取来自外部的信息，同网络的哪一部分连接，无疑受到儿童既有的“前概念”的极大左右。儿童通过同自然现象的碰撞，在建构科学概念和习得探究能力的同时，也获得了情意方面的培育。一般而言，儿童的既有概念（朴素概念）是顽固的、难以变化的。要习得科学概念就得面临两难困境，探究变革概念的策略。这种策略包含了“生成”、“置换”、“拓展”、“修正”、“整合”、“坚守”、“缩小”等类型。作为理科教育的目标，构成其最大的公约数是形成“科学素养”，亦即把握科学的基本概念构图，通过探究过程作为自然科学的方法，在重视直觉、发展创造性能力的同时，养成理想的科学态度，形成科学的世界观。

（三）艺体学科群：艺术表现力与鉴赏力

包括音乐与美术在内的“艺体学科群”在应试教育的背景下往往是被边缘化的。然而音乐是古希腊的七艺之一，我国古代的《十三经·礼记》之《乐记》作为“礼乐论”也表明了音乐应当是人所必备的教养，“琴棋书画”可谓“教养”的重要表征。“音乐不是描述如何看待社会生活的语言，而是同社会现实紧紧相连的情感的比喻性表达。”[19] 音乐语言不同于语词语言，它不仅仅是一种知性的理解，而且也是一种基于情感的理解方式。美术教学的目的不是旨在习得实用技能、熟练技法，而首先是在于丰富的人性的形成，由此生成美术教学本身的知识与创造性思考力、技能之类的目标，这就是美术教学的价值所在。这种知识与技能不是碎片化的，而是借助系统地、结构性地习得与熟练，才可能为丰富的艺术观与世界观的形成奠定基础。在美术教学中求得自身内在感悟的表达，自然是一个创造性的过程。正因为这是独特的个性化的东西，所以同人格的形成密切相关。这种美术教学的创造性表达作用是借助于“表现力”，即把自身内心的感悟化为可视的形态来支撑的。这种表现大体可分成作为“心像表现”的绘画与雕刻和作为“功能表现”与“适应表现”的劳作、工艺与设计两种。其作品是作为儿童的经验与知识、印象与感动而能动地产生的。[20] 21 世纪的艺术教学（音乐、美术、舞蹈、戏剧、戏曲、影视）则秉持其独特的教育哲学[21]——超越“为了艺术的教育”和“通过艺术的教育”这样一种二元对立的观念，着眼于“学科整合”的前提，把“艺术表达”、“教育”、“认知”、“整合”的概念彼此融合、形成一个统整的“艺术学科群”的框架。根据纳什（J. B. Nash）的界定，“体育是教育过程的一个侧面，是通过个体的运动冲动之运用，从神经肌肉、知性、情绪各个方面有机地发展人的功能的一种教育领域”。[22] 就是说，“体育”是旨在“保障健康、强健体魄”而系统地组织的教育活动或学科形态，拥有参与人格形成的教育功能——借助运动以及嵌入相关的体操、舞蹈的实践而展开的教育，谋求儿童身心的健全发展，同时养成“终身体育”的态度与能力。21 世纪的学校体育面临的新课题是，如何基于运动所拥有的“六种教育学视点”——发现身体、审美体验、危机状态的经验与考验、成绩的保障、竞争与合作的社会性行为的机会，以及健康的维系与对健康的认知，来展开体育教学。

（四）STEM 学科群：跨学科能力

有别于分科主义的教学传统，也不同于传统的学科群划分，近 30 年来美国教育界致力于推展谓之“STEM”（科学、技术、工程和数学）的学科群。这个学科群的框架，既是分科（学科）的，又是整合（跨学科）的，也是包容（可延伸和拓展）的。诸如，STEAM——包容了“艺术”（Arts）；STEMx——包容了 x，这里的 x 代表计算机科学、技术思维、调查研究、创造与革新、全球沟通、协作等“21 世纪型能力”的范畴。STEM 学科群的学习活动可以开发种种的模式：或者基于一个学习领域课题的学习活动，让学生综合诸多学习领域相关的学习元素；或者通过专题研究让学生综合不同学习领域的学习元素。进入新世纪以来，STEM 进一步发展为美国课程发展的战略。[23]“K－12年级STEM整合教育”就是旨在使学生展开“问题导向型学习”，这种学习能够为学生提供运用知识的实践机会——设计、建构、发现、创造、合作并解决问题，积累“真实性体验”。STEM瞄准的是“跨学科能力”，其整合教学的设计突出了三个要诀：[24]其一，整合——重视整合教育的设计；其二，重建——支持学科概念的运用与重建；其三，适度——整合不是越多越好。可以说，STEM能够为学生提供超越传统的分科教学价值的适当时机、情境和目标，代表着新时代学科教学发展的新路标。

值得注意的是，这里的“跨学科”概念有别于“融合”的概念，它指的是两个学科结合的同时，又保留各门学科的特征和区别，利用各门学科不同的视角更好地求解某个问题，从而强化“有意义的学习”。美国国家纳米科学与工程教学中心（NCLT）开发的纳米科学跨学科的课程就是一个典型的案例。它首先确定了初、高中教育水准的以纳米科学为主题的八个“大观念”——（1）尺度与数量级；（2）物质的结构；（3）尺度所决定的特性；（4）作用力；（5）自组织；（6）工具与设备；（7）模型与模拟；（8）纳米与社会。然后，编制了同大观念相关的科学与数学原理矩阵图。这里仅撷取其中的五个“大观念”为例（如表1所示）。[25]

表1　纳米科学的“大观念”同相关科学与教学原理的矩阵图（局部）①

大观念	科学视角	数学视角	探究性问题
尺度与数量级	● 测量 ● 精确性与准确性 ● 估计	● 比例推理 ● 尺度数字 ● 误差	● 多小尺度才算小?
物质的结构与作用力	● 物质的结构 ● 分子间的作用力	● 制图	● 微观物体是怎样排列的?
工具与设备	● 制图 ● 建模 ● 适合的工具 ● 实验 ● 数据收集	● 整数 ● 制图 ● 绝对值 ● 测量 ● 两维与三维图表	● 我们如何制作微观物体?
纳米与社会	● 科学的本质	● 数字认识 ● 比率与比例	● 纳米与社会有多大影响?

这种纳米科学跨学科课程的框架是基于探究学习的五大特征设计的：（1）与科学相关的问题激发及参与性。（2）回答问题的重点在于列举事实。（3）在事实基础上阐述解释。（4）解释要和科学知识相联系。（5）对解释内容展开对话、展示并验证其合理性。[26]整个课程的框架结构包括了与各个大观念相关的探究性问题、主题分类问题、活动及总结性问题。探究式问题旨在激发学生的参与积极性。

如果说，近代学校教育以“双轨制”为其根本特征，那么，当代学校教育改革的方向则是由两个基轴交叉而成的：一方面是推进教育水准的维系与拓展的“均等化”的水平轴，另一方

① 详见：埃里克·布伦塞尔.在课堂中整合工程与科学[M].周雅明，王慧慧，译.上海：上海科技教育出版社，2015：165.

面是追求质量提升的“卓越性”的垂直轴。如何实现这种“鱼与熊掌兼得”的教育策略，也是当代学科教学的发展回避不了的一个严峻挑战。显然，STEM跨学科课程的设计可以彰显新时代学校改革的方向，为基于“核心素养”的学科教学发展提供广阔的视野与潜在的效能。

参考文献：

[1] 佐藤正夫. 教学原理[M]. 钟启泉，译. 北京：教育科学出版社，2001：63－70.

[2][3][4] 山根祥雄. 学科教学的理论谱系[M]. 东京：东信堂，1989：3，4，182－184.

[5] 寺崎昌男，等. 新的“学习方式”与学科的作用[M]. 东京：东洋馆出版社，2001：16－19.

[6][7][17] C. Fadel，等. 教育的四个维度[M]. 岸学，主译. 京都：北大路书房，2016：62，94，126.

[8] 钟启泉. 基于核心素养的课程发展：挑战与课题[J]. 全球教育展望，2016，45(1)：8.

[9][19] 真野宫雄，等. 21世纪期许的学科教学模式[M]. 东京：东洋馆出版社，1995：69，59.

[10] 奈须正裕，江间史明. 基于核心素养的教学创造[M]. 东京：图书文化社，2015：20.

[11] 森敏昭. 创造21世纪的学习[M]. 京都：北大路书房，2015：11－12.

[12] 布鲁纳. 教育过程[M]. 华东师范大学比较教育研究室，译. 上海：上海人民出版社，1973：5－11.

[13][16][21] 日本学科教育学会. 新型学校课程的创造——学科学习与综合学习的结构化[M]. 东京：教育出版社，2001：81，81，150－151

[14] 钟启泉. 对话教育[M]. 上海：华东师范大学出版社，2006：117－122.

[15] 梶田叡一. 新学习指导要领的理念与课题[M]. 东京：图书文化社，2008：120－121.

[18] 人间教育研究协议会编. 新学习指导要领[M]. 东京：金子书房，2008：122－125.

[20] 福泽周良，等. 学科心理学指南：基于学科教育学与教育心理学的“理解教学的实证研究”[M]. 东京：图书文化社. 2010：128.

[22] 奥田真丈，等. 现代学校教育大事典(第5卷)[M]. 东京：行政出版社，1993：1.

[23][24][26] 赵中建. 美国STEM教育政策进展[M]. 上海：上海科技教育出版社，2015：116，182－185，166.

[25] 埃里克·布伦塞尔. 在课堂中整合工程与科学[M]. 周雅明，王慧慧，译. 上海：上海科技教育出版社. 2015：164－165.

学科素养模型及其验证：别国的经验

| 邵朝友　周文叶

"素养"是当代教育的热词，素养导向的课程设计已成为国际课程发展的共同趋势。世界各国纷纷以"关键能力或素养"为宗旨，研制学科素养模型，开发指向学科素养的课程标准。为回应国际课程发展趋势，解决我国普通高中的现实问题，我国也正在研制普通高中的学科素养，并以此修订原有的课程标准（2003 年颁发）。尽管学科素养模型是学科课程与评价的灵魂，但对我国的学者而言，编制学科素养面临极大的挑战。本文在考察别国的相关经验基础上，尝试回答三个核心问题：学科素养模型的本质与地位是怎样的？国际上有哪些学科素养表现形式？这些素养如何从经验层面加以验证？以期为本土学科素养模型的建构提供借鉴。

一、 学科素养模型在课程标准研制中的地位

自 20 世纪 80 年代以来，美国率先编制学科课程标准，引发了涉及世界的"标准驱动"的教育改革运动。此运动的重要标志是研制国家级或全国性的课程标准。由于国情不一，此运动的进展也不同，有些国家已经进入第 3 代课程标准（即表现标准）的研制。

学科课程标准规定了一门学科的基本要求，是落实教育目的或目标的重要文本，是国家人才培养规格在学科教育中的具体表现。一般说来，编制学科课程标准既受制于国家教育目的或目标，又受制于对学科本质或育人价值的理解，后者也就是通常人们所说的学科素养模型。学科素养模型是一种理论构念，代表着人们对该学科教育价值的本质的认识与表达。同时，它也是学科教育或课程标准的内在逻辑，世界各国都是基于这样的认识来建构自己的学科课程标准，并以学习领域或内容、学习机会或标准、表现标准或水平等要素来呈现课程标准的。下面我们用两个例子来诠释上述的认识。例如德国教育部采纳了如下的课程标准编制思路（见表 1 的左侧）。[1] 又如我国学者林崇德[2]、杨向东[3]也提出如下类似的编制思路（见表 1 的右侧）。对比表 1 左右两侧的两种思路，不难发现，如果把左侧的教育目的替换为教育目标的话，两种编制思路的实质基本是一致的。

表 1　关于课程标准编制的基本思路

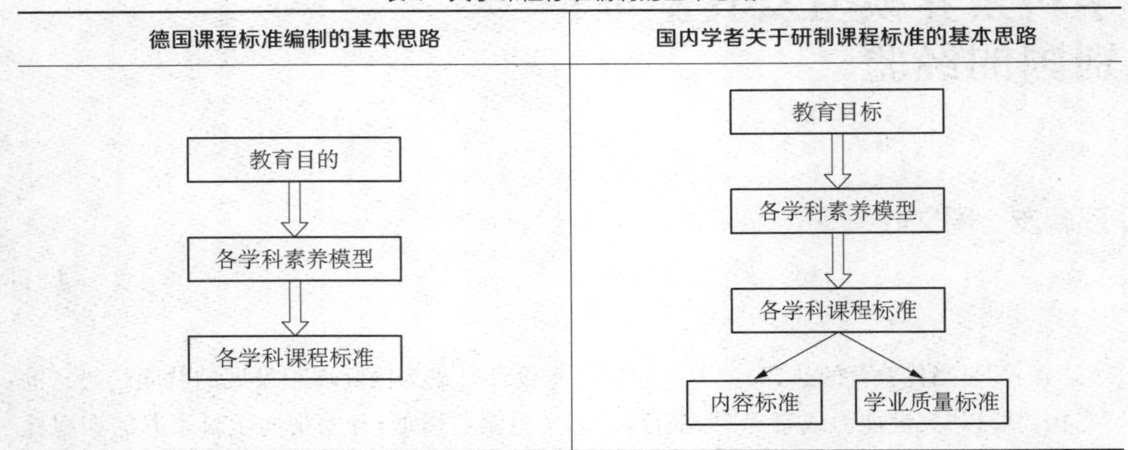

这些研究和经验表明，学科素养模型的重要性在于——它是连接教育目的或目标与课程标准的枢纽，连接了相对抽象的教育目的（或目标）与课程标准，使得课程标准成为可测量的指标。从目前情况看，世界各国基本都用核心素养来具体化教育目标，而学科素养模型成为连接学生发展核心素养与课程标准的枢纽，是编制学科课程标准的内在理据。没有学科素养模型，学科课程标准的编制将会失去必要的依据，不能产生应有的引领力量。

二、 学科素养模型的表现形态

课程标准反映学科素养，要研制课程标准，首先需要明确学科素养模型。实质上，它能为研制课程标准提供编制框架，为课程标准条目编写提供参考依据。[4]当前，关于学科素养模型的研究甚少，基本上集中在数学与科学领域，体现在各国课程标准及当今著名的评价项目中。归纳起来，主要类型有五大类。

第一种类型主要由学科主题+学科素养两个要素构成。其中最为著名的是全美数学教师理事会的数学素养模型（NCTM，1989），其构成如下[5]：

NCTM 数学素养模型（如图 1 所示）对课程标准研制影响至深，即便今日许多课程标

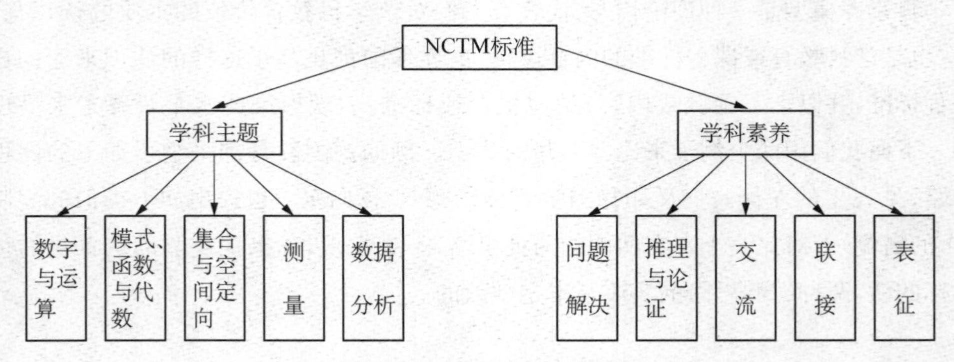

图 1　NCTM 数学素养模型

准与大型评价项目也借鉴其思想，它们的学科素养模型或评价框架一般都以两个维度为基础。如国际数学与科学教育成就趋势调查（TIMSS）的科学测评框架就由内容领域与相关素养构成，此处相关学科素养包括了解、应用、推理，每个方面进一步被细分为众多子项。[6]

遗憾的是，NCTM数学素养模型虽然很好地归纳出数学素养，但并没有进一步描述学科素养，如不同学科主题的学科内容有着怎样的认知要求。

第二类由学科主题+学科素养+认知要求三个维度构成。典型例子有德国物理素养模型、澳大利亚科学素养模型、瑞士科学素养模型等。

以德国物理素养模型为例（详见图2），它包括基本概念（basic concept）、素养水平（level）和素养领域（area of competence），三者分别对应学科主题、认知要求、学科素养。[7]

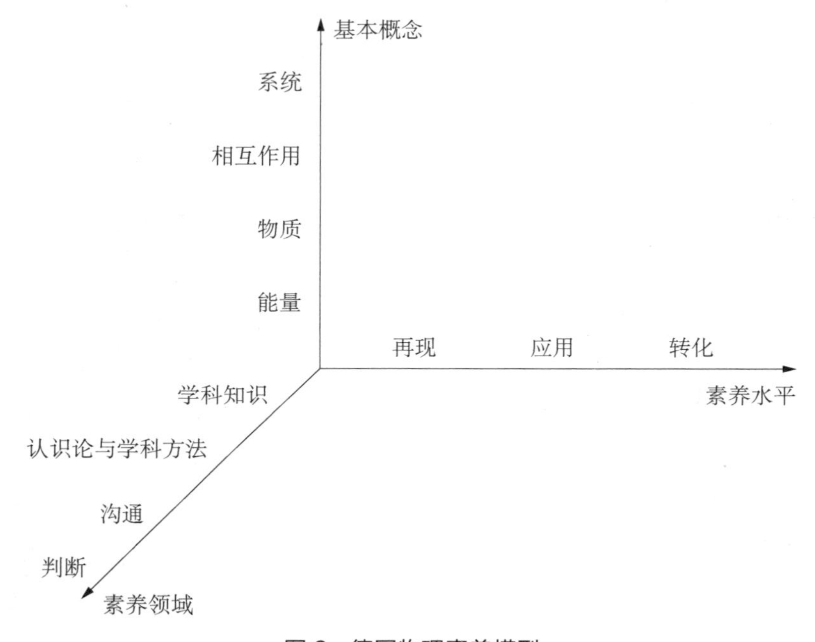

图2　德国物理素养模型

瑞士则效法德国，其科学素养模型由领域（domains）、素养（competencies）、素养水平（levels）三个维度构成。领域主要指学科主要概念或内容，如物质的结构与性质。素养由辨别并质疑科学问题、发展基本观念与计划、执行行动方案、操作与加工材料、解释并交流数据等组成。素养水平由再现、应用、转化构成，本质上是三种认知要求。[8]

类似的，澳大利亚科学素养模型由实践素养（competence of acting）、学科素养领域（subject competence domains）、复杂度（complexity）构成，其中实践素养包括观察与习得、探究与操作、评价与应用三大项，各项又细分为各子项，其实质是学科素养；学科素养领域由物质结构、粒子相互作用、进化与过程、系统四大学科主题构成；复杂度则由再现、关联与自动应用两种水平构成，其实质是认知要求。[9]

上述德国物理素养模型、瑞士科学素养模型、澳大利亚科学素养模型与NCTM数学素养模型不同之处在于：(1)虽然都强调学科素养，但前三者还把学科素养附上认知要求；(2)具体开发课程标准过程时，不仅做出理论上学习结果的描述，还结合实际学生表现，然后再确定最终的规范性学习结果。

第三类由学科主题＋学科素养＋表现水平构成。这种类型以加拿大安大略省数学素养模型为代表。问题解决、概念理解、数学程序应用、数学交流是该省四项数学素养，它们各具四种表现水平，为撰写相关学科主题下具体知识与技能的课程标准条目提供参考。[10]

表2　安大略省数学课程学业成就图（1—8年级,节选）

学科主题下的知识与技能	水平1	水平2	水平3	水平4
数学素养之一：问题解决	在外界帮助下,展示出非常有限的合适策略,策略通常不准确	在外界提供很少的帮助下,通常准确地展示出基本策略	通常能独立地选择使用准确、合适的基本策略	绝大多数情况下,能独立、准确地改变策略或创造新的策略

表2显示，该数学四种成就水平运用了比较性语言来显示不同的数学素养，但非常笼统、宽泛，没有展示出问题解决的本质，没有描述出内在认知过程或要求，仅仅是一种比较性外在行为的描述。具体到撰写特定课程标准时，需按照学习发展顺序结合学科内容加以描述。

第二类与第三类模型实质上关系紧密，具体表现为：第二类模型中的认知要求可以被转化为外显的行为，即表现水平。换句话说，第三类模型中的表现水平自然也隐藏着认知要求。

第四类模型也包括三个维度，由学科主题＋学科素养＋问题情境构成。美国国家教育进展评估(NAEP，2005)科学测评框架堪称典型。其科学素养包括概念理解、科学探究、实践推理，科学主题涉及地球科学、物质科学、生命科学。[11]

相比TIMSS科学测评框架，NAEP科学测评框架更为关注问题情境之意义。具体至试题编制，NAEP科学测评框架非常注重各类试题所属的问题情境，大部分题目都是基于学生体验的，这些体验来自科学课堂与实际生活，通过真实问题情境的创设，学生需要调动相关体验，而不是死记硬背知识。因此，虽然框架本身并没有罗列出问题情境，但本文认为NAEP科学测评框架包含问题情境这个维度，而TMISS科学测评框架并非如此明显。在这一点上，由于针对的是15岁学童，下文的PISA测评框架更是强调素养取向，凸显问题情境的重要性。

第五类包括四个维度，由学科主题＋学科素养＋认知要求＋问题情境构成。PISA是一大经典。虽然学科不同，但这些学科的测评框架大致都包括学科主题、学科素养、认知要求、任务情境。以2009年的数学化循环构思为例，其构成如图3所示。

在图3中，数学化历程(mathematisation)大致包括数学转化、数学问题解答、数学反思过程，它们涉及了八项数学素养，即沟通，数学质疑，表征，论证，模型化，问题提出与解决，运用

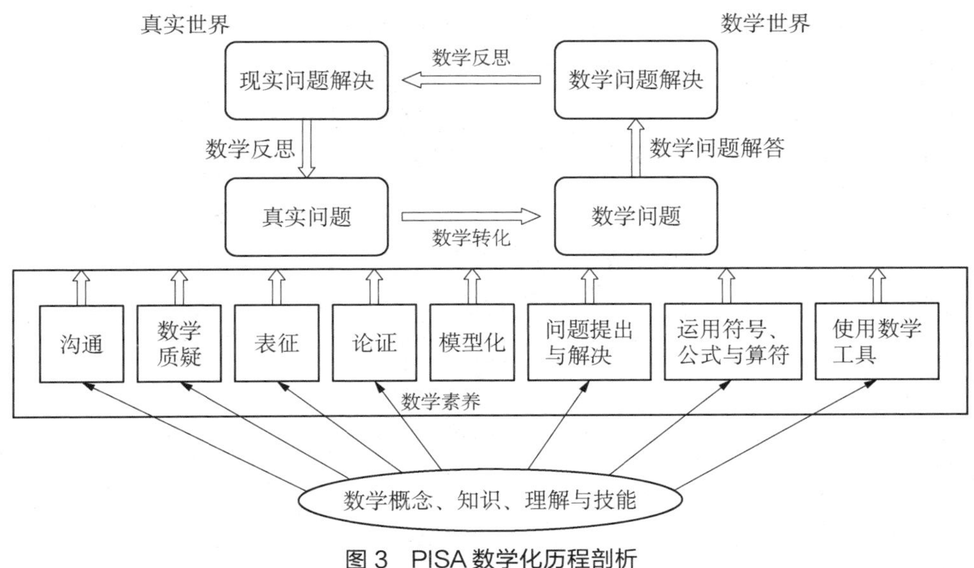

图 3　PISA 数学化历程剖析

符号、公式与算符，使用数学工具。这些数学素养定位于认知层面，可归类为再现、联结、反思三种认知要求，而隐藏的对应数学领域由变化与关系、空间与形状、定量化、不确定性构成。在问题情境上，PISA 把它分为个人类、职业类、时政类、科普类四类情境。[12] 可以看出，PISA 数学测评框架特别强调情境，这很好地体现了素养取向特征，抓住素养的行动意涵。

三、 学科素养模型的经验验证

学科素养模型不仅仅是一种理论预期，也需要考虑经验基础，是理论与经验相结合的结果。文献考察表明，验证学科素养模型的内容一般包括：各种核心素养之间存在什么关系，它们之间是否构成一个整体？在不同学习领域，各种素养水平存在什么关系，它们之间是否构成一个测量尺度，是否对学生提出过高或过低的要求？

要回答这些问题就必须借助数学统计模型来探索实际抽测数据与学科素养模型是否吻合。文献检索表明，当前仅有少部分研究开展了学科素养模型的经验验证。下述案例[13] 来自德国物理素养模型化研究的一个子项目。该早期模型包含的维度例示如下（如见表 3 所示）。

表 3　德国物理素养模型的假设构成维度

维度	构成			
学科主题	热量 & 温度	热力学	科学本质	……
过程性技能	应用内容知识	运用方法	沟通	判断
情境	学科情境	个人和社会情境	专业情境	
素养水平	应用生活常识	再现	应用	转化
认知特征	分析性思维	创造性思维		

该研究的一大目标是，探索模型中“学科主题”与“素养水平”两大维度之间存在什么关系，研究内容涉及上表的灰色部分内容。实际操作过程大致可分为四个环节。

一是根据模型研制试题并施测。这包括：(1)圈定基础教育阶段的热力学、热量—温度作为研究的学科主题；(2)基于这些研究内容收集来自国际数学与科学趋势研究(TIMSS)等评价项目与教材资料的试题；(3)编制新试题以覆盖研究内容；(4)邀请26位专家评估这些试题的课程效度、思维过程、认知要求；(5)基于专家反馈信息修改试题；(6)形成不同抽样试卷；(7)通过多层次矩阵设计抽测9—13年级共680名学生，要求每个学生完成试卷；(8)根据拉希模型(Rasch Model)标定测试数据。

二是将“学科主题”与“素养水平”两个维度结构化。项目小组提出各个维度内存在三种关系：(1)分离关系，例如学生能打排球，但未必能玩足球或乒乓球，反之亦然；(2)同步关系，例如学生如果能玩单杠，同时就能玩双杠或高低杠，反之亦然；(3)递进关系，例如学生能玩翻筋斗，就能玩前空翻和前滚翻，能玩前空翻，就能玩前滚翻。

三是分析两个维度构成及关系。针对上述三种关系，该环节主要任务是确定两个维度之间存在哪种关系，其主要事项有三：

第一，根据多维度拉希模型分析(MultidimensionalRasch-Analyses)形成判断标准。如表4所示，对应维度构成的3种关系、7条标准分别用对应的序号描述出相关7个方面的要求。

表4 判断维度构成关系的标准

标准	维度构成的三种关系		
	① 分离关系	② 同步关系	③ 递进关系
标准1	模型适配维度：①多维；②单维；③单维		
标准2	多维度模型维度潜在关联：①无；②高；③高		
标准3	试题参数与构成的相关度：①无；②无；③高		
标准4	Kruskal-Walis 测试参数：①非显著；②非显著；③显著		
标准5	方差分析：①不能充分解释各维度变量；②能充分解释各维度变量；③被解释的变量依赖于该维度		
标准6	多维度模型中的皮尔逊参数(Person Parameters)：①无；②高；③低		
标准7	泡泡图：①群组之间呈非一致关系；②群组之间呈相关关系；③群组之间呈三角关系		

第二，通过模拟实验检测三种不同关系对于统计标准的影响。该研究开展了三项模拟实验，在每项模拟实验中，分析了每个维度下假想的三个因素，并界定了题目和学生个人参数。在这过程中应用了拉希模型的等值方法(Equation)，计算出多维拉希模型参数。

第三，基于7种标准分析经验数据。该任务将形成不同“学科主题”与“素养水平”的模型，并计算出适切的多维拉希模型参数。运作过程是假设所有试题能被匹配入一简单标尺，正确回答同样试题的学生具有同样的素养。相关模型与信息列举如下：

对于学科主题模型，不同试题指向不同内容，其假设是在多维度拉希模型中每个学科主题代表独立的统计维度，在不同学科主题上学生具有不同素养，即学生在热量—温度与热力学两大主题上的素养可能存在分离关系、同步关系或递进关系。

对于素养水平模型，不同试题指向的素养水平是不同的，其假设也是在多维度拉希模型中每种素养水平代表独立的统计维度。在这些维度构成因素上，不同学生拥有可辨别的素养，具体操作时，做如下处理以区分不同素养水平：(1)把转化作为一个因素，再现—应用作为另一因素，以便区分它们在不同学科主题中的发展情况；当物理事实只需被记忆或应用于熟悉情境中解决问题时，转化与再现—应用的区别在于前者需要理解概念，后者则不需要。(2)把再现与应用—转化作为两大因素，以便判断它们之间的区别。当解决问题只需应用物理事实或转化时，前者需要记忆事实，后者需要转换思维。(3)分别区分再现、应用、转化三种素养水平，运用拉希模型的三个独立的统计维度来处理它们。

第四，形成基本结论。通过分析，可得到相关结论：(1)在"学科主题"维度，学生通常可在 12—16 岁学习热量—温度，在 17—19 岁学习热力学，它们之间的素养发展呈分离关系；(2)对应于热量—温度与热力学内容，"素养水平"维度存在的关系之一是：再现与应用呈同步发展关系，一些数据还表明再现—应用与转化可视为素养发展的两种水平。

需要指出的是，上述案例只是验证物理素养模型的早期行动，事实上验证行动是项庞大工程，并非一蹴而就的。例如，基于初步得出的结论设置物理素养模型后，还需要进入学校课堂现场进行实施，通过一段时间的教学实践再探讨物理素养模型设置的合理性，进而再次完善物理素养模型。从目前公布的结果看，德国物理素养模型显示为本文图 2 的结果。

四、 国际经验对我国建置学科素养模型的启示

结合本土实际，上文的考察结果为我国建置学科素养模型提供了诸多启示。

（一）明晰核心素养的内涵

为研制学科课程标准，世界各国与地区大多遵循核心素养—学科素养—学科素养模型—学科课程标准的研制思路。就学科素养模型而言，作为学科素养的上位概念，核心素养是研制学科素养的依据，而学科素养直接制约着学科素养模型。

在具体操作层面，之所以具体化核心素养，乃是需要确定它与学科素养的关系，需要我们进一步回答更为具体的三个问题，即某门学科素养怎样体现核心素养的要求？某门学科各个素养之间有何关系？不同学科素养之间需要怎样的关系？只有具体化了核心素养，才能回答这三个问题，才能确保学科素养与核心素养之间具有内在的逻辑关系，进而为建置学科素养模型提供指导。就此，我国在建置学科素养模型时，首先需要具体化核心素养。

（二）本土化学科素养模型

当前我国已开始研制基于核心素养的学业质量标准，其实质是在我国现有内容标准的修订基础上进一步回答学生应该学到什么程度的问题。无论是修订内容标准还是研制学业

质量标准，我国显然有必要先建置学科素养模型。

建置学科素养模型需要立足于本土背景，结合我国教育现状与社会发展需要，其关键之一是确定模型构成要素。上述表明，构成要素涉及学科素养、学科主题、认知要求、表现水平、问题情境等，其中学科主题和学科素养是必不可少的构成单位。确定学科素养模型其他要素时，需要思考的议题有：由于学科素养总是在具体情境中的应用，鉴于当前我国课堂教学忽视培养学生问题解决素养的局面，是否可以考虑用问题情境描述学科素养？一些学科素养模型还涉及认知要求与表现水平，其中表现水平可视为认知要求与情境相结合的外显具体化。出于我国修订内容标准和研制学业质量标准的需要，是否可以考虑将表现水平纳入认知要求并初步尝试研发部分学科主题的表现水平？本土化学科素养模型的关键之二是确定模型构成要素的具体内涵。在这方面，我国极有必要考虑学科教材或课程标准现有基础、课时设计和学科教师专业水平、特定学科主题的认知要求层级规定和/或表现水平设置的合理性等，它们都是本土化学科素养模型必不可少的影响因素。

（三）加强认知模型与测量模型研究

本土化学科素养模型是学科共同体集体努力的结果。上文亦间接表明在建构过程中不仅需要做出理论预期，还需要进行实证研究，否则极有可能使得学科素养模型成为随意的假想。为探索它内在的机制，尤其是明晰学生在不同情境下的表现，极有必要基于测量模型加以检测。实际上，对认知与测量模型研究的内在要求始于核心素养与学科素养的关系论证，直至学科素养模型的确立。以学科素养模型为例，如果它们缺乏经验基础，那么只能是一种规范化模型。为确保学科素养的合理性，不少国家试图利用规范化模型研制评价任务，然后基于大量测评数据的分析来调整或完善规范化模型。

在这方面，传统上我国许多教育研究较多关注理论层面的研究，较少关注实证研究，以至于研究结果缺乏足够的科学性。因此，要有效地建构学科素养，我们必须改变以往的研究习惯，充分开展集认知模型研究与测量模型研究为一体的实证研究，尤其是利用相关模型探索与验证各学科素养之间关系、内部结构、认知要求或表现水平的设置。在具体建构学科素养过程中，建议成立一支包括学科专家、心理测量专家、课程专家、一线教师在内的评价专业团队；借鉴 PISA、TIMSS、NAEP 等国际著名评价项目经验；充分利用现有各省市测评数据；严格探索学生认知规律；应用适切的测量模型与数据分析工具以处理施测数据。只有这样，才可能合理建构出基于证据的学科素养模型。

参考文献：

[1] Oelkers, J. & Reusser, K. Developing quality-Safeguarding standards-Handling differentiation [M]. Ministry of Education and Research (BMBF), Education Research, 2008: 277.

[2] 林崇德.从智力到学科素养[R].上海：上海市教育委员会，2012.

[3] 杨向东.基础教育学业质量标准研制[J].全球教育展望，2012，41(5).

[4] [7] [8] [9] D. J. Wddington, P. Nentwig & S. Schanze (Eds.), Make It Comparable, Standards in Science Education [C]. New York, NY: Waxmman, 2007: 63 - 301.
[5] 全美数学教师理事会. 美国学校数学教育的原则和标准[M]. 蔡金华,等,译. 北京：人民教育出版社,2004: 10.
[6] TIMSS. Assessment Frameworks [EB/OL]. [2013 - 01 - 07]. http://pirls. bc. edu/timss2011/frameworks. html.
[10] Ontario Education Department. Curriculum Framework [EB/OL]. [2013 - 09 - 09]. http://www. edu. gov. on. ca/eng/document/curricul/curr97ma/achieve. html.
[11] National Assessment Governing Board. Science Framework for the 2005 National Assessment of Educational Progress [R]. Washington, D. C. , 2004: 13.
[12] OECD. PISA2009 Assessment Framework—Key Competencies in Reading, Mathematics and Science [EB/ OL]. [2012 - 09 - 15]. http://www. oecd. org/pisa/pisaproducts/44455820. pdf.
[13] Einhaus, E. & Schecker, H. Modelling Science Competencies [J]. In: Proceedings of the Sixth International ESERA Conference (CD), Malmö, 2007.

基于语文核心素养的“语用热”再认识

徐林祥　郑　昀

《义务教育语文课程标准(2011年版)》规定:“语文课程是一门学习语言文字运用的综合性、实践性课程。”[1]在我们看来,这不仅是对语文课程性质的规定,也是对引入语言文字运用知识进入语文课程知识体系的强调。

早在2003年,就有学者针对语言知识淡出语文教学体系的现象进行了理论分析,指出不能简单地把学科性的语言知识转移到语文教学中,不能脱离语言能力的核心去强调语言能力的实践性。“发展学生的听说读写能力,固然不可忽视其中实用性的目的,但是更应该重视的,恐怕就是通过听说读写去发展学生的语言能力和提高他们的整体素质,没有这种能力和素质的形成,听说读写无非是满足眼下生活要求的一种普通技能而已。”[2]此处的“整体素质”包括学生的认知能力、思维能力、情感体验、审美感受等多个方面。事实上,已有的语文课程知识的建构“强化了静态的言语知识形式的建构而忽视了动态的言语技能知识的建构,包括识字、写字、阅读与口语交际的基本技能”。[3]

《义务教育语文课程标准(2011年版)》关于语文课程性质的表述,重新激活了“语文课教什么”的争论。2012年下半年,《语言文字报》和《语文建设》杂志发起以“教真语文、教实语文、教好语文”为主题的真语文大讨论,引起语文教育界的广泛关注和参与,更促成了语文课程的语用学转向。

如今,这场凝聚各方学者智慧的争论已进入第4个年头,尽管在此期间出现的研究论文从理论层面对“语用”、“语用学”与语文教育的关系进行了不同程度的探索,然而“培养学生的语言文字运用能力”的语文课程体系仍在探讨与研制中。新修订的普通高中语文课程标准提出“学科核心素养”的概念,语文素养是学生在积极的语言实践活动中构建起来,并在真实的语言运用情境中表现出来的个体言语经验和言语品质;是学生在语文学习中获得的语言知识与语言能力,思维方法和思维品质,情感、态度和价值观的综合体现。语文素养的形成与发展包括“语言建构与运用”、“思维发展与提升”、“审美鉴赏与创造”、“文化传承与理解”四个方面的关键内容。其中,“语言建构与运用”是根基,是“思维发展与提升”、“审美鉴赏与创造”、“文化传承与理解”实现的途径。“思维发展与提升”、“审美鉴赏与创造”、“文化传承与理解”应当在“语言建构与运用”的过程中达成。当下,我们有必要从语文核心素养的视角,对“语用学”转向过程中的论述进行学理层面的梳理,并对如何在语文教学中真正落实“培养学生的语言文字运用能力”的目标作出探索。

一、《义务教育语文课程标准（2011年版）》“语法修辞知识”的不足

促成“真语文”大讨论及“语用学”转向的重要推手，应当是《义务教育语文课程标准（2011年版）》的颁布实施。课标制定者在《义务教育语文课程标准（2011年版）》的“实施建议”之“教学建议”中增列“关于语法修辞知识”一项。其中指出，“在教学中应根据语文运用的实际需要，从所遇到的具体语言实例出发进行指导和点拨”，目的在于帮助学生“形成一定的语言应用能力和良好的语感”，“要避免脱离实际运用，围绕相关知识的概念、定义进行‘系统、完整’的讲授与操练”。并强调“关于语言结构和运用的规律，须让学生在具有比较丰富的语言积累和良好语感的基础上，在实际运用中逐步体味把握”。[4]从中不难发现新课标对学生语言文字运用能力培养的导向。

《义务教育语文课程标准（2011年版）》虽然强调语文课程应致力于培养学生的语言文字运用能力，但其“附录3语法修辞知识要点”，只是2001年颁布的《全日制义务教育语文课程标准（实验稿）》“附录三语法修辞知识要点”的简单重复，其全部内容如下：[5]

1. 词的分类：名词、动词、形容词、数词、量词、代词、副词、介词、连词、助词、语气词、叹词。

2. 短语的结构：并列式、偏正式、主谓式、动宾式、补充式。

3. 单句的成分：主语、谓语、宾语、定语、状语、补语。

4. 复句的类型：并列、递进、选择、转折、因果、假设、条件。

5. 常见修辞格：比喻、拟人、夸张、排比、对偶、反复、设问、反问。

该课程标准并未提供选择以上语法修辞知识作为“要点”的理据。“附录3语法修辞知识要点”中的语法要点属于现代汉语语法知识范畴，并不包括古代汉语语法知识。同时，语法是一种语言中组词造句的规则，大的音义结合体是由小的音义结合体组合形成的。对各级语法单位成分的孤立列举，难以建立学生对汉语语法的全面认识。虽然语法分级问题在目前的语法学界仍然没有统一的标准，但普遍认为可以按四分法进行区分，即语素、词、短语、句子。“附录3语法修辞知识要点”对语法单位的分类，并没有将语法规则中同样重要的“语素”归纳在内，因此也是不够全面的。从附录对语法单位所包括的具体内容来看，同样不够全面。以词的分类为例，仅就现代汉语词汇而言，词的分类十分复杂。除了附录列举的几类，有的词语经常具有两类或两类以上词的语法功能，且意义有密切联系。这类词不属于附录列举的任何词类，而是“兼类词”。像“死了一只小鸟”中的“死”是动词，而“他脑筋太死”中的“死”则是形容词，并且，“脑筋太死”的表述相比“脑筋不灵活”，具备更为浓郁的形象色彩和贬义色彩。“死”就是一个兼类词。就短语的类型而言，汉语存在独有的短语类型，如兼语式短语“他请他吃饭”，第二个“他”既是“请”的宾语，又是“吃”的主语；连谓式短语“他讨杯水喝”，“讨”和“喝”先后与“他”构成主谓关系。除此之外，特殊的短语类型还有同谓短语、方位

短语、介词短语、量词短语、助词短语等等多种。正确运用这些语法规则，对于表达的规范和效果都能够产生影响。可见，“附录 3 语法修辞知识要点”在对语法知识分类列举时，对汉语自身的特点尚缺乏足够的关注。

除语法知识要点外，“附录 3 语法修辞知识要点”仅列出了 8 种常见的修辞格作为修辞知识要点，也是颇为令人遗憾的。世纪之交，中国修辞学研究经历了从“狭义”到“广义”的转型，修辞学界有学者已经指出：“狭义修辞学理论对于各种修辞现象的解释显得心有余而力不足，在现实中，人们感到修辞学给予的或者是一些原则性的规定，要如何如何，不能这样那样；或者用一些比较空洞的概念来形容一下所谓的表达效果，诸如‘形象生动’、‘深入浅出’、‘化腐朽为神奇’等等之类，似是而非，隔靴搔痒；或者干巴巴地摆一摆术语名称，说用了‘比喻、夸张、借代’等等这类的手法，然后一厢情愿地说‘非常真切地表现了作者的内心感受’、‘把自然描写得惟妙惟肖’等等。在教学中，在语文课堂上，老师讲解文章的写作特点，大多就是这种状况，任凭他说得天花乱坠，什么‘天才的比喻’、‘独具匠心的设问’等等，也难以在学生心中产生共鸣，更难以得到理性的接受。而后，当这些学生也当了老师后，他们就这么照着老师的模式，回过头来又对他的学生重复着这样的语文教学。不是老师和学生的能力不行，主要是狭义修辞学理论的解释力有限”。[6]

可见，仅仅呈现孤立、静态的“语法修辞知识”，不仅无法涵盖语文学习环境中真实存在的丰富多样的语言现象，与语言运用的实际语境割裂，而且与《义务教育语文课程标准（2011年版）》“培养学生的语言文字运用能力”的导向不一致。

二、 培养学生的语言文字运用能力需要怎样的语言学理论支撑

近几年，探讨语文课程语用转型的论文，大都尝试寻找更具学理性的语言学理论。这些论文几乎都提到了一个概念：“语用学”。韩雪屏在《真语文的标志：坚守语文课程的特质》一文中认为语用学与语文教学存在天然默契，因为“语用学研究在不同语境中话语意义的恰当地表达和准确地理解，寻找并确立使话语意义得以恰当地表达和准确地理解的基本原则和准则”。[7]李海林则在《语用学之于语文教育——历史的观照与当下的探索》一文当中重申了索绪尔关于“语言的语言学”和“言语的语言学”的区分，认为“所谓‘语言的语言学’，着眼于语言各要素的描述与分析，它把语言理解为一套知识系统；所谓‘言语的语言学’，着眼于语言的功用，它把语言看作是一个功能体。对语言的第一个本质，大家的认识比较充分；对语言的第二个本质，大家的认识并不那么明确”。[8]在此基础上，他提倡从功能主义语言观出发进行语文教学。荣维东、杜鹃在《语文教育亟待语用转型与体系重建》一文中，首先对传统语言学进行了批判，认为其已经不能适应当下的语文教育侧重培养学生“语用交际能力”这一目标。在此基础上，文章对国外语用学的学科发展进行了介绍，提出我国语文教育体系“亟待以语用学为基础进行重建”。[9]也有学者在“语用热”的趋势面前表现出慎重的态度。李海林在其论文中认为，语用学与语言学有着明确的分界，应当把语用学与文艺学、语言学、文章

学并列作为语文教育内容来源。但在其所列的语文教育理论构成表中,语用学作为“言语的语言学”,又与“语言的语言学”并列,作为“广义的语言学”的下位概念。同时作者也承认,作为一个正在发展的学科,将语用学知识引入语文课程层面需慎重。仍需探索的问题包括,哪些语用学知识可以进入语文课程,如何转换语用学陈述性知识形态为语文教学需要的程序性、策略性知识形态等,并非一步之遥。[10]

尽管语用学可以理解为语言使用之学,但仍不能简单地将语文课程理念中的“语言文字运用”或“语文应用”等同于“语用学”,不能在语文教学中生搬硬套语用学的名词术语。中国语文教育是中华人民共和国国家通用语言文字的教育,作为国家通用语言文字的普通话和规范汉字有其自身的特点,而在学界越来越多被人提及的语用学范畴术语,例如指示语、会话含义、会话结构、格赖斯“合作原则”等,针对的研究对象主要是西方语言。此外,汉语言与西方语言背后的民族文化传统的差异,也决定了包括语用学在内的植根西方语言的语言学理论面对汉民族特有的语言现象时的无力。在某些语境当中,正是因为作者刻意违背了某些语用学的准则,才产生了美感和艺术魅力。

例如,《红楼梦》“林黛玉进贾府”一节,写到贾母问黛玉念过何书,黛玉的回答是:“只刚念了‘四书’。”但随后见过宝玉,被宝玉问起可曾读书时,黛玉的回答却变为:“不曾读,只上了一年学,些许认得几个字”。[11]如果从美国语言学家格赖斯针对交际者提出的“合作原则”来看,黛玉对宝玉的回答是虚假的,这无疑违背了“合作原则”中的“质的准则”。然而,读者却能透过黛玉刻意贬低自己的回应话语,窥见其来到规矩大得多的外祖母家时内心隐藏着的低调、谨慎,其敏感、自尊的性格无形当中得到了强化,读者由此获得审美享受。汉民族文化心理多崇尚含蓄的表达方式,日常生活中也有很多为达到这一目的而有意违背语用原则的现象,听话一方若想要正确把握说话一方的“言外之意”,往往需要体会话语的色彩意义。比如,一位女子用十分委婉羞涩的方式对心仪的男子表露心意后,对方却仍然不明白女子的用意,该女子就有可能着急地说:“你!”男子听到这里,也许仍会不明所以。从语用原则的角度来看,单独一个“你”提供的信息不足,故交际失败。但从间接接受者的一方来看,女子的一个“你”包含了爱意也包含了委屈。一个“你”字,表现出语言在表达思想时可以“言不尽意”,留下了空白让听话一方去体会和理解。日常口语交际中的委婉的告诫、辛辣的讽刺,古人写作时为了典雅而有意进行避讳等等,都不能依靠西方语用学去解释。

叶蜚声、徐通锵在《语言学纲要》中指出,正是因为“言不尽意”的存在,语言运用是一种值得深究的学问。“言内意外”的语言运用手法在文学创作中,往往是美感产生的源泉。“一部好的小说,一首好诗,往往在有限的言辞中寄寓着无尽的意思,为读者咀嚼、琢磨作品的思想内容留下广阔的天地”。[12]该处举例唐代诗人杜牧的《秋夕》:“银烛秋光冷画屏,轻罗小扇扑流萤。天阶夜色凉如水,坐看牵牛织女星。”认为诗中“轻罗小扇扑流萤”看似简单的诗句,实际上在“‘言内’寄寓着好几层‘意外’”,“第一,萤火虫出没在野草丛生的荒凉的地方,如今竟在宫院中飞来飞去,说明宫女生活的凄凉。第二,从扑萤的动作可以想见她的孤独与无聊,借扑萤来消遣那孤苦的岁月。第三,轻罗小扇象征着她被遗弃的命运:扇子本是夏天用来扇风取凉的，到秋天就搁置不用了，所以故事中常用来比喻弃妇”。这三层意思都是读者需要凭借自己的感受从“言内”补充出来的“意外”。古代诗歌语言的“暗示性和启发性”，正是通过唤起读者的想象和联想，达到言有尽而意无穷的艺术效果。[13]

汉语言文字有其自身的特点，汉语言文字运用也有其自身的规律，汉语言文字运用的教学同样有其自身的特点和规律。语文教育研究工作者的职责不是套用一般语言学理论、语用学理论诠释汉语言文字的教学，而应是借鉴一般语言学理论、语用学理论揭示汉语言文字教学的特点和规律。

三、探寻语言学与语文核心素养共同的前沿地带

语言的建构与运用是语文核心素养的首要和基础任务，而语文核心素养作为一个统一体，其培养实际上是在语言知识无序出现的阅读与鉴赏、表达与交流、梳理与探究等真实的语文活动中进行的。正如萨丕尔在《语言论》中论及语言和文学的关系时谈到的，当艺术家的精神活动处于“非语言”层面时，就会发现“难以用习惯说法的严格固定的辞句来表达自己的意思”。[14]在文学中，“个人表达的可能性是无限的，语言尤其是最容易流动的媒介。然而这种自由一定有所限制，媒介一定会给它些阻力”。[15]他在此尝试性地提出了一个猜测，认为文学艺术中存在着一种“特殊的语言艺术”，即“某种语言的特殊构造——特殊的记录经验的方式”。[16]巴赫金指出“超语言”范畴的存在。首先，他认为，对任何文学文本的分析“不能忽视语言学，而应该运用语言学的成果”。[17]其次，这种研究又超出了语言学的范围，属于“超语言学”，即“一门研究话语对话性的特殊的言语语言学”。[18]

王宁曾针对汉语语言学与语文教学如何结合作出过精当的论述。她认为，在语文教学中“师生面对的是载负着具体思想的语言，而不是赤裸裸的语言形式。这并不等于说语言形式对语文教学是没有用的”，而是要求教师具备“引导学生敏锐地发现语言现象并从现象中归纳出规律的能力，也就是善于把规律激活的能力”，最重要的是具备把“语言载体的规律，和语言内容——也就是言语作品的思想感情的表达规律”相融合的能力。王宁还提出，语言知识教学就是一种语理教育，应当用语理来指导语言运用能力的培养。对于缺乏语法形态的汉语来说，语理学习的重点应当放在词汇上。词义，可以作为通达鉴赏的一条途径。“成功的教学都要从抽象的词语中开掘出言语意义——也就是蕴涵在其中的作家的具体经验和审美情趣”。[19]

王宁在《汉语语言学与语文教学》一文中，侧重强调借助语言学将无序出现的词义进行整理，从而实现词义的有序呈现，利于理解与记忆。强调词汇的实际运用，的确有利于还原语文课的本质。但词义的有效运用并非语文课的全部，就语文教学环节中用时较多的阅读教学而言，学生面对的多是完整的语段、语篇。语文课程既包含祖国语言形式的教学（如字、词、句、篇等语言形式的把握），又包含祖国语言内容的教学（如字义、词义、句义、篇义等语言内容的理解）。而随着语文核心素养的提出，仅发掘语理中的词理是远远不够的。语文教师

真正需要的，是能有效言说“难以言喻”的鉴赏之理，且能够尽可能兼顾思维的发展与提升、审美鉴赏与创造、文化传承与理解的，能在教学中发挥桥梁作用的语言学理论。这需要我们依据汉语语言学与语文教学自身的实际，从二者能够有机结合的前沿地带寻找答案。

先来看一个例子。以苏教版高中语文选修教科书《〈史记〉选读》中的《李将军列传》为例。李广形象，常被冠以英雄的称号。与已经被语文学界所熟知的索绪尔的符号观不同，西方接受美学代表人物之一伊瑟尔采用了查理·莫里斯的说法，将文学艺术中的符号——如人物形象，称为表征符号，并认为“文学的表征符号构成一种能指的组织形式，它并不指涉一个所指对象，而是为所指对象的产生提供指令”。[20]表征符号意义的实现并不在于能指与所指结合为统一的关系，“表征符号只有在它们与所指对象的关系开始松动甚或消失时，才能完成其功能。我们必须去想象符号所指未及的东西，尽管它仍然是以符号已指涉的东西作为先决条件的”。[21]“能指”与“所指”的特殊关联，在非文学文本中也同样存在（如典范性的新闻稿、演讲稿等实用类文体也同样存在“能指”、“所指”的微妙关系）。对语文教学而言，教师并不需要向学生灌输上述语言学专业概念，而是要借助教科书提供的范文，在引导学生对包括人物形象塑造的艺术奥秘进行深层次把握过程中，体会不同语境下的语言运用特点，掌握语言运用规律。

据学者考证，“英雄”作为复合词，在汉代使用频率极低，使用次数增多并成为重要的文化现象，是在汉末三国时期。今天，“英雄”的名词性义项包括两个：第一个义项是“才能勇武过人的人”，第二个义项是“不怕困难，不顾自己，为人民利益而英勇斗争，令人钦佩的人”。[22]若单纯从普通言语符号能指与所指统一的特征出发，读者不难从文中找到与当下语言系统中的“英雄”一词的所指相对应的能指。

在《史记·李将军列传》中，作者司马迁记叙了李广率领汉朝军队与匈奴进行的多次交战，例如李广任上郡太守时期带领数百名骑兵意外遭遇匈奴几千骑兵，凭借胆略与机智使匈奴人最终不敢进攻。再如右北平讨伐匈奴一战，尽管李广被匈奴军队包围，却镇定自如地顽强作战。此外，作者还在文中记叙了李广具有简易治军、宽厚待人的一面。在文章的结尾，“太史公”司马迁更是以作者的身份出现，正面对李广进行赞美，认为《论语》中所说的“其身正，不令而行；其身不正，虽令不从”正是李广的真实写照，他“忠实心诚”，因此取信于人。最后引用谚语“桃李不言，下自成蹊”来形容李广，足见司马迁对其的欣赏、仰慕之情。

细读文本不难发现，李广的人物形象具有“英雄”的所指不能涵盖的性格特征，也就是人物形象的能指具有了文本的表层没有出现的新的所指。李广右北平出击匈奴却被包围一段，李广一方虽损失惨重，但是作者着力刻画的是其面对包围的镇定、顽强的一面，场景慷慨悲壮，引人同情。最后以李广“军功自如，无赏”一笔带过，并不论及李广应当承担的责任。此外，李广被任命为右北平太守后，挟私报复，杀死了曾扣留过他的霸陵县尉，甚至与术士王朔交谈时，还透露曾引诱杀害了谋反后投降的羌人。论者提及上述描写，往往将其看作李广人物性格复杂的例证。但是，我们要抓住人物形象能指与所指在此处的不统一，并且继续追问：在真实历史中战功卓著的卫青、霍去病，同样有列传传世，在读者心中的地位为何却远不及事实上不那么“英雄”的李广？

于是，问题就转变为：艺术的虚构如何赋予李广以英雄形象的独特审美特征？这其中起到重要作用的一步是进入假定境界后揭示出隐藏在人物内心的感情特征。文中描写李广出猎过程中“中石没镞”的情节，历来引起论者的注意：

广出猎，见草中石，以为虎而射之，中石没镞。视之，石也。因复更射之，终不能复入石矣。[23]

《李将军列传》记载，李广家族世代习射，其本人对射箭也十分精通，文中曾详细描写了李广射匈奴射雕人、射白马将、射追骑、射猎、射猛兽等等情节。明代凌稚隆将这一情节视为李广善射的佐证，其辑校的《史记评林》中引程一枝之语：“李广所长在射，故传内叙射独详，若射匈奴射雕者，若射白马将，若射追骑，若射裨将，皆著广善射之实。末及孙（李）陵教射，正应篇首‘世世受射’句。”[24]而更多的古代评论家对这一情节的真实性提出质疑。例如，“何焯曰：《吕览·精通篇》云：‘养由基射虎中石，失乃饮羽，诚乎虎也。’与此相类。岂后世因广之善射，造为此事以加之与？段成式已疑之。梁玉绳曰：‘射石一事，《吕氏春秋·精通篇》谓养由基，《韩诗外传六》、《新序·杂说四》谓楚熊渠子，与李广为三。’《论衡·儒增篇》以为‘主名不审，无实也。’《黄氏日钞》亦云：‘此事每载不同，要皆相承之妄言也。’”[25]评论对于该情节的真实性仍存在质疑，但是该处情节与其他描写李广善射的情节不同，成为李广被记载的诸多经历中读者耳熟能详的一件，甚至被其后的文学作品效仿：“《周书·李远传》有所谓‘尝校猎于莎栅，见石于丛薄中，以为伏兔，射之而中，镞入寸余。就而视之，乃石也’。盖模拟《史记》而为文。”[26]

正是因为作者进入假定境界，设计出“中石没镞”的情节，“让人物越出常规”，[27]才能将埋藏在深处的不为人知的特征激发出来：当李广发现是石而不是虎之后，就再不能把箭射入石中。读者由此发现，李广的心理发生了微妙的变化，射虎时的非凡之力不复存在了。读者由此发现了人物深层次的情感特征：不仅具有英雄普遍具有的传奇色彩，更有对自己箭术的不自信的一面。这一情节，正是通过虚构获得了艺术感染力：人物与读者之间的距离被拉近了。李广因此成为中国古典小说中一个独特的英雄形象：一个人化而非神化的英雄。因此，《李将军列传》与司马迁为其他汉代将领所作的列传相比，更具有经典性。

在这一文本解读案例中，我们从真实、生动的语言现象入手，运用矛盾分析的思维方法，深入揭示了文本的艺术奥秘。同时，“英雄”还是我国古典小说乃至文化领域一个重要的“范型”，从文学创作的角度来看，审美价值高的人物形象，都是在特定的社会人文背景下，在几代艺术创作的积淀之上，由特定文体的审美规范进行构思创作出的。上文的研究模式实际上已走出了以语言学本位，强调表达技巧总结的狭义修辞学，而是运用了“把修辞学研究从话语层面延伸到文化哲学层面……从更为广泛的社会人文、心理思维乃至自然存在等背景之下来探索修辞学发展新路径”，[28]已走入广义修辞学的天地。而这一理论的介入，能在引导学生获得审美熏陶的同时，将语言规律的积累与本民族的社会文化以及人生观、价值观紧密相连。

四、从语文教材中发现培养学生语文核心素养的生长点

语文教学有听说读写等形式的语言建构与运用活动，语文教材则是生成听说读写等形式的语言建构与运用活动的重要凭借。广义修辞学仅仅为教师提供了重新审视文本、审视教学的宏观视野，从语文教学的特殊性来说，教师还应当重视教材资源的开发利用，促使学生在主动探索中完成语言的建构与运用，进而达成培养学生语文核心素养的目标。

以教学苏教版小学语文六年级(上册)《麋鹿》这篇课文为例。教师在教学这一说明文时，往往感觉除了传统的说明文写作方法(如列数字、打比方)外，难以找到教学切入点。即便是教读其中的生字词，或罗列个别词汇语句，也仅仅是就语言谈语言。实际上，在这篇课文的课后练习第3题，教材编者已经为教师提供了一个很好的切入点。该题要求：

默读课文，想一想你已经了解了麋鹿的哪些知识，然后学着讲解员的样子说说麋鹿的外形特点、生活习性和传奇经历。

该题可以变换一种问法：假如你是麋鹿自然保护区的一名小讲解员，该如何向游客介绍麋鹿的外形特点、生活习性和传奇经历，才能让游客印象深刻呢？先准备一篇简单的解说词，再现场演练。表面上看，这一新问题是对口语交际能力和写作能力同时进行考察，其实也有利于学生在准备解说词的过程中，通过细读课文，主动完成语言运用技巧的积累和思维方式的训练。麋鹿的外形特点、生活习性和传奇经历都是课文的组成部分。教师可以有意将描写麋鹿外形特点的句段做一处理，引导学生发挥同中求异的思维方式，对不同言语材料的解说效果进行对比。比如，教师可先将课文中描写麋鹿外形的一段文字中的部分词语去掉：

麋鹿是一种草食性哺乳动物。一般雄麋鹿体重可达250千克左右，角比较长，每两年脱换一次。站着的时候，麋鹿角的各枝尖都指向后方。雌麋鹿没有角，体形也较小。麋鹿的长尾巴用来驱赶蚊蝇，以适应沼泽环境中的生活。

再与课文原文作比较：

与其他鹿科动物一样，麋鹿也是一种草食性哺乳动物。一般雄麋鹿体重可达250千克左右，角比较长，每两年脱换一次。麋鹿的角型是鹿科动物中独一无二的——站着的时候，麋鹿角的各枝尖都指向后方，而其他鹿的角尖都指向前方。雌麋鹿没有角，体形也较小。麋鹿的尾巴是鹿科动物中最长的。长尾巴用来驱赶蚊蝇，以适应沼泽环境中的生活。

显然，课文原文这段介绍所运用的说明文的“作比较”，具体的方式是“有同有异”、“同中见异”。如果学生在写作解说词时，也能运用上述思维方式，品味出副词“最”和成语“独一无二”体现出的麋鹿奇异的特性，就能从创作层面感受到如何遣词造句以实现加深听众印象的效果。另外，解说词运用于口语表达，还应有书面语色彩与口语色彩的区别，教师甚至可以进一步指导学生有效地运用非语言交际手段，如表情、肢体动作等等，强化解说的口语表现力。

语文课程标准是语文教学的纲领，一方面，我们寄希望于再版的高中语文课程标准能够真正立足提升学生语文核心素养呈现科学有效的语言学理论知识。另一方面，我们应对“真语文”大讨论带来的“语用热”有正确的认识。毋庸置疑的是，语文教育“语用学转型”推动了语文教育基础理论研究的拓展，尤其是符合语文教育实际的语言理论的探索。同时也为我们提供了思考如何引入语言学理论来提升学生语文核心素养的机会。我们认为，要结合教材实际与学情，同时兼顾语文学科特点，引导学生通过语言建构与运用，获得语文核心素养各个层面的提升绝非易事；语文教师只有掌握符合语文学科特性的语言学理论，并原创性地运用于培养学生语文核心素养的教学实践，才能真正走出语文教育的语言之惑。

参考文献：

[1][4][5] 中华人民共和国教育部. 义务教育语文课程标准(2011 年版)[M]. 北京：北京师范大学出版社，2012：25，2，42.

[2] 刘大为. 语言知识、语言能力与语文教学[J]. 全球教育展望，2003(9)：15－20.

[3] 张心科. 语文课程知识类型与建构路径[J]. 语文建设，2015(2)：21－23.

[6][28] 罗渊，毛丽. 从“狭义”到“广义”：中国修辞学研究转型及其学术意义[J]. 福建师范大学学报(哲学社会科学版)，2007(1)：74－80.

[7] 韩雪屏. 真语文的标志：坚守语文课程的特质[J]. 语文建设，2013(9)：19－21.

[8][10] 李海林. 语用学之于语文教育——历史的观照与当下的探索[J]. 语文建设，2015(4)：11－16.

[9] 荣维东，杜鹃. 语文教育亟待语用转型与体系重建[J]. 中国教育学刊，2015(5)：44－49.

[11] 曹雪芹. 红楼梦[M]. 无名氏，续. 中国艺术研究院红楼梦研究所，校注. 程伟元，高鹗，整理. 北京：人民文学出版社，2008：50.

[12][13] 叶蜚声，徐通锵. 语言学纲要[M]. 北京：北京大学出版社，1997：150，150－151.

[14][15][16] 萨丕尔. 语言论：言语研究导论[M]. 陆卓元，译. 北京：商务印书馆，1985：200－201，198，199.

[17] 钱中文. 巴赫金全集·第 5 卷[M]. 石家庄：河北教育出版社，1998：11.

[18] 凌建侯，杨波. 词汇与言语：俄语词汇学与文艺学的联姻[M]. 北京：北京大学出版社，2011：9.

[19] 李节. 王宁老师：语文教学需要科学性和理性[EB/OL]. http://toutiao.com/i6286267351222452737/，2016－05－19.

[20][21] 沃尔夫冈·伊瑟尔. 阅读活动：审美反应理论[M]. 金元浦，周宁，译. 北京：中国社会科学出版社，1991：80.

[22] 中国社会科学院语言研究所词典编辑室. 现代汉语词典(修订本)[M]. 北京：商务印书馆，1996：1508.

[23][25][26] 司马迁. 史记·列传(八)[M]. 韩兆琦，译，注. 北京：中华书局，2010：6500，6501，6501.

[24] 周振甫.《史记》集评[M]. 重庆：重庆大学出版社，2010：306.

[27] 孙绍振. 文学创作论[M]. 福州：海峡文艺出版社，2007：453.

美国“各州共同核心标准”之“阅读标准”

叶丽新

一、背景与问题

以“核心素养”为本，已经成为国际基础教育课程改革的基本趋势。[1]我国也已确立了“核心素养”观念，将之作为课程改革的出发点和归宿。[2]面对基于核心素养的课程改革热潮，基础教育各学科该作何反应？如下建议值得关注：

如果说核心素养是为新时代期许的新人形象所勾勒的一幅“蓝图”，那么，各门学科则是支撑这幅“蓝图”得以实现的“构件”，它们各自拥有其固有的本质特征及其基本概念与技能，以及各自体现出来的认知方式、思维方式与表征方式。[3]

细辨上述建议，基础教育各学科如要能成为实现核心素养“蓝图”的有力“构件”，大概要从如下两个层面、方向做出各种努力。其一，自上而下地吸收、转化、落实一般“核心素养”。其间又有两种可能：或者承担起所有核心素养的培养责任，或者有侧重地对部分核心素养作出独特贡献。[4]其二，各学科继续保有并发展各自“固有的本质特征”、“基本概念与技能”以及独有的“认知方式、思维方式与表征方式”，其间既包括学科既有问题的持续深化研究，又包括在解决学科既有问题的过程中酌情呼应“核心素养”。譬如，何谓“阅读素养”？我们希望学生获得怎样的阅读素养？这是语文学科中看起来极其基本的两个问题，但还需要继续探究。

应该说，我国语文教育领域从未停止关于阅读能力的研究。20世纪前期，叶圣陶、夏丏尊、朱自清等人凭借他们深厚的文学功底、丰富的阅读经验和对学生认知状态的体察，提出了诸多培养和发展阅读能力的方法，从中可以管窥他们对于阅读能力的理解。20世纪七八十年代是我国语文教育界开展阅读能力研究的高峰期。张志公、张鸿苓、李保初、韩雪屏等人专门探讨了阅读能力的要素和阅读能力的结构。① 20世纪90年代开始，朱作仁、祝新华、莫雷、章熊等人在不同程度上采用了科学测量的方法来分析阅读能力的要素结构，并开始触及阅读的层次和水平问题。② 而随着近些年国际阅读素养进展研究项目（Progress in

---

① 参见：张定远.阅读教学论集[M].天津：新蕾出版社，1983.李保初.阅读教学浅论[M].石家庄：河北人民出版社，1985：6－7.韩雪屏，张春林，鲁宝元.阅读学与阅读教学[J].教育研究，1983(9)：57－59.

② 参见：朱作仁.语文测验原理与实施法[M].上海：上海教育出版社，1991.祝新华.语文能力结构研究[J].教育研究，1995(11)：57－58.莫雷，等.语文阅读水平测量[M].广州：中山大学出版社，1997.章熊.中国当代写作与阅读测试[M].成都：四川教育出版社，2000：306－310.

International Reading Literacy Study，简称 PIRLS）和国际学生评价项目（The Programme for International Student Assessment，简称 PISA）的引入，“阅读素养”开始成为我国语文教育界乃至全社会关注的话题。① 然而，我国关于阅读能力和阅读素养的既有研究都未能产生具有显著影响力的成果，未能对语文课程产生显著的积极的影响。语文课程标准里罗列的阅读目标还不够系统、清晰，缺乏学理依据；课堂和考试层面最关心的都还是对特定文本的解读结果而非学生“阅读素养”的发展。

阅读过程、阅读素养的发展机制对我们而言，依然还像是一个“黑匣子”。我们并不善于描述、诊断和有针对性地发展学生的阅读水平。

那么，“阅读素养”和“阅读素养”培养目标是否可以相对明晰地加以陈述呢？美国 2010 年颁布的“各州共同核心标准”（Common Core State Standards，简称 CCSS）中“英语语言艺术标准”②的“阅读标准”也许能给我们一些启发。美国哥伦比亚大学读写研究团队领衔人卡尔金斯（Lucy Calkins）曾说：“无论你是否同意渗透在标准中的价值观，标准的确是创造了一种关于阅读的清晰的、连续的描述。”[5]

二、 CCSS 阅读标准的立体描述——阅读素养内涵与发展机制隐含其中

整体看 CCSS“英语语言艺术标准”，③其大致分四个层级描述该学科素养。

其一，总体描述当学生达到“标准”要求后应该展示出来的素养表现：能独立完成各种听说读写任务，善于自我导向；掌握扎实的、跨学科的内容知识；能根据交流对象、任务、目的和学科需要进行表达和交流活动；兼具理解能力和批评能力；在诠释文本、自我表达以及评价他人观点时，都重视“证据”；能策略性地运用技术和数字媒体；能理解不同的观点和文化。[6]

其二，确定阅读、写作、听说、语言四个领域的“锚定标准”（anchor standard）——21 世纪全球化竞争背景下，高中毕业生升入大学或就业时所必备的读写知识和能力。其中，阅读、写作各十条标准，听说、语言各六条标准（K－5，6—12 年级分开设置）。

其三，分阅读、写作、听说、语言四个领域描述 K－12 各年级的年级标准（9 和 10 年级合并描述，11 和 12 年级合并描述）。

其四，课程标准附件提供各类型阅读文本、阅读任务样例和学生写作表现样例，用以进一步诠释标准陈述的目标和表现水平。

---

① 参见：左岚. PISA 阅读素养评估及其对我国阅读课程改革的启示[J]. 教育理论与实践，2015(8)：15－17. 祝新华，廖先. 通过主题阅读提升学生的阅读素养：理念、策略与实验探索[J]. 教育研究，2013(6)：101－106.

② 美国《各州英语语言艺术与历史/社会、科学、技术学科中的读写共同核心标准》（Common Core State Standards for English Language Arts & Literacy in History/Social Studies, Science, and Technical Subjects），简称“英语语言艺术标准”。正文共 66 页，分三个部分：“K－5 年级英语语言艺术与历史/社会科学、科学、技术学科中的读写标准”；“6—12 年级英语语言艺术标准”；“6—12 年级社会、科学、技术学科中的读写标准”。从所指和功能来看，与我国既有语文课程标准较接近的是前两个部分。这两个部分都分阅读、写作、说与听、语言四个领域描述相关标准，其中阅读又从文学类文本和信息类文本两个角度分别描述各年级标准。本文重点分析的是 K－5 年级和 6—12 年级的阅读标准。

③ 在“英语语言艺术标准”中有读写素养（literacy）概念，但在分领域描述目标时没有用专门的“阅读素养”“阅读能力”等概念而直接说“阅读标准”（reading standards）或“写作标准”（writing standards）。

上述第一层级描述的素养是美国英语语言艺术学科的核心素养，其涵盖阅读素养。更准确地说，这些学科核心素养能够且需要在阅读活动中得到一定程度的体现，需要渗透和落实在阅读教学中。而关于阅读素养发展目标的直接表达主要是"阅读锚定标准"①和各年级阅读标准。解读这两个标准，可以了解标准制定者对于阅读的内涵与发展机制的理解。

（一）阅读素养理解和描述的维度

"阅读锚定标准"从四个角度提出了十条标准。[7]

A. 主要思想和细节

1. 仔细阅读文本，明确文本表达的主要内容，并能据此进行合理推论；写下或说出从文本得出的结论时，能够引用文本中的证据来支持结论。

2. 确定文本的核心观点或主题，并能分析它们是如何发展而成的；概括关键的支持性细节和观点。

3. 分析人物、事件、观点在文本中是如何发展起来的，为何这么发展，以及这些要素彼此之间是如何互相作用的。

B. 艺术和结构

4. 解释单词、短语在文中的意思，如隐含的意思、比喻义等，分析措辞是如何影响文本意义或语气语调的。

5. 分析文本的结构，分析特定的句子、段落和文本更大的部分（如章、场景等）之间的关系，以及这些部分和全文之间的关系。

6. 评价作者观点或写作目的与文本内容或文本风格间的关系。

C. 知识和观点的整合

7. 整合和评价以不同形式，通过不同媒体呈现的内容。

8. 勾勒和评价文本中的论述和具体主张，包括论证的有效性和论据的相关性、充分性。

9. 分析两个或几个不同的文本是如何表达相似的主题或话题的，由此建构相关知识或比较作者的写作方法。

D. 阅读范围和文本难度

10. 独立、熟练地阅读并理解复杂的文学类文本和信息类文本。

这个"阅读锚定标准"定下了阅读素养描述的基本框架，各年级标准分别从这十个方面提出相应要求。我们可以继续追问，为什么提出这十条标准？这十条标准背后是否还有更为基础的"阅读素养"理解框架。"阅读锚定标准"中有这样的说明："标准界定了每一个年级末，学生应该能理解什么和能够做什么"。[8]这一说明揭示了理解和描述阅读素养的两个最基

① 在"各州共同核心标准"诞生之前，全美州长协会（National Governors Association）和各州学校主管委员会（Council of Chief State School Officers）曾领导开发并于2009年颁布"大学和职业准备锚定标准"。阅读领域有"大学和职业准备阅读锚定标准"（College and Career Readiness Anchor Standards for Reading），简称"阅读锚定标准"。2010年颁布的"英语语言艺术标准"中的"阅读标准"，首先呈现培养的最终目标——"阅读锚定标准"，然后呈现各年级标准。

本的维度。从这两个角度细读“锚定标准”，我们能获得如下微观的认识。

1. 关于“能理解什么”

“能理解什么”涉及宏观和微观两个层次：读什么样的文本或书籍；阅读中注意文本的哪些内容、方面。

关于读什么样的文本或书籍，CCSS阅读标准有两个重要的考虑维度：①文本类型（range of text）和文本复杂度（complexity of text）。文本类型，一方面各年级阅读标准的第10条有专门建议；另一方面，课程标准正文末有关于K－5年级阅读文本类型和6—12年级阅读文本类型的整体说明（如表1所示）。[9]

表1　CCSS 6—12年级阅读文本类型范围

文学类文本			信息类文本
故事	戏剧	诗歌	非虚构类
冒险故事、历史小说、玄幻小说、神话、科幻小说、现实主义小说、寓言、讽刺文学、模仿改编、图画小说/漫画小说	独幕剧和多幕剧，包括书面形式和影片形式	叙事诗、抒情诗、自由体诗歌、十四行诗、颂歌集、情歌、史诗	各种说明性、论述性文本、个人随笔形式的功能性文本、演讲词、文学评论或艺术评论、传记、回忆录、报章杂志，以及面向大众的历史类、科学类、技术类、经济类文本

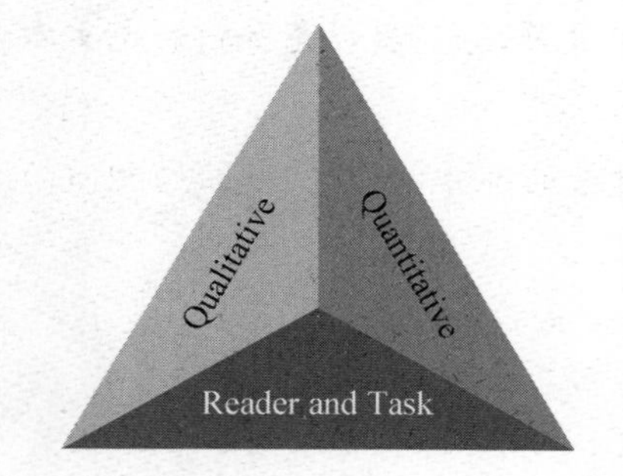

图1　CCSS三因素文本复杂程度测量模型[11]

阅读对象选择的另一个考量维度——文本难度或者说是文本复杂程度，是CCSS“英语语言艺术标准”的一大特色：“阅读标准对阅读对象的难度和阅读时的技巧这两个方面给予同等程度的重视”。[10]阅读标准中有专门的篇幅说明衡量文本难度的基本模型（如图1所示）。从三个维度考虑文本难度：“文本质的维度”，意义的复杂度、结构的复杂度、语言规范和语言清晰度水平、阅读过程对背景知识的要求程度；“文本量的维度”，单词长度、频率、句子长度、文本的连贯性；“读者水平和阅读任务”，指明文本复杂程度是相对而言的。“英语语言艺术标准”附录A、附录B还详细介绍了衡量文本难度的模型和各种测量方法，列举了代表不同类型和复杂程度、适宜不同年级学生阅读的若干文本片段样例。课程标准如此重视文本类型和复杂程度，意味着在教材编制、教学和评价层面要比以往更慎重地选择阅读对象。

那么，在具体的阅读过程中，重点要理解什么？“阅读锚定标准”的前两个维度六个小点对此作了引导：“文本的主要思想和细节”，包括文学类文本中的主题、非文学类文本中的主要观点，以及这些主题、观点发展成型过程中的支撑性细节、证据和观点等；“艺术和结构”，包括文本的用词艺术、结构特征、文本各个部分之间的关系，以及写作目的与文本内容和风

① 其实CCSS选择文本有三个考量维度：文本范围、品质和难度，但想要突出和强调的是范围和难度。

格之间的关系等。总的来说，阅读一篇文本或一本书，需要了解文本说了什么、怎么说的、为什么说这些和为什么这么说。其间，需要适当引入一些专门的文学或写作方面的知识。

2. 关于“能够做什么”

首先，可以看到“阅读锚定标准”的第三个维度是“知识和观点的整合”。这一维度名称本身及其下面的三条标准，显性地指明了学生在阅读中应该要做的事：在特定文本和外部相关知识之间建立联系，在不同文本之间建立联系，将以不同艺术形式表现相同内容的作品联系起来，并且能做出自己的比较、分析和评价等。

其次，“阅读锚定标准”的前两个维度“文本的主要思想和细节”与“艺术和结构”下面的具体标准，也都指明了学生在阅读过程中对于文本的不同侧面应该做出怎样的认知反应（见前文“阅读锚定标准”1—6）。据此编制的各年级阅读标准中，频繁出现系列认知行为动词，如“解释”、“分析”、“推论”、“判断”、“概括”、“评估”等。

综合上述两点，CCSS阅读标准用“能读什么样的文本”和“在阅读过程中对文本的各个方面能有怎样的认识”来表述阅读素养的发展目标。

（二）阅读素养可能的发展轨迹

CCSS“英语语言艺术标准”一个突出的特征是明确表达了各个年级的阅读水平标准和阅读技能发展的轨道。[12]当然，学生之间是有个体差异的，但年级水平标准为学生的发展提供了最基本的指路牌。

各年级水平标准是根据“阅读锚定标准”对各年级学生提出的“适度”的要求。如何清晰地表达各年级学生的阅读素养发展目标，并且体现出各年级目标要求之间的差异和衔接性？表面上来看这是课程标准文本撰写层面的问题，但从根本上来说是对阅读素养发展“过程”的洞察问题。

纵向解读“K－5年级文学阅读标准”[13]和“6—12年级文学阅读标准”，[14]从中可以“发现”阅读素养“成长”过程中值得注意的一些观察点。

1. 阅读的自觉性、独立性获得逐步发展

换个角度看，这是学生对学习支架的依赖性逐渐减弱的过程。譬如，从“在提示和帮助下，就文本关键内容提出问题、回答问题”（幼儿园文学阅读标准1）到“就文本关键内容提出问题、回答问题”（一年级阅读标准1）。

2. 逐渐学会运用专门的知识，系统地思考问题

譬如，从幼儿园、一年级能“就文本关键内容提出问题、回答问题”到二年级的“用谁、什么、哪里、什么时候、为什么和如何来提出问题和回答问题，以此体现出对文本关键内容的理解”。再如，关于对文本类型和文本结构、脉络的把握，二年级的要求是“能描述故事的结构，包括描述故事是如何开始和结尾的”；三年级的要求是“在表达对于故事、戏剧、诗歌的认识时联系文本的特定部分，且用到‘章’、‘场景’、‘诗节’这样的术语”；四年级的要求是“能从结构性要素角度解释诗歌、戏剧、散文的主要差别（如诗歌可能涉及诗节、节奏、韵律；戏剧可能

涉及人物类型、环境、对白、舞台提示等)”;七年级的要求是“分析戏剧或诗歌的形式(譬如独白、十四行诗)对于内容表达的意义”。

3. 逐渐学会有理有据地表达自己对文本的认识和理解

譬如,关于对文本内容的把握,对幼儿园到三年级学生的要求是能对文本关键的内容提出问题和回答问题。然而,从四年级开始,要求学生能明确文本到底说了什么,且要给出“证据”(即为什么你认为文本表达的是这个意思),并且年级越高,对“证据”的要求越高(见以下条目中着重标出部分):

(1)四年级:能**参考文本中具体的内容和例子**来解释文本说了什么和根据文本做出推论;(2)五年级:能**准确引证文本**来解释文本说了什么和根据文本做出推论;(3)九年级至十二年级:能**引用充分、有力的证据**来分析文本表达的主要意思和根据文本做出推论。

4. 认知层级、思维水平越来越高

文本解读有一些基本的切入点。对于同样的思考点,随着年级的发展,认知要求会越来越高。再以“对文本重要内容的把握”为例,幼儿园到三年级的要求是“提出问题和回答问题”;到四、五年级,标准用的一个核心动词是“解释”,需要学生对文本关键内容做出相对系统、清晰的说明;而六至十二年级的标准中用到的核心动词是“分析”,因为所读文本越来越复杂,文本关键思想可能没有那么明显或者会有多种理解,所以需要学生经过“分析”才能明了文本究竟表达了什么内容和从文本中可以做出怎样的推论。

5. 认知角度逐渐丰富、细致、立体

譬如,关于“对作品中人物的把握”,年级标准勾勒出了逐渐深入、立体的认识过程:幼儿园仅要求识别人物;一年级要求使用关键性细节描述人物;二年级要求能描述人物对重要事件和挑战的反应;三年级要求描述人物的特征、动机、情感等,并解释他们的行为对事件发展的影响;四年级要求根据文本中的细节深入地分析人物的思想、语言或行动;五年级要求比较或对比故事或戏剧中的人物;六年级要求描述情节发展中人物的反应或变化;七年级要求分析环境对人物的影响;八年级要求分析对话或事件是如何展示出人物的不同侧面的;九、十年级要求分析复杂人物是如何在文本中“发展”起来的,他们是如何与他人互动的。

6. 阅读对象类型逐渐拓宽,文本复杂度逐渐提高

能读什么类型、难度的文本是衡量阅读素养水平的指标之一,CCSS 阅读标准对“文本难度”的关注,不仅体现在“阅读锚定标准”和各年级标准的第 10 条标准里面,也渗透在标准 1—9 中。譬如,各年级标准 2 主要讲的都是对文本内容和主题的把握,纵向比较来看,各年级标准的差异既体现在认知层级要求方面,也体现在阅读对象范围、文本复杂度的变化上面(见以下条目中着重标出部分):(1)幼儿园:复述**熟悉的故事**;(2)二年级:复述**故事,包括来自不同文化的寓言、民间故事**;确定它们的中心意思、寓意、可以吸取的教训;(3)三年级:复述**故事,包括来自不同文化的寓言、民间故事和神话等**;确定它们的中心意思、寓意、可以吸取的教训;(4)四年级:确定一个**故事、戏剧、诗歌**的主题……(5)七年级:确定一个文本的中心意思或主题,分析它在文本中的发展……(6)十一至十二年级:确定**一个文本两个或两个**

以上的主题或主要意思，分析它们是如何在文本中发展起来的，彼此之间如何相互作用以形成复杂叙述的。

从以上简要呈示中可以看出，从幼儿园到四年级，阅读对象范围逐渐拓宽，文体类型逐渐丰富；从七年级到十二年级，则让我们看到了阅读对象内在复杂度的提高：文本的叙述可能越来越复杂，主题也可能越来越多元、隐晦。

上述六个角度是CCSS“英语语言艺术标准”阅读标准表达各年级文学类文本阅读目标时隐含的内在线索。年级标准较好地把握了各年级目标之间的延续性和区分度。这既利于我们加深对阅读素养发展过程的认识，也有助于我们思考如何在课程标准层面有效“表达”对于不同年级学生的不同期待。

三、说明和启示

无论是表达的方式，还是表达的内容，CCSS阅读标准都能引发我们的一些思考。

（一）必要的说明——培养目标条分缕析，培养途径重视“整合”

CCSS标准本身的呈现方式是以版块、表格、条目为主，本文又是从微观层面“解析”了CCSS阅读标准，这似乎有“肢解”读写素养之嫌。然而必须说明的是，CCSS“分割”式表现方式背后有着强烈的“整体”意识，整合意识体现在三个层面。

其一，注重听说读写在各个学科领域的协同发展。这从CCSS语言艺术标准的全称上就可窥见一斑——《各州英语语言艺术与历史/社会、科学、技术学科中的读写共同核心标准》。“在所有学科内容领域都进行读写教学。各内容领域的教师，包括社会、科学以及技术学科，在教学设计和实施中都强调读写体验。”被称为“CCSS背景下学校课程资源和课堂教学的第六大转变”。[15]

其二，注重听说读写之间的协同发展。CCSS英语语言艺术标准前言中申明：“虽然为了概念层面的清晰，以阅读、写作、听说和语言这几条线陈述标准，但在实际的表达交流过程中，这几者之间是紧密联系的。譬如写作标准9要求学生能够围绕他们的阅读来进行写作。”[16]

其三，各领域内的“整合”意识。就阅读领域而言，锚定标准和各年级标准都在引导读者重视文本内部各要素之间的关联、不同文本之间的关联、文本和读者自身以及社会生活之间的关联、知识和观点之间的整合……

（二）启示——加强阅读基础研究，洞察和明示阅读素养发展目标

CCSS阅读标准能够对阅读目标作出如此清晰、具体的描述，得益于相对活跃和成熟的阅读基础研究成果。我国语文教育和相关学科研究层面，应重视阅读素养基础研究。其中有三个小问题值得重视。

其一，重视“阅读素养”本质及其发展机制研究。CCSS 阅读标准中体现的阅读素养是多维、立体的。阅读素养发展的渐变性、累积性也得到生动、形象的描述。这对教材、教学和评价各个层面都具有重要的指导意义。反思我国阅读研究和阅读教学现状，我们需要从静态的阅读能力结构要素研究转向动态、多维的阅读素养研究；从“文本解读结果”教学取向走向“学生阅读素养发展”教学取向。

其二，重视阅读对象与阅读素养发展的关系。CCSS 阅读标准重视文本类型和文本的复杂度，一方面是因为“能读什么样的文本”是学生阅读素养的一种表现；另一方面，文本选择是提高阅读教学针对性的重要途径。目前来看，我国中小学语文课程中涉及的文本类型尚无明确的体系说明，学生阅读面较为狭窄。对文本复杂度的研究更为薄弱，教材选文、阅读测试语料选择缺乏依据。我们需要进一步研究如何通过多类型、复杂程度适宜的文本体系促动学生阅读素养的发展。

其三，重新思考理论知识的学习和运用问题。近些年，我国语文教育中有片面“淡化知识”的倾向。比较而言，CCSS“英语语言艺术标准”不仅不回避“知识”，还会明确地提出知识、概念方面的一些学习要求。当然，这不是脱离情境、机械地学习知识，而是在具体的读写活动中适时、按需学习知识，有效运用知识。譬如，在阅读领域，适时、适度学习语言、文学、写作各个方面的知识有助于更好地分析和理解文本。理论修养，也是语文素养的一种表现。因此，如何在我国语文课程中构建适宜的知识体系，并能让知识学习和读写听说素养的发展有机融合，是我们需要努力思考的问题。

总之，在我国语文课程改革过程中，需加强阅读、写作等领域的基础研究，如果我们也能明确、显性、立体地陈述我们期待学生具备的阅读素养，那么我国语文课程开发和实施各个层面都将更有针对性，更富有成效。

参考文献：

[1] 左璜. 基础教育课程改革的国际趋势：走向核心素养为本[J]. 课程·教材·教法，2016(2)：39－46.

[2] 张华. 论核心素养的内涵[J]. 全球教育展望，2016(4)：10－24.

[3] 钟启泉. 基于核心素养的课程发展：挑战与课题[J]. 全球教育展望，2016(1)：3－25.

[4] 邵朝友，周文叶，崔允漷. 基于核心素养的课程标准研制：国际经验与启示[J]. 全球教育展望，2015(8)：14－22.

[5] [12] Calkins, Lucy., Ehrenworth Mary & Lehman Christoph. Pathways to the Common Core: Accelerating Achievement [M]. Portsmouth, NH: Heinemann, 2012: 24,11.

[6] [7] [8] [9] [10] [11] [13] [14] [16] National Governors Association Center for Best Practices, Council of Chief State School Officers. Common Core State Standards. English Language Arts Standards [S]. Washington, DC: Author, 2010: 7,10,10,57,57,8,11－13,36－38,4.

[15] Goatley, V. Slicing and Dicing ELA Common Core Standards [J]. Principal, 2012(10): 20－21.

也论数学核心素养及其构建

蔡金法　徐斌艳

一、引言

先从一个故事讲起：同事 A 去美发沙龙理发，交流中，女理发师 B 了解到 A 是数学教授，于是打开话匣子。B 告诉 A，她在小学主要操练计算策略，数学成绩尚可。但到高中，抽象的数学内容让她无所适从，最后靠操作计算器得到相应答案，勉强数学考试及格，很庆幸现在不用碰数学了。同事 A 听后感叹万分，因为数学是远超乎计算操作的。B 在学校经历的数学学习仅仅是操练计算策略或操作计算器，数学给 B 带来了强烈的"恐惧"。显然，尽管高中毕业，B 没能拥有期望的数学素养。从表面上，她不需要什么数学素养，同样可以立足社会，谋取一个赖以生存的职业。但是，她对数学的认知，会影响她潜在才能的发挥和发展，局限她对职业的选择，或在职业上的发展。更重要的是局限了她在生活中因为数学而带来的乐趣。我们不能简单地以人们在生活中、工作中是否直接应用数学，来断定他们是否需要数学素养。就好像，不能因为不是记者或者作家，人们就不需要写作或阅读。作为一个平常人，他平常会阅读报纸、书面表达想法，需要了解即时的信息、与人交流。因此他同样需要有写作和阅读素养，否则将影响基本的生活质量。数学素养是与阅读素养相当的、每个人都应该有权拥有的。

这个故事说明，在考虑数学素养时，既要考虑人的培养目标，又要考虑数学的特质。首先，对数学核心素养的研究需要基于人的培养目标，社会所需各级各类未来人才的特质形成及个人将来的生活质量应该伴随在数学核心素养的发展过程中。其次，数学核心素养的研究需要基于人们对数学的认识，人们拥有的数学观会影响对数学素养的认识。如果数学只是简单的计算操作，可能论数学核心素养的必要性不大。在数学教育领域，关于数学核心素养内涵的讨论已经成为热点。尽管，目前的研究没有对数学核心素养的构成及其内涵达成某种共识，但我们发现，根据人才培养的需求，根据个人的生活质量，根据数学学科特点，有些数学核心素养成分是较为公认的。本文在简要论述人的培养目标与数学认识之后，将集中探讨数学核心素养成分的建构，为今后核心素养的培养与测评打下基础。

需要说明的是，我们这里所说的素养是特指一种学生所应具有的综合能力，而不是那种用于高风险考试（例如，高考）、供选拔用的技能水平。

二、 核心素养关联的人才观与数学观

那么我们究竟要培养什么样的人呢？不妨从国际、社会、学者、教育实践和个人五个层面来探究人才特征。

联合国教科文组织（UNESCO）2016年发布的《教育2030—仁川宣言与行动框架》中，提出人的培养的新愿景：成为全球公民，宽容并文明地投入社会、政治、经济活动；拥有一定的技术和职业技能，获得可持续发展能力；要促进人们跨文化的对话，提升对文化、宗教、语言多样性的尊重；有度过危机、消除冲突的能力等。[1]联合国教科文组织从世界和平、和谐的角度提出对人发展的要求。

各国对人才培养有着自己的设计。我国的《国家中长期教育改革和发展规划纲要（2010—2020年）》，提出教育旨在促进学生全面发展，着力提高学生服务国家服务人民的社会责任感、勇于探索的创新精神和善于解决问题的实践能力。[2]新加坡教育强调帮助学生应对快速发展的世界，提出21世纪素养模型，培养的人应该拥有自我意识、自我管理、自我决策的能力，拥有人际素养、社会性意识；因此信息沟通素养、批判与创新思维、公民素养、全球意识、跨文化素养尤为重要。[3]

进入21世纪以来，各种创新的职业和工作模式层出不穷，新技术使人类进入了信息传播的全球化时代。研究者们从不同角度，对信息时代的教育提出新要求，其中，托马斯·弗里德曼（Thomas L. Friedman）的观点得到广泛关注。他从教育角度提出了把孩子们培养成为平坦世界上不会被淘汰的中产阶级所需要的五种技能和态度：一是培养“学习如何学习”的能力；二是掌握网上冲浪的技巧，学会甄别网络上的噪声、垃圾和谎言，发现网络上的智慧和知识的来源；三是学会自我激励，保持学习激情和强烈的好奇心；四是学会横向思维，在不同领域寻找彼此间的联系，发展综合能力；五是培养艺术才能，学会换位思考、统筹安排、解决新挑战、追求卓越。[4]

作为学校教育实践者的一线教师也从自身鲜活的教育实践出发，提出在数学教学中要培养学生思维独创性、深刻性与灵活性，养成独立思考等习惯。[5]爱因斯坦在谈到学校人才培养目标时也曾经指出：“学生离开学校时是一个和谐的人，而不是一个专家……被放在首要位置的永远应该是独立思考和判断的综合能力的培养，而不是获取特定的知识。如果一个人掌握了他的学科的基本原理，并学会了如何独立地思考和工作，他将肯定会找到属于他的道路。”[6]

上述人才培养目标，为我们描绘出教育应该承担起的责任蓝图。作为学校核心学科的数学自然应该围绕这些宏观目标发挥育人功能，为数学素养的构建提供方向。例如，数学教育可以促使学生思维独创性和灵活性的发展，这就有助于其在危机和冲突中寻找解决途径，从而更能享受人生。

在构建数学核心素养过程中，还需要关注人们的数学观。数学是什么？这是一个有着

丰富答案的问题，无法展开论述。美国数学家和数学哲学家M·克莱因指出，"数学本身就是一个充满活力的繁荣的文化分支。经过几千年的发展，数学已经成为一个宏大的思想体系，每个受过教育的人都应该熟悉其基本特征。"[7]尽管数学发生在人类的思想思维中，但人们也努力在数学和他能用感官感受的现实之间建立联系，也就是说，人们用"数学的眼睛"看现实。数学也可以应用在非数学领域，用于解决问题。进化论先驱C·达尔文曾经对自己在数学上没有足够造诣而深感遗憾，致使他无法理解和享受那些伟大的、引领人类发展的数学原理。[8]数学发展也证实了数学对其他领域发展的贡献。数学让人们获得一种深层次思考和理解现实的新的方法。

数学对人类的生活有重要意义。可惜人们对数学的认识往往是不完整的，有人认为数学是计算工具，用来计算长度与面积，或算出成本与利润；有人认为数学是物理和生理宇宙中的创世语言；有人则认为数学是很好的分析方法。[9]树立完整的数学观，对我们认识数学核心素养内涵显得尤为重要。数学素养应该是人的一种思维习惯，能够主动、自然、娴熟地用数学进行交流、建立模型解决问题；能够启动智能计算的思维，拥有积极数学情感，成为一个会表述、有思想、和谐的人。也就是说数学素养至少包含着数学交流、数学建模、智能计算、数学情感等四个方面。下面我们将阐述这四个方面何以构成数学核心素养的主要成分。

三、 数学核心素养成分构成模型

"核心素养是从'学习结果界定未来人才形象'的类概念。"[10]尽管对核心素养具体内涵的表述非常丰富，但它们应该围绕人才观、课程观、学科观等展开。如经济合作与发展组织（OECD）发起的国际学生评价项目（PISA）较早提出数学素养概念，从数学教育角度刻画出未来公民的形象。它将数学素养界定为"一种个人能力，包括能够识别并理解数学在世界中起的作用，做出有理有据的数学判断，作为一个积极、热心、反思的公民会使用数学并参与其中，以满足个人生活的需要"。[11]牛津学习中心曾经发布什么是数学素养、何时会拥有数学素养、数学素养发展面临怎样的挑战等。该中心提出，数学素养包括解决真实世界问题、推理和分析信息的能力；是一种理解数学"语言"的能力。[12]数学素养是除语言素养外的第二个关键素养，对于学生通过理解专业术语而读懂问题尤为重要。

关于数学素养内涵的研究，国内学者纷纷提出各自的观点。有的研究提出数学核心素养为学生学习数学应当达成的有特定意义的综合性能力，它基于数学知识技能，又高于具体的数学知识技能，反映数学本质与数学思想，是在数学学习过程中形成的。[13]也有研究认为，数学核心素养是数学情感态度价值观、数学知识、数学能力的综合体现。[14]有研究强调学科核心素养是指学科的思维品质和关键能力，数学学科主要培养演绎和归纳的逻辑思维，培养相应的演绎和归纳的推理能力。[15]国外一些研究则关注数学素养的具体成分，提出数学核心素养具有情景性，具体包括数学思维能力、表征能力、符号和形式化能力、交流能力、建模能力、拟题与解题（数学题处理）能力等。[16]其他国际学者则更加重视对具体的数学素养成分的研究，其中出现频率较高的为数学问题提出、数学问题解决和数学交流。

综观国内外人才培养目标，对于信息交流素养、问题解决素养、创新实践素养等特别关注。从数学学科角度看，数学交流、数学建模、数学智能计算思维（computational thinking (technology related)）、数学情感（mathematical disposition）能刻画出满足培养目标的人才所拥有的素养。

我们提出这四个核心素养成分，不在于追求对数学素养认识的完整性，但是这四个核心素养成分体现了现代教育人才培养目标的需求，体现了数学的本质认识。另外我们提出数学核心素养是可测试和培养的，它应该是在相关数学内容的学习与探究过程中养成的。因此核心素养成分的培育离不开数学内容土壤。下面对这四个成分逐一进行分析，论证这个核心素养模型如何反映人才观和数学观。

四、 数学核心素养成分

（一）数学交流

随着科学技术发展，数学广泛地渗透在社会的方方面面。作为未来公民的学生需要具备一定的数学交流素养。数学交流是学生学习数学的一种方式，同时也是应用数学的途径之一。学生在交流中学习数学语言，并运用数学语言中特定的符号、词汇、句法去交流，去认识世界，从而逐渐获得常识的积累。

美国 1989 年颁布的《美国学校数学课程和评价标准》较早提出了数学交流标准，并对学生交流素养做出相关界定：通过交流组织和巩固他们的数学思维；清楚连贯地与同伴、教师或其他人交流他们的数学思维；分析和评价他人的数学思维和策略；用数学语言精确地表达数学观点。[17]我国 2012 年颁布的《义务教育数学课程标准（2011 年版）》也突出了关于“数学交流能力”的目标。它明确将“学会与他人合作交流”作为数学课程总目标之一，要求学生通过经历与他人合作交流解决问题的过程，学会倾听和理解他人的思考方法和结论，清晰表达和解释自己的思考过程与结果，并尝试对别人的想法提出建议，对他人提出的问题进行反思，初步形成评价与反思的意识。[18]

数学交流包括用数学语言与他人和自我的互动过程。“与他人互动”强调一方面会阅读并理解数学事实，能理解他人以各种表征呈现的有数学意义的文本，包括书面的、视觉化的或口头形式；另一方面以书面或口头形式评述他人数学思维和策略。“与自我互动”意指以书面的、视觉化的或口头形式等，表达自己的思维过程、数学见解，反思、精炼、修正自我数学观点。数学交流素养包含数学推理论证、数学表征等数学关键能力。特别地，数学推理论证是用特殊的语言表达数学结论观念。

（二）数学建模

进入 21 世纪，各国与各地区启动的数学课程改革都将学生数学建模思想的形成以及数学建模能力的培养作为数学教育的重要目标之一。2003 年颁布的《普通高中数学课程标准(实验)》突出了“培养数学建模能力”的重要性,“数学建模”作为新增的三个课程内容(数学探究、数学建模、数学文化)之一,要求渗透在整个高中课程的内容中。《义务教育阶段数学课程标准(2011 年版)》也强调要重视学生已有的经验,使学生体验从实际背景中抽象出数学问题、构建数学模型、寻求结果、解决问题的过程。[19] 2003 年颁布的德国数学教育标准也明确提出数学建模能力,要求学生学会用数学方法去理解现实相关的情景,提出解决方案,并认清和判断现实中的数学问题。[20]

随着研究的深入,对数学建模及其能力的界定越来越充分。数学建模能力被认为是“能够在给出的现实世界中识别问题、变量或者提出假设,然后将它们翻译成数学问题加以解决,紧接着联系现实问题解释和检验数学问题解答的有效性”。[21] 在此强调数学建模是建立真实世界与数学世界之间可逆的联系,关注抽象出数学问题与解决现实问题的过程。数学建模不是线性过程,需要不断地从数学世界返回真实世界中检验结果,完善模型。

随着研究的深入,人们提出在现实问题情境和现实模型之间加入情境模型,即建模者要先理解现实情境,头脑中对情境有一个表征,然后再简化和建构,得到现实模型,在此基础上形成一个由 7 个环节构成的循环模型(如图 1 所示)。[22]

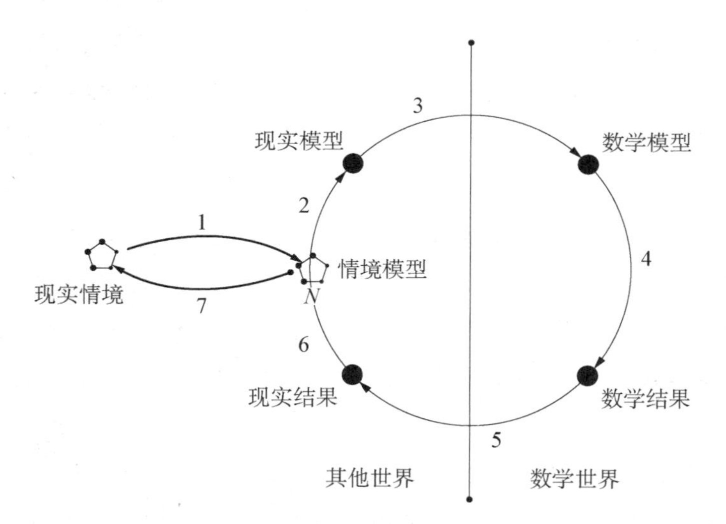

图 1 数学建模循环模型

根据这个数学建模循环模型,建模过程包含 6 个状态和 7 个环节。这里所说的状态是指建模问题所处的原始状态或经过某个环节的转换之后获得的结果,而环节是指建模者从一个状态到下一个状态所采取的操作行为。数学建模素养具体体现在这七个操作行为中,包括理解现实问题情境(理解);简化或结构化现实情景,形成现实模型(简化);将被结构化的现实模型翻译为数学问题,形成数学模型(数学化);用数学方法解决所提出的数学问题,获得数学解答(数学求解);根据具体的现实情景解读并检验数学解答,获得现实结果(解释和转译)；检验现实结果的有效性(检验)；反馈给现实情景(反馈)。数学建模素养与数学地提出问题、解决问题的核心能力密切相关，因为数学建模的重要一步是提出有价值的研究问题，从而用数学去认识现实。[23—24]

(三) 智能计算思维

这个素养在别的研究者中不常提到，因此我们用较长一点的篇幅来讨论。21 世纪是知识经济与信息技术高速发展的时代，随着数字化进程的不断推进，社会信息化程度进一步提高，智能计算思维的应用越来越广泛，必须像“阅读、写作、算术”一样普及，成为每个合格公民的必备素质。[25]

智能计算思维被界定为一种运用计算机科学基本概念解决问题、设计系统以及理解人类行为的方式方法。[26]它代表一种每个人都应该有的应用态度和技能，而不是计算机专家独享的思维。

智能计算思维首先与计算机教育密切相关，2011 年美国国际教育技术协会(International Society for Technology in Education，简称 ISTE)与计算机科学教师协会(Computer Science Teachers Association，简称 CSTA)基于计算思维特征，给出操作性定义：智能计算思维是一种问题解决过程，它强调用有助于求解的计算机或其他工具表述问题；逻辑组织并分析数据；用模型与模拟等抽象表征数据；通过算法思维将求解过程自动化；识别、分析并实施可能的求解过程，以便获得步骤和资源最有效率和效益的组合；将问题解决过程概括并转换为更为一般的问题解决过程。[27]从这一描述性的定义可以看出智能思维与数学的密切关系。

由于新兴学科的不断发展，让智能计算思维走进了数学教育。近 20 年来，每个数学相关领域中，智能计算不断发展，如生物信息学、计算统计学、化学计量学、神经信息学等，在这些学科交叉领域，智能计算尤为重要。数学教育应重视日益发展的智能计算思维以及相应的技能技巧，为学生接触并了解这些新兴交叉领域创设学习环境，帮助学生更好地适应知识经济和信息技术快速发展的社会。

我国《义务教育阶段数学课程标准(2011 年版)》明确提出，数学与计算机技术的结合在许多方面直接为社会创造价值，推动着社会生产力的发展；在数学课程中，要注重发展学生的数据分析观念、运算能力、模型思想等，以适应时代发展对人才培养的需要。[28]即将颁布的普通高中数学课程标准提出，要重视学生数学抽象、数学运算、数据分析等数学核心素养的形成和发展。

魏茵托普(David Weintrop)等研究者通过大量的文献分析、专家访谈、数学课堂教学观察及其编码分析，提出数学教育中的智能计算思维要素分类，它包括数据实践；建立模型与模拟实践；智能计算问题解决实践；系统思维实践等四个要素，并且对每个思维要素分类进行界定(如表 1 所示)。[29]

表 1　数学教育中智能计算思维的要素分类

数据实践 Data Practices	**建立模型与模拟实验** Modeling & Simulation Practices	**智能计算问题解决实践** Computational Problem Solving Practices	**系统思维实践** Systems Thinking Practices
收集数据	使用计算模型理解概念	为求解问题做准备	整体考察复杂系统
构造数据	找出和检验解答	会计算机编程	理解系统内部的关系
操作数据	评价计算模型	选择有效的计算工具	分层思维
分析数据	设计计算模型	评价问题求解过程	交流系统的信息
数据可视化	构造计算模型	开发求解模块 生成计算抽象	定义系统和管理复杂性
		解决疑难，排出故障	

智能计算思维特别强调系统思维这一要素，“系统思维的能力是一种重要的思维习惯……它为下一代成为科学公民做准备。在全球社会下，需要做出大规模的科学的决定，对下一代来说，发展对世界的系统思维尤为重要。”[30] 面对现代社会对人才的需要、数学学科发展优势，我们提出将智能计算思维作为数学核心素养的主要成分之一。

在数学教育领域，智能计算思维包括数据实践、数学模拟、基于计算机的问题解决、系统思维等四方面的能力。

数据实践是指收集数据、构造数据、操作数据、分析数据和将数据可视化等技能。这些技能主要表现为会计划收集数据的系统方案，借助智能计算工具使得数据收集等成为自动化过程。另外，能够以各种方法将数据可视化，包括利用传统的图表工具表征数据，或者用各种可视化软件表征数据，以便使用者能够与所显示的数据进行互动。

数学模拟的实践是指使用数学模型理解概念的技能，找出模型求解方法并加以检验的技能，评价并优化模型的技能。它主要表现为针对复杂问题情境（更多是其他学科领域或现实情境的问题）会构造、使用、优化模型，模型可以包括流程图、示意图、方程、计算机模拟或者物理模型等。模型是对现象的简化，突出现象的本质特征。数学模拟的经历有助于学生对现象本质的理解。

基于计算机的问题解决是指会根据问题解决策略，将问题分解为已知问题；会进行简单的计算机编程；能够辨别不同计算工具的利弊，选择有效的计算工具，评价问题求解过程；在处理复杂问题时，会将问题模块化，利用计算机开发简单的、可重复使用的解答模块；当计算机运行模块碰到故障时，会做出相应的处理。

系统思维的实践是指从整体考察复杂系统，理解系统内部关系；会分层思维，交流系统的相关信息。它主要体现为能够针对收集的系统数据（城市交通问题，养老金政策问题）从整体上提出问题，设计并实施对数据的研究方案，且能够对过程及结果加以解释等。另外，还能够识别构成系统的要素，领会并解释当系统的特征性行为产生时，系统要素互动的方式。学生能够识别所给系统的不同层面，了解清楚每个层面上的行为，正确刻画相关层面上的系统特征。系统思维有助于培养学生看待事物的整体观和全局观。

这是一个面向未来社会的数学素养，其形成与发展不仅与数学学科内容的学习密切相关，也是一个需要跨学科内容支持的素养。

（四）数学情感

数学素养是现代社会每个公民应该具备的基本素养，它不仅包括认知层面的数学能力，也包括非认知层面的情感与态度。蔡和梅琳娜（Cai & Merlino）关于数学情感的测评研究强调，积极数学情感有助于学生更从容地迎接数学问题的挑战、更专注于数学活动，从而有助于数学成就的提高。[31]早在美国1989年的课程标准中，提出的五个数学教育的新目标，前两个就是情感方面的。积极数学情感与优良数学成就之间形成一个良性循环。那么如何理解数学情感这个概念，目前的研究没有给出明确的定义，更多是对数学情感内涵加以描述。数学情感是人们以数学和数学活动为客观感受对象的一种情感，是对数学和数学活动所持态度的体验，是数学和数学活动是否符合自身精神需要和价值观念的自我感受、内心体验。[32]

纵观历史上数学家的成长与贡献，都是伴随着积极的数学情感。出生于公元四世纪古埃及的女数学家希帕蒂娅（Hypatia）在专注于数学研究的同时，深情地表露自己的情感，“当你对数学着迷时，就会感觉到美丽、简洁的数学结构亦如艺术作品中明晰而欢畅的线条，它的哲学思辨的能力亦如音乐作品感人肺腑的旋律，久久地在胸中萦绕、升华。”[33]在深奥、抽象的研究中，庞加莱似乎更多是享受，他这样描述自己的感受“数学家首先会从他们的研究中体会到类似于绘画和音乐那样的乐趣；他们赞赏数和形的美妙的和谐；当一种新的发现揭示出意外的前景，他们会感到欢欣鼓舞……”。[34]陈省身曾经谦和地谈论自己从事数学研究的观点，“我只是想懂得数学。如果一个人的目的是名利，数学不是一条捷径……长期钻研数学是一件辛苦的事。何以有人愿这样做，有很多原因。对我来说，主要是这种活动给我满足。”[35]数学家有着各自的积极的数学情感，由此也进一步激励他们在数学这一职业生涯上发展。很难想象一个人有较高的数学素养，但恨数学。

当然，学习数学未必要成为数学家，学习数学也并不意味着今后要直接应用数学。数学学习更多是要培养和谐的、有思想的、有责任心的人。作为一个“和谐”的人，其心理表现与积极数学情感的具体表现是相吻合的。数学情感素养是指这种积极数学情感的表现，包括对数学知识的认同感、信任感和审美能力；在数学学习中的好奇心、求知欲和喜悦感；对从事数学活动者的亲近感。

五、小结

根据教育的人才培养目标以及数学学科的本质特征，数学交流、数学建模、智能计算思维和数学情感无疑是数学核心素养的重要成分，数学交流素养包含数学推理论证、数学表征等数学关键能力；数学建模素养与数学地提出问题、解决问题能力密切相关；智能计算思维则是一种系统的问题解决过程。而在强调数学素养认知成分的同时，非认知因素尤为重要；

数学知识的认同感、信任感和审美能力，这些积极的数学情感有助于数学核心素养的发展。本文对数学核心素养的构建与其他关于数学核心素养的研究相辅相成。紧接着数学核心素养构建过程中需要重点考虑的是，如何测评了解学生数学核心素养之表现，如何在学校教育中发展核心素养，如何让数学教育在人才培养目标达成中发挥作用，这些是我们持续研究的方向。

参考文献：

[1] UNESCO. Education 2030. Incheon Declaration and Framework for Action. Towards Inclusive and Equitable Quality Education and Lifelong Learning for All [R]. Paris: UNESCO, 2016.

[2] 中华人民共和国教育部. 国家中长期教育改革和发展规划纲要(2010—2020年)[EB/OL]. http://www.moe.gov.cn/srcsite/A01/s7048/201007/t20100729_171904.html, 2016-09-19/2016-09-22.

[3] Ministry of Education Singapore. 21st Century Competencies [EB/OL]. https://www.moe.gov.sg/education/education-system/21st-century-competencies, 2016-09-19/2016-09-22.

[4] 托马斯·弗里德曼. 世界是平的-21世纪简史[M]. 何帆，等，译. 长沙：湖南科学技术出版社，2009.

[5] 蔡金法，聂必凯，许世红. 做探究型教师[M]. 北京：北京师范大学出版社，2015.

[6] 阿尔伯特·爱因斯坦. 爱因斯坦晚年文集[M]. 方在庆，等，译. 海口：海南出版社，2014：32.

[7] M·克莱因. 西方文化中的数学[M]. 张祖贵，译. 上海：复旦大学出版社，2005：452.

[8] The Nobel Prize in Physics Is Really a Nobel Prize in Math [EB/OL]. http://www.theatlantic.com/technology/archive/2013/10/the-nobel-prize-in-physics-is-really-a-nobel-prize-in-math/280430/, 2016-09-19/2016-09-22.

[9] 斯坦. 干嘛学数学？[M]. 叶伟文，译. 台北：天下远见出版股份有限公司，2002：4.

[10] 崔允漷. 追问“核心素养”[J]. 全球教育展望，2016(5)：3-10.

[11] OECD. PISA2009 Assessment Framework: Key Competencies in Reading, Mathematics and Science [R]. Paris: OECDP ublishing. 2010.

[12] Oxford Learning. What Dose Math Literacy Mean? [EB/OL] http://www.oxfordlearning.com/what-does-math-literacy-mean/, 2010-05-05/2016-09-22.

[13] 马云鹏. 关于数学核心素养的几个问题[J]. 课程·教材·教法，2015(9)：36-39.

[14] 桂德怀，徐斌艳. 数学素养内涵之探析[J]. 数学教育学报，2008，17(5)：22-24.

[15] 史宁中. 推进基于学科核心素养的教学改革[J]. 中小学管理，2016(2)：19-21.

[16] Turner, R. Exploring Mathematical Competencies [J]. Research Developments, 2011, 24, Article. 5.

[17] 全美数学教师理事会. 美国学校数学课程与评价标准[M]. 人民教育出版社数学室，译. 北京：人民教育出版社，1994.

[18] [19] [28] 中华人民共和国教育部. 义务教育数学课程标准(2011年版)[M]. 北京：北京师范大学出版社，2012：9-15，4，3-5.

[20] 徐斌艳. 关于德国数学教育标准中的数学能力模型[J]. 课程·教材·教法，2007(9)：84-87.

[21] Blum, W., Galbraith, P. L., Henn, H-W. & Niss, M. Modelling and Applications in Mathematics Education [M]. The 14th ICMI Study. Springer, 2007: 12.

[22] Blum, W. Modellierungsaufgaben im Mathematikunterricht [A]. Humenberger et al. Festschrift fuer HWH [C]. Hildesheim: Franzbecker, 2007: 8-23.

[23] Cai, J., Cirillo, M., Pelesko, J. A., Borromeo Ferri, R., Borba, M., Geiger, V., Stillman, G., English, L. D., Wake, G., Kaiser, G. & Kwon, O. Mathematical Modeling in School Education: Mathematical, Cognitive, Curricular, Instructional, and Teacher Education Perspectives [A]. S. P. Liljedahl, C. O. Nicol, S. Oesterle & D. Allan. The Proceedings of the Joint Meeting of the 38th International Group and the 36th North America Chapter for the Psychology of Mathematics Education (Vol. I) [C]. Vancouver, British Columbia, Canada: PME, 2014: 145 - 172.

[24] Cai, J., Moyer, J. C., Wang, N., Hwang, S., Nie, B. & Garber, T. Mathematical Problem Posing as a Measure of Curricular Effect on Students' Learning [J]. Educational Studies in Mathematics, 2013, 83(1): 57 - 69.

[25] 任友群,隋丰蔚,李锋. 数字土著何以可能—也谈计算思维进入中小学信息技术教育的必要性和可能性[J]. 中国电化教育,2016(1): 2 - 8.

[26] Wing, J. M. Computational Thinking [J]. Communication of the ACM, 2006, 49(33): 33 - 34.

[27] ISTE & CSTA. Operational Definition of Computational Thinking for K - 12 Education [EB/OL]. http://csta.acm.org/Curriculum/sub/CurrFiles/CompThinkingFlyer.pdf, 2016 - 07 - 28/2016 - 09 - 16.

[29] Weintrop, D. etc. Defining Computational Thinking for Mathematics and Science Classrooms [J]. Journal of Science Education & Technology, 2015(25): 127 - 147.

[30] Duschl RA & Bismack AS. Standards for Science Education: Quantitative Reasoning and Modeling Concepts [A]. Duschl RA, Bismak AS. Reconceptualizing STEM Education: The Central Role of Practices [C]. Laramie: University of Wyoming, 2013: 120.

[31] Cai, J. & Merlino, F. J. Metaphor: A Powerful Means for Assessing Students' Mathematical Disposition [A]. D. J. Brahier & W. Speer. Motivation and Disposition: Pathways to Learning Mathematics [C]. National Council of Teachers of Mathematics 2011 Yearbook. Reston: NCTM. 147 - 156.

[32] 刘新求,等. "数学情感"的内涵分析和合理定位[J]. 太原教育学院学报,2005(9): 21 - 24.

[33] 徐品方. 女数学家传奇[M]. 北京: 科学出版社,2005: 15.

[34] G·H·哈代. 一个数学家的辩白[M]. 李文林,等,译. 南京: 江苏教育出版社,1996: 4.

[35] 张奠宙. 20 世纪数学经纬[M]. 上海: 华东师范大学出版社,2002: 220.

数学表征与变换能力的评价指标体系研究综述

| 张晋宇　姜慧慧　谢海燕

抽象是数学的核心本质之一，同一个数学概念拥有不同的表征形式，在数学活动过程中通过对相同结构的外部表征（数学符号、表格、图像、模型等）进行解读和转换，发展和建立抽象的数学世界和丰富的现实生活之间的联系，对加深数学概念的理解非常重要。[1]上海《进入21世纪的中小学数学教育行动纲领》中将数学基础能力进一步扩展。“不再局限于通常所说的计算能力、逻辑推理能力和空间想象能力，而是指数学抽象的能力、数学符号变换的能力和数学应用的能力。”其中针对符号变换能力“既包括数量计算和逻辑演绎，也包括经验归纳甚至空间联想，这是数学的基本方法”。[2]

美国2061计划在其出版的《科学的素养》一书中指出，“数学中为数不多的令人满意的成果是：证明以前认为是截然分开的两部分内容其实是某一个更加抽象表述的两个平行而不同的事例。”而数学教学的重点应该是“尽量创造条件，使所有的学生都能亲自发现：一个概念可以用不同的或类似的方法来表述”。[3]在2000年全美数学教师理事会NCTM（National Council of Teachers of Mathematics）出版的学校数学教育的原则和标准中，将表征能力作为五种核心数学能力的基本成分，并强调其对于概念理解和问题解决的重要性。[4]学生能力国际评价项目PISA（the Program for International Student Assessment）对数学素养（mathematics literacy）的评价框架中，表征与变换能力一直都是数学能力评价框架中的一项重要指标。[5]已有的大量研究表明，数学表征和变换能力在数学学习和问题解决过程中扮演着重要角色，是确保顺利进入更高阶段代数与几何学习的因素之一。[6]

一、 数学表征与变换能力的内涵

近年来，随着对数学教学活动和问题解决过程中表征问题的深入研究，表征与变换的内涵逐步发展，其界定广泛来源于数学、数学教学心理学、问题解决心理学、课堂教学以及信息技术融入教学的整合研究等。在美国2061计划《科学素养的导航图》（2001）一书中，通过来自对“统计学推理”、“计算机”、“设计系统”等学科特点的整合，设计并提出K12阶段学习和使用数学“符号系统”和“图像系统”的教学目标。[7]丹麦数学教育家Mogens Niss认为数学表征应该具有以下内容：能够解读、诠释及辨识数学对象、现象、情境的各类表征；了解相同数学对象不同表征间的关系，并掌握不同表征的优势与限制；可以在表征之间进行选择和转化。[8]在 Mogens Niss 的基础上，从 PISA2000 到 PISA2012，表征的内涵得到逐步发展，PISA 中对表征的定义概述为："数学素养的发展离不开个体对数学对象和情境的表征，以及各种表征之间的相互转换。表征涉及建模和问题解决过程中的各个环节，包括面对数学情境和对象时，个体通过选择、表示、转换各种表征来抓住问题的数学本质，进而解决问题。数学表征包括图像、图表、图示、具体事物。"[9]

通过对相关研究的文献分析发现，表征与变换能力的内涵大致集中在了以下三个方面。

（一）数学知识的外部表征发展

认知科学的发展带动了对个体内部认知规律的研究，研究者则从可视化表征入手，发现表征的多元化和具体化有利于促进学生对数学概念的理解，提高学生的问题解决能力和推理能力。[10—11]随着计算机进入人们的生活和学习之中，使用计算机辅助教学也成为热点研究领域。从认知科学角度来看，计算机可以直观并且动态地展现抽象的数学概念和原理，为表征的多元化注入了新的元素。[12—13]

但是表征的多元化与具体化并不总能推动个体对数学概念的理解，个体并不能够认识到不同背景和表征方式下相同的数学结构，并表现出"非守恒操作"（Non-conservation of Operations）行为。[14]可见，外部表征多元化与具体化对于不同个体的作用不尽相同。因此，从内部认知来探索形成个体差异性的原因是十分必要的。

（二）数学知识的内部表征建构

探讨个体在表征能力表现的差异性是表征问题研究的另一个热点，主要集中在讨论个体在头脑中如何操作不同的表征。Perkings 和 Unger（1994）认为表征是"用代表性的数学符号、数学定义、数学语言、图表等代表整个符号系统"，从认知心理学的角度看，这种表征方式可以减轻认知负荷，帮助个体更加快速准确地理清问题空间，对问题解决过中解释、预测、修正步骤提供帮助。[15]

Goldin 和 Shteingold 进一步将表征分为内部表征（internal representation）和外部表征（external representation），外部表征从传统的数学符号系统（例如十进制数系、形式代数符号、实数数轴、笛卡尔坐标系）到结构性的学习环境（例如那些包含具体操作材料的数学学习情景、基于电脑的微观学习环境），内部表征包括学生个人的符号意义建构，对于数学符号的意义赋予，以及学生的自然语言、视觉想象和空间表征、解题策略、启发方法和关于数学的情感。[16]同时，其相关的研究中讨论了类比、意象以及隐喻等方式在个体建构外部表征的作用，指出由于代替数学概念的各种表征不像数学定义那样精确，所以容易对个体准确理解数学概念产生阻碍作用。对内部表征建构的深入讨论，沟通了行为主义和认知学派之间的鸿沟。[17]

（三）数学知识的表征系统变换

Richard（1983）将知识表征方式分为书面符号表征、图形表征、情景表征、操作性表征模型、语言表征，上述表征方式共同构成了表征系统。不同表征方式之间互相转化，推动学生对数学概念的理解（如图 1 所示）。[18]

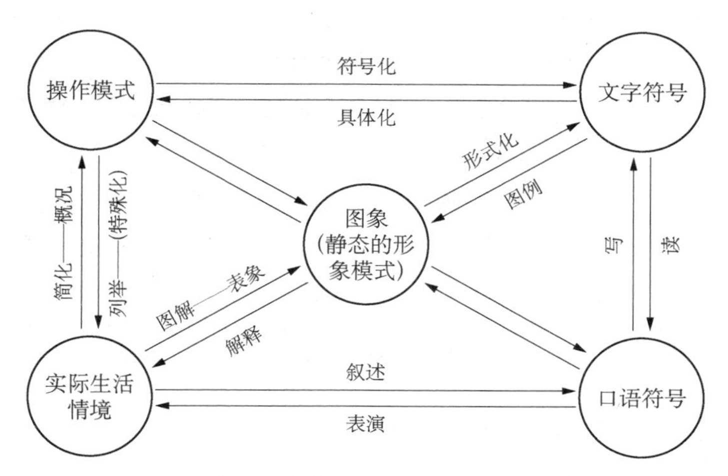

图 1　表征系统中不同表征方式之间的作用

表征变换多发生在问题解决过程中，或者说，个体的表征变换行为更易于在问题解决背景中得到呈现。NCTM 在 2000 年提出的新的数学课程标准中强调数学表征能力对于数学问题解决过程的重要性，指出“在问题解决过程中，能够创造和使用表征去组织、记录和沟通数学的观念，能选择、应用和转换数学的表征以解决问题，能使用表征建构出模型并能解释自然界、社会及数学的现象”。基于问题解决的表征研究近年来发展迅速，在问题解决过程中，表征行为并不是静止的，而是一个动态过程。在这个动态过程中，个体对于数学概念的认知水平影响其能否成功对问题背景和真实情景进行数学化。[19]在不同表征方式之间的变换中，个体对不同表征的“同构”（Isomorphism）的识别非常重要。在不受表面信息的影响下对不同情景中相同的结构和关系进行识别，是数学认知发展的重要阶段。[20]

基于以上关于表征内涵的文献分析，该研究对于数学表征和变换能力的内涵定义如下：“数学表征能力界定为：用某种形式，例如书面符号、图形（表）、情景、操作性模型、文字（包括口头文字）等，表达要学习的或处理的数学概念或关系，以便最终解决问题。数学变换是指在数学问题解决过程中，保持数学问题的某些不变性质，改变信息形态，将要解决的问题进行数学转化，使之达到由繁到简，由未知到已知，由陌生到熟悉的目的。”[21]

二、数学表征与变换能力评价指标体系的建构

随着对表征系统研究的深入，个体在问题解决过程中表现出的表征和变换能力渐渐进入研究人员的视野。在美国 2061 计划《科学素养的导航图》中，通过对关联学科特点和数学家活动方式的分析，建构了基于数学探索活动过程的表征与变换能力要求。例如，对于 6 至

8 年级学段，对学生表征与模型过程的描述为：可以利用不同的模型代表相同的事物。选用哪种模型，以及选用模型的复杂程度取决于它的用途。选择一个有用的模型，是直觉和创意在科学、数学和工程学中起作用的实例之一。

美国 2061 计划重视通过学科间关联在数学活动中发展学生的表征能力。与科学素养蓝图不同的是，PISA 侧重于如何评价学生在数学活动过程中表征能力的水平。PISA 能力水平测试通过不同指向的问题，将学生表征能力定位在数学问题解决的四个活动过程中（如图 2 所示）。在问题情境的数学化、数学的解决问题、解读数学结果、返回情境检验四个环节中，学生逐步将情境问题转化成同构的数学问题，然后通过数学方法解决问题并回到情境中进行解读和检验。在文献分析的基础上，本研究拟参考 PISA 对于数学能力评价框架来构建了对于义务教育阶段数学表征能力的评价框架（如图 3 所示）。

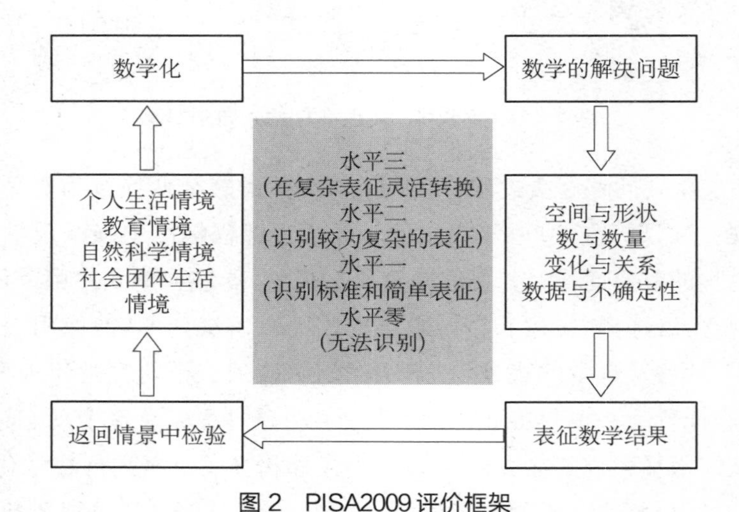

图 2　PISA2009 评价框架

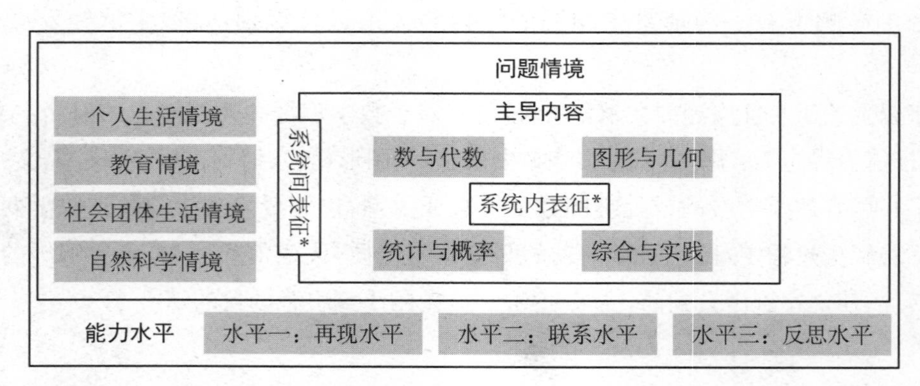

* 系统内表征：不同表征系统间的映射过程；* 系统间表征：同一表征系统内的变换过程。

图 3　义务教育阶段学生数学表征能力评价框架

框架拟采用指向性测试任务评价学生的数学表征能力，测试题目的设计和编制拟基于以下三个维度：(1)数学内容和知识；(2)呈现问题的情境；(3)数学表征能力及其水平。上述三个维度互相独立，相对应测试题根据考查指向性的不同而各异。数学表征能力及其水平维度也决定了任务需要不同的类型。测试题将从五个指标（主导内容、问题情境、任务类型、能力表现形式和能力水平）评价学生的数学表征与变换能力。

主导内容维度方面，与 PISA 评价框架不同的是，由于此次评价项目面向义务教育阶段的学生，所以拟根据我国义务教育阶段数学课程标准，将四大板块（数与代数、图形与几何、统计与概率以及综合与实践）作为主要内容维度指导评价题型的设计。研究表明，知识和能力的关系密不可分，知识学习和能力发展对于以抽象符号为载体，以培养高层次思维能力为目标的数学教学尤为重要。[22]

问题情境维度方面，评价项目将参考 PISA 评价框架，依据评价主体对于问题情境的熟悉程度分为：(1)个人生活情境，即个体接触最为紧密的生活环境，如折纸等具体个人操作行为；(2)教育情境，即个体所处的学校教育环境，如学科相关知识等；(3)社会团体生活情境，即关系到某些社会或市场的问题，如股票市场波动或超市促销相关问题；(4)自然科学情境，即关系到自然界中的某些科学问题，如用声音测量距离问题。[23]本研究评价任务中所涉及的问题情境主要为个人生活情境和教育情境。

三、数学表征与变换能力指向性评价题型的设计

个体在问题解决过程中，数学表征行为方式和能力水平随着问题情境和内容的改变而不同。因此，此次项目拟采用标准任务和开放任务两种题型全面评估学生的表征和变换能力。两种题型对于表征和变换能力的要求各不相同，开放题以现实问题为背景，需要个体通过分析情境实质，建立情境与数学内容之间的映射，将问题情境数学化后应用数学知识和方法进行解决。开放题侧重评价学生系统间的表征和变换能力，题目的设计指向能力水平二和能力水平三（见图 3）。标准任务为常规解答题，涵盖数学内容的四个模块，依据个体表征形式的不同，分为两种，一类测试题目指向与系统内表征，即学生需要通过在不同数学书面符号系统、几何表征系统、语言文字系统以及操作性表征系统之间的映射活动解决问题。另一个测试题则侧重于评价在同一表征系统内对数学问题应用恒等变形、初等几何变换等方式对问题进行转化达到解决问题的目的。标准任务指向系统间和系统内变换两种方式（见图 3），侧重于评价表征与变换能力水平一和水平二。

（一）系统间表征

系统间的数学表征，是一种映射过程，即实际生活情境的数学化，以及在相同数学结构的书面符号表征系统、几何图形（表）表征系统、语言文字（口头）表征系统以及操作性表征系统四个数学表征系统之间进行多元转换。系统间表征体现个体在复杂问题和现实生活情境中表征能力和水平。以下面一道测试题为例：

某一正方形的边长是3，在其中有一个半径为1的圆，小明将一粒豆子(面积不计)任意丢进正方形内，若豆子一定能掉到正方形内，问：这粒豆子更可能落在圆内还是圆外？并说明你的判断理由并写下思考过程。

该题型为开放题，以生活背景为问题情境，考查的主导内容是概率与统计。任务以文字形式进行表征，个体需要通过模型，图像等对问题进行转换，将豆子视为一个点，并体现问题中正方形、圆以及两者之间位置关系。进一步结合面积知识计算出豆子落在圆中的概率。学生的具体行为描述如表1所示。在解决问题的过程中，个体需要在上述四个数学表征系统中进行转换以达到解决问题的目标。

表1 系统间表征能力的具体行为描述

	具体行为描述
系统间表征	将以其他系统形式出现的问题直接或间接转化为数、代数、运算符等书面符号表征系统的形式予以解决。
	将以其他系统形式出现的问题直接或间接转化为线段距离、图形等的几何图形(表)表征系统形式予以解决。
	将以其他系统形式出现的问题直接或间接转化为具体的手势表达、实物列举等现实操作性表征系统，用以实现原问题中的结构本质或解决问题。
	将以其他系统形式出现的问题直接运用或间接转化为语言、文字等语言文字(口头)表征系统形式，表达或解释或予以解决。

(二)系统内表征

系统内的数学表征，是一种数学变换过程。在同一个表征系统内，通过对问题进行数学转化，以达到化繁为简，由未知到已知，从陌生到熟悉的目的。基础教育阶段数学学科中常见的系统内表征方式有三角变换、恒等变形、初等几何变换、分割变换、参数变换等。在学科内容分析和教师访谈的基础上，归纳总结出框架拟采用的四种系统内表征形式作为题型设计指标：变量替换、初等几何变换、恒等变形以及映射变换。其中变量替换与恒等变形属于数与代数板块，初等几何变换属于图形与几何板块，而映射变换涵盖四个内容板块。

在上述四种数学变换方式中，映射变换对于陌生问题情境的转化、负责问题的简化尤为重要。从集合与对应的观点来看，映射是在两个集合之间建立特殊的对应关系。以映射变换为指向的任务设计如下：

证明关于x的方程：$2x^2-(3m+n)x+mn=0$(其中，m，n为实数，且$m>n>0$)的两根一个大于n，另一个小于n。

该任务为标准题型，内容为数与代数板块，学生需要证明一元二次方程的两根需要分别满足一定的取值范围。若直接使用求根公式表达两根并分别利用不等式进行证明，则过程复杂。因此利用映射变换的方法，根据根与系数关系，将两根取值范围问题转化为系数取值范围问题，则原问题得到简化。学生在解决此类问题过程中的具体行为描述见表2。

表 2 系统内表征具体行为描述

	具体行为描述
系统内表征	在数与代数系统中，用另外一种数学变量来替换原变量用于数学问题更为简单的解决，如使用换元法去解决问题。
	在几何与图形系统中，通过在原有的几何结构基础上通过对图形的旋转、平移、对称或添加辅助线等变换使得原有条件更为集中或者直接用于问题解决。
	在数与代数系统中，将原有问题中对于数或代数式进行等价转换或灵活演绎，以利于问题的简便解决，如在分数和小数的形式之间变换形式。
	在某个特定系统中，将原命题进行恒等转述或将原问题或转化为另一个更易于求解问题，最终实现原问题的解决。

（三）数学表征能力水平的划分

为体现个体在问题解决过程中表现出的不同表征与变换能力水平，题型设计所基于的情景与内容非常重要。由于函数概念对于代数学习的重要性，目前较多的研究以函数内容为基础评价个体表征能力水平。[24]在 Cifarelli(1998)的研究中，通过对 14 名大一新生解决一系列相似的代数文字表征题目后，总结出问题解决过程中概念结构发展的三个水平(Levels of Conceptual Structure)(如表 3 所示)。[25]

表 3 概念发展的水平

水平	描述
水平三（结构性抽象）	个体在正式解决问题前构思不同解决思路，在进行解题前预测到结论。
水平二（再表征）	个体回忆先前活动，预测到潜在难度。
水平一（识别）	个体识别出相似问题。

PISA 在其评价框架中将表征能力根据认知水平划分为四个水平(如图 2 所示，本书第 54 页)，在相关文献分析的基础上，框架拟将学生表征能力按照认知水平分为三个层次，如下。

1. 标准化数学表征的应用(水平一：再现水平)

该层次的认知包含数学学习过程中最基本的要素：数学过程、数学知识、数学技能。相对应的评测试题包含个体在日常的学习和练习过程中常用的标准数学表征(公式、图表等)，问题的情景中含有提示，帮助引导学生对常用的表征方式进行回忆和再现。

若 a，b，c 代表一个三角形的三个边长，其中 $a<c$，$b<c$ 请用一个含有 a，b，c 的数学式子表示“此三角形是直角三角形”。

任务的设计以引导学生再现和回忆相关知识为主，内容属于图形与几何，考查的知识点为直角三角形的三边关系，其符号表征方式属于表征形式。

2. 多元化数学表征的应用(水平二：联系水平)

该层次的认知体现出较高的数学表征能力，能够在非常规但包含熟悉信息的情境下进行问题解决。相对应的评测试题将熟悉的内容知识融合在问题情境中，个体需要在非常规的问题情境下识别和转化出熟悉的表征方式。

有一张正三角形纸片，请问如何剪裁，将其拼接成一个平行四边形，请至少拼接成两个形状不同的平行四边形，并描述你的过程。

任务设计的内容属于图形与几何，考查的知识点包括正三角形、平行四边形等。问题以个人生活情境为主，学生需要将操作性表征转化为图形表征，结合已有的数学知识提出解决方案，并加以检验。

3. 数学表征的迁移与构建(水平三：反思水平)

该层次的认知属于高水平的数学能力，能够在较为复杂的问题情境中提取并转化出有利于问题解决的表征方式。相对应的评测试题抽象度高，个体需要通过分析、编码、解码等过程，构建并创造性地迁移不同的表征方式解决问题。

一个数加上 168 就得到一个正整数的平方，加上 100 得到另一个正整数的平方，请问这个数是多少?

任务设计的背景较为抽象，没有明确的信息引导学生识别和应用熟悉的表征方式，需要在分析的基础上构建合适的表征方式来转化问题。通过系统内表征变换的手段逐步将问题简化，将未知转变为已知，进而解决问题。

以上三种水平在问题解决过程中的具体行为描述如表 4 所示

表 4　数学表征与变换能力水平的具体行为描述

水平	具体行为描述
水平三（反思水平）	能够理解和应用非标准形式的表征(非标准形式的表征是指需要大量的解码和转换才能成为熟悉的表征形式的表征)；能够在较为复杂的问题情境中，为问题的关键步骤设计出特定的表征；能够比较并权衡不同的表征形式。
水平二（联系水平）	在非常规但含有某些熟悉信息的问题情境中，能够清楚地区别和转换两个以上不同的表征形式，如对某种表征进行调整，或者自主选择使用某种较为熟悉的表征形式。
水平一（再现水平）	能够在较为熟悉和标准化的情境下直接处理给定较为熟悉的表征并加以利用或在有暗示的情况下对于某种数学表征形式进行转换，如将熟悉的文字表达转化为数、代数、图形和图表，或完成题设指定的较为熟悉的数学变换过程。

参考文献：

[1] Even, R. Factors Involved in Linking Representations of Functions [J]. The Journal of Mathematical Behavior, 1998, 17(1): 105 - 121.

[2]《进入 21 世纪的中小学数学教育行动纲领》课题组. 进入 21 世纪的中小学数学教育行动纲领(讨论稿)(1997～2010)[J]. 上海教育, 1997(9): 7 - 13.

[3] 美国科学促进协会. 科学素养的基准[M]. 中国科学技术协会, 译. 北京: 科学普及出版社, 2011.

[4] Gagatsis, A. & M. Shiakalli. Ability to Translate from One Representation of the Concept of Function to Another and Mathematical Problem Solving [J]. Educational Psychology, 2004, 24(5): 645 - 657.

[5] [9] [23] OECD. PISA2012 Assessment and Analytical Framework [J]. Paris: OECD Publishing, 2013: 265.

[6] Goldin, G. A. Representational Systems, Learning, and Problem Solving in Mathematics [J]. The Journal of

Mathematical Behavior, 1998,17(2): 137 - 165.

[7] 美国科学促进协会. 科学素养的导航图[M]. 中国科学技术协会,译. 北京: 科学普及出版社,2008.

[8] Niss, M. Mathematical Competencies and the Learning of Mathematics: The Danish KOM Project [J]. 2003: 115 - 124.

[10] Arcavi, A. The Role of Visual Representations in the Learning of Mathematics [J]. Educational Studies in Mathematics, 2003,52(3): 215 - 241.

[11] Pape, S. J. & M. A. Tchoshanov. The Role of Representation(s) in Developing Mathematical Understanding [J]. Theory into Practice, 2001,40(2): 118 - 127.

[12] Edwards, L. D. Embodying Mathematics and Science [J]. Journal of Mathematical Behavior, 1998,17(1): 53 - 78.

[13] Scheiter, K. , P. Gerjets & J. Schuh. The Acquisition of Problem-solving Skills in Mathematics [J]. Instructional Science, 2010,38(5): 487 - 502.

[14] [20] Greer, B. & G. Harel. The Role of Isomorphisms in Mathematical Cognition [J]. Journal of Mathematical Behavior, 1998,17(1): 5 - 24.

[15] Perkins, D. N. & C. Unger. A New Look in Representations for Mathematics and Science Learning [J]. Instructional Science, 1994,22(1): 1 - 37.

[16] Goldin, G. & N. Shteingold. Systems of Representations and the Development of Mathematical Concepts [J]. The Roles of Representation in School Mathematics (2001),2001: 1 - 23.

[17] Goldin, G. A. Representations and the Psychology of Mathematics Education [J]. Journal of Mathematical Behavior, 1998,17(2): 135.

[18] Lesh, R. A. & M. Landau. Acquisition of Mathematics Concepts and Processes [M]. 济南: 山东教育出版社,1991: 450.

[19] Gérard, V. A Comprehensive Theory of Representation for Mathematics Education [J]. Journal of Mathematical Behavior, 1998,17(2): 167 - 181.

[21] 徐斌艳. 数学学科核心能力研究[J]. 全球教育展望,2013(6): 67 - 95.

[22] 鲍建生. 关于数学能力的几点思考[J]. 人民教育,2014(5): 48 - 51.

[24] Hitt, F. Difficulties in the Articulation of Different Representations Linked to the Concept of Function [J]. The Journal of Mathematical Behavior, 1998,17(1): 123 - 134.

[25] Cifarelli, V. V. The Development of Mental Representations as a Problem Solving Activity [J]. Journal of Mathematical Behavior, 1998,17(2): 239 - 264.

西方国家数学教育中的数学素养：比较与展望

| 张侨平

“名字有什么关系？我们称之为玫瑰的东西，无论叫什么名字仍一样芬芳。”

（What's in a name? That which we call a rose by any other name would smell as sweet.）

——选自莎士比亚《罗密欧与朱丽叶》

一、引言

素养或核心素养是近些年来教育界的核心词汇。追根溯源，基本都与本世纪初的几个重要教育改革文件相关，比如美国 2002 发布的“21 世纪技能”，[1]经济合作与发展组织（OECD）及欧盟执委会（EC）分别提出的核心素养（key competencies）框架。[2-3]另一方面，OECD 组织的国际学生评估项目（Programme for International Student Assessment，简称 PISA）带来的国际排名效应，更是提升了学生素养和素养研究的关注度。在我国，《中国学生发展核心素养》框架的正式发布、《21 世纪学生发展核心素养》的出版，[4]也掀起了大家讨论和研究的高潮。关于素养和核心素养，有这样一些讨论的焦点：比如，素养以及核心素养的概念界定与内涵[5-6]，国内外核心素养的分析和比较[7-9]。探讨核心素养如何落实课堂实践的研讨会，亦是层出不穷、各试各法、遍地开花。毋庸置疑，任何一场教育改革，各持份者都会有自己的理解和做法。这些都直接影响到教师的课堂教学和学生的学习。[10]处在这场热烈的变革之中，我们或许需要多一些冷静思考：为什么我们会如此关注核心素养？是我们之前的教育或课程改革出了问题，还是新的时代需要有新的要求？这又是一个怎样的新时代和什么样的新要求？这场课程改革是过往的升级版，还是一场全新的教育变革？教师又该如何应对这场变革？课程改革不能停留在口号，终归要到课堂中具体实施。因此，我们有必要检视培养学生的核心素养和学科教学之间的关系，这自然也同学科的教育目标相关。本文会主要针对数学学科中的数学素养做一些探讨和分析。

在数学教育领域，数学素养是许多国家数学教育的重要目标。对数学素养的探讨由来已久，[11]最初主要是用“numeracy”来表述，远早于后来欧盟和 OECD 的素养框架以及 PISA 测试中所倡导的数学素养。总的来看，在各地数学课程文件的论述中，数学素养也有着不同的名称，包括 numeracy（如英国、加拿大、澳大利亚、新西兰），mathematical literacy（主要是OECD/PISA），mathematical proficiency（主要是美国），quantitative literacy（主要是美国），mathematical competences（主要有丹麦，芬兰，OECD）。① 数学素养的内涵随着时代不同、研究者关注的焦点不同而出现差异，这些差异也与各地的社会文化背景有关。因此，我们再次探讨数学素养这一概念的缘起，结合当前欧美国家数学素养的发展，对数学素养的内涵进行比较分析并做出总结，也对我国构建数学素养内容体系和发展学生数学素养提出一些建议。

二、数学素养研究缘起与内涵：英国

早在半个世纪前，英国教育部请经济学家克劳瑟（Geoffrey Crowther）在1959年写了一份关于"15～18岁青少年的教育"的报告，在报告（Crowther Report）中，克劳瑟依据语文读写能力（literacy）这个词创造出数学素养（numeracy），并指出它与一般的读写能力同等重要。[12]克劳瑟认为，在当时的社会，搞理科的科学家不懂文化或者是文化修养很少，而搞艺术的不懂数学或者他的数学基础很差，这样的情况对整个国家来说都不正常。当时高等教育入学率不高，学生中学毕业之后不能应付未来的工作，情况令人堪忧。在这样的社会背景下，一个受过教育的人，既要重视文学修养，会读、会书写，同时还要重视数学方面的能力。报告中提到，数学素养包含两个方面：一方面是要能理解现有的科学方法，包括我们要会观察、假设、实验和验证；另一方面是要能理解现实世界，即能够在现实世界用量化的方式思考，解释所面临的问题。这份报告对后来的英国中、小学数学教育改革产生了重要影响。

克劳瑟报告问世20多年以后，数学教育专家柯克罗夫博士（Wilfred Cockcroft）于1982年发表著名的柯克罗夫特报告（Cockcroft Report）（也称《数学算数》*mathematics counts*），对英国中小学数学教育进行全面总结。该报告指出，"常常有建议说，数学学习的目的是培养逻辑思维能力、准确性和空间意识。数学学习确实可以达成这样的结果，但这些能力的发展程度取决于数学怎样去教。同时，许多其他的活动和其他一些科目的学习也能促进这些能力的发展，数学对这些能力的促进作用并不是独一无二的"。[13]既然学习数学的目的不只是上述三种能力（运算能力、逻辑思维能力和空间想象力正是当时我国数学教育的三大目标），那么数学教育的目标是什么呢？柯克罗夫博士在报告中指出，中小学数学教育需要满足学生日后生活、就业和进一步学习、进修的需要，需要培养学生了解使用数学作为日常生活沟通的方式。数学素养是一般民众在社会生活中所需要的数学，它包括两个方面：一方面是能运用数学技能处理日常实际生活中的数学问题，另一方面是懂得欣赏和理解用数学语言表达的信息，如理解图表、曲线、百分比等。这一报告拓展了学校数学学习的内涵。学习数学不只是知识和技能的获得，还需要注重在社会生活当中培养学生的数学素养。该报告也对

① 本文后面将陆续出现一些词义相近的名词。其中 numeracy 较准确的译法是"计算能力"，literacy 是"识字能力"，capabilities 是"能耐"，competency 理解为"胜任能力"更为妥帖。因各地课程文件中均扩展了它们的含义，本文统一用"素养"替代。

后来近二十年欧美国家的学生数学能力测试产生了影响。[14]

英国于1996年推出国家数学素养策略(National Numeracy Strategy),要求英格兰所有小学自1999年9月起开始实施。该策略要求学校教育要培养学生运用数学思维和数学技能来解决问题,以及满足在复杂的社会环境中日常生活需求的能力。其工作组的报告提到:"数学素养是一种精通程度(proficiency),涉及对数字和测量的信心和能力(competence)。它需要理解数系,有计算技能以及在各种情境下解决数字问题的倾向和能力,还需要对通过计算和测量得到信息的方法有实际的理解,并且能用图像、图表和表格的形式呈现出来"。[15]不难看出,这里的数学素养不仅包括数学学习的内容,还有学生学习的方式,学习的自信心以及学生对数学的理解。最近,英国2014年颁布新的《国家课程》本小节的主题是数学素养的提出(national curriculum),[16]发展学生的数学素养(numeracy)仍是数学课程的重要目标,具体为三个层面,即能流畅地运用数学知识、能数学地推理、能应用数学知识解决复杂问题。培养学生的数学素养不只是数学教师的事情,也与其他学科老师相关。

由此我们看到,数学素养即便起源于英国,但随着时代的不同,其在英国数学教育中的内涵也发生着变化。而数学素养的培养不再局限于数学科,跨学科课程的学习在整个学校课程中开始凸显。

三、数学素养的不同表现:欧美其他国家

在英国提出数学素养之后,其他国家的数学教育中也陆续出现这一培养目标。譬如,英联邦的国家和地区(如澳大利亚、新西兰、加拿大)仍采用英国家课程中"numeracy"这一名词,但其涵义已经不同。在欧洲国家(如芬兰、丹麦)、美国则使用自己的界定方式定义数学素养,国际组织OECD的PISA项目也有不同的提法。下面我们将分析几个主要欧美国家数学课程和PISA项目中数学素养的内涵。

(一)重视跨学科课程的学习:澳大利亚和芬兰的数学素养

在澳大利亚国家课程中,[17]数学素养(numeracy)和语文读写能力(literacy),信息与资讯科技能力,批判和创新思维能力,沟通、社交能力,道德理解能力以及跨文化理解能力一起共同构成学生的一般能力(general capabilities)。其中,数学素养指的是学生在各种情景下使用数学时所具备的知识、技能、行为和态度。具体来说,数学素养由六个方面组成(如图1所示):能对涉及整数的问题进行估算和计算;能识别和使用问题中的规律与关系;会使用分数、小数、百分数,比和比例;有空间推理能力;能解释统计信息;懂得运用测量。这些数学素养既体现在课堂之内的学习,也体现在课堂以外的运用。由于需要在各种情景下应用数学,跨学科课程成为培养学生数学素养的一种方式。

英文、科学、地理以及历史等学科都可以发展学生的数学素养。比如在历史科上,学生可以在学习组织和解释历史事件和历史发展变迁时发展数学素养。比如,透过分析数字资

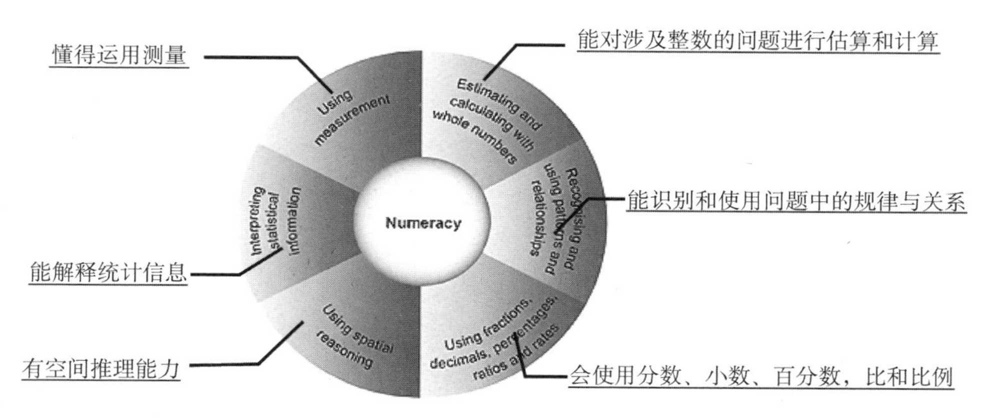

图 1　澳大利亚国家课程中的数学素养

料去解读历史，了解其中的因果关系、连续性和变化，也可以运用时间轴记忆有重大历史意义的事件。在英文科中，发展学生数学素养的途径有：学生能在解释、分析和创作英文文本时，融入数字信息和空间意识，比如，百分比、统计资料、测量和方向等；当讨论一些基于数据的英文文本时，学生也可以运用数学素养识别、分析和综合其中的数字信息；在学习一些可视化的文本信息时，也需要一定的数学素养。比如解释和创作一些图表，梳理图表或图片中不同的信息之间的关系并加以分类，理解一些图表（如韦恩图或流程图）背后的数学概念等等。

透过跨学科课程培养数学素养也出现在欧洲的一些国家（如芬兰），不过他们采用另外的术语“mathematical competence”来表述学生的数学素养。芬兰的国家课程指出学生需要掌握的七种核心素养，没有单独提及何谓数学素养以及数学素养的内容。[18]不过，其义务教育阶段数学课程部分提到，数学教学的目的“旨在为学生提供发展数学思维，学习数学概念和数学问题解决的机会，发展学生的创意思维和精确思考的能力，指导学生发现问题、制定问题和寻求解法的能力。[19]这些内容事实上也涵盖了前面提到的一些数学素养，如发展数学思维，掌握基础数学知识，培养问题解决能力、创意思维能力等等。芬兰的学校课程较重视课程的灵活度和多样性，强调知识的宽度，中央核心课程与地方课程、学校课程相结合。以跨学科课程来学习（learning by cross-curriculum）和以课题来教学（teaching by topics）也是最近核心课程改革的重点。[20]事实上，跨学科课程学习在芬兰已经实行多年，并非最近新课程才有。新课程只是较以前更加重视学生的共通能力，学生需要参与更多跨学科的单元学习，单独学科的学习并没有因此而忽视。

（二）凸显数学能力的整合：丹麦和美国的数学素养

在同属北欧的丹麦，Mogens Niss 教授领导的研究团队从 2000 年开始数学素养与数学学习研究计划——KOM 计划（KOM 是丹麦语言 Kompetencer og Matematiklæring 的简称，相应的英语是“Competencies and the Learning of Mathematics”），对丹麦的数学课程进行改革。[21]KOM 研究计划围绕着“什么才是掌握数学”这一核心问题，提出两个数学能力群组，它们共同组成学生的数学素养(mathematical competencies)。第一个数学能力群组是运用数学知识提出问题和解决问题的能力，包括数学思维能力，拟题和解题的能力，数学建模能力，数学推理能力；第二个数学能力群组是运用数学语言和工具的能力，包括数学表征能力，符号化和形式化能力，数学交流能力以及辅助数学学习的工具使用能力。

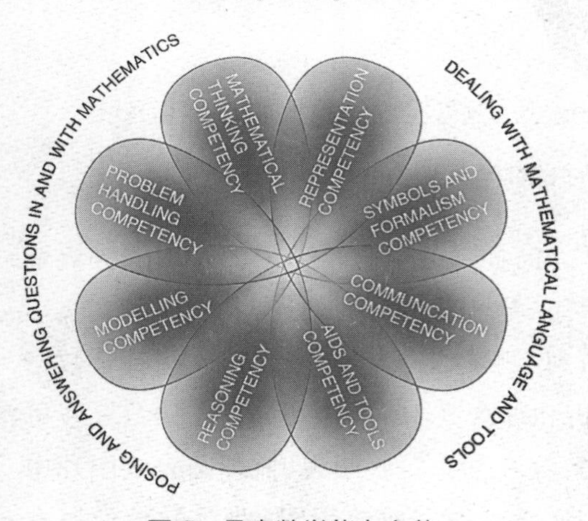

图 2　丹麦数学能力之花

每一种数学能力均具有两面性。一是个体有能力去理解、遵从、联系、分析和判断其他人在学习活动体现出来的数学能力；二是个体本身在数学学习活动中具备这些能力。一个人拥有数学素养，指的是他能理解数学，做数学以及在不同的场合和情境下使用数学。Niss 的研究团队将这些能力组合成一个“能力之花”，以凸显他们之间的相互联系(如图 2 所示)。

在美国，全美数学教师协会(NCTM)在 1986 年拟定学校数学课程改革任务时就提出培养学生数学素养(mathematical literate)的愿景，随后制定了一系列的课程标准来实现。比如，1989 年出版的《学校数学课程与评价标准》中提出五个学生应达成的目标：[22]学会认识数学的价值，建立有能力做数学的信心，具备数学问题解决的能力，学会数学地交流和学会数学地推理。其后，国家研究议会(National Research Council)在《加入向上：帮助儿童学数学》(*Adding It Up: Helping Children Learn Mathematics*)一书中使用“数学精熟程度”(mathematical proficiency)的学习数学的目标。它包含对于任何一个要学好数学的人来说所需要达成的标准，[23]包括五种数学能力：概念理解(包含对数学概念、运算和关系的掌握)，步骤流畅(能灵活地、准确地、有效地和适当地陈述步骤)，策略能力，合情推理和有效的部署(习惯性地将数学视为合理的、实用的、有价值的知识，并且相信个人的勤奋和成效)。这些能力指标不是彼此独立，而是融合成一个复杂的整体(如图 3 所示)。

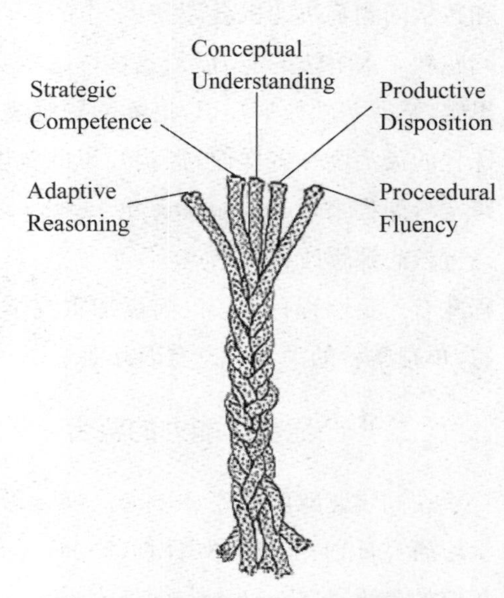

图 3　美国数学能力之绳

美国 2008 年出台各州共同核心标准(Common Core State Standards)，整合了 1989 年的五个标准和 2001 年的“能力之绳”，提出作为“数学实践的标准”(standards for mathematics practice)来衡量学生数学学习需要达成的目标，包括八个方面：[24]理解问题及持之以恒解决问题；抽象化和量化地推理；建构可行的论证以及评论他人的推论；使用数学知识建模；有策略地使用适当的工具；注意精确性；寻找和利用结构；透过不断推理寻找和表达出规律。同“数学能力之绳”相比较，“数学实践标准”论述的内容要更为具体，贯穿于整个 K－12 学段，在每一个学段均提出这八个方面目标如何实现。当然，理解美国课程标准中的数学素养的变化，不能单纯地关注其内容的改变，也需要结合当时的课程改革背景。[25—26]

无论是丹麦的“数学能力之花”还是美国新近的八项指标，都是在回答“究竟什么才算是精通数学，一个成功的数学学习者要具备什么样的特质”。另外，我们也看到，数学素养并不是能力的叠加，而是不同数学能力的整合。

（三）重视问题情境：PISA 中的数学素养

数学素养在全球范围内形成广泛的讨论，一个重要的影响因素是 OECD 自 2000 年开展的国际学生评价项目（PISA）。OECD 最初参与的主体是欧洲国家，尤其是经济较发达的国家，包括我们前面提到的英国、芬兰和丹麦。PISA 评估以“教育质量和公平性”作为指标，加上跨国比较作为主轴，针对的是 15 岁中学生在阅读、科学和数学方面的素养（literacy）。PISA 每三年换一次评估主题，数学素养只是在 PISA2003 和 PISA2012 成为主要的评估领域，如首次 PISA2000 便是以“阅读素养”为主，PISA2015 以“科学素养”为主。在 PISA 的调查中，数学素养（mathematical literacy）界定也在发生变化[27—28]。从 2000 年到 2009 年，数学素养定义变化不大，2012 年以后，数学素养则比较突出强调情境（context），数学素养的内涵也进一步具体化。[29]在最近的 PISA2012 和 PISA2015 中，数学素养是“指个人在多种不同的情景之下，将情境问题转化成数学问题、使用数学及诠释数学的能力。它包括了数学推理及应用、应用数学概念、程序、事实、工具来解释、描述及预测现象。它能协助个人了解数学在世界上所扮演的角色，能够针对个体在生活中的需求运用或者投入数学活动，进行有根据的评断，以成为一个具有积极态度及反思能力的公民。”[30]下面我们主要分析两次以数学为主题的 PISA 调查。

PISA2003 中数学素养包括三个维度：运用数学的各种情境（contexts），包括个人生活的、教育或职业的、社会的、科学性的四个领域；数学知识，包括变化和关系、空间和图形、数量、不确定性（PISA2012 改为不确定性和数据）四个方面；数学能力（competencies），包括八项能力（详见表 1 左侧）。除了保持前两个维度外，PISA2012 将“数学能力”维度改为“数学的过程”（mathematical processes），包括将情境问题转化为数学问题，使用数学概念、事实、步骤和推理，以及诠释、应用和评价数学结果三个方面。这个数学过程蕴涵着七项基本的数学能力（fundamental mathematical capabilities）（详见表 1 右侧）。PISA 的报告也提到，这些分类是受 Niss 研究团队“能力之花”的影响（Niss 本人便是 PISA2000－PISA2015 的数学专家组成员）。能力指标的减少并不意味着内涵的减少，指标之间也存在着重叠和整合。例如，PISA2003 数学思考和推理及数学论证两个能力指标融合成 PISA2012 中的一个。

PISA2003 中包含数学建模，PISA2012 则换成数学化。事实上，二者是紧密关联的。PISA2003 中便提到数学化的循环模型，[31] PISA2012 中也提到将数学素养应用于实践的建模循环模型。[32] 数学建模和数学化一直是 PISA 数学素养评估的核心，而数学建模的循环过程也是数学化的过程。[33] 至于名称的改变，或许跟 PISA 项目的侧重点有关，也或许跟项目主持人有关。①

表 1 PISA 数学素养中数学能力的比较

PISA2003	PISA2012
数学思维和推理（thinking and reasoning）	数学推理和论证（reasoning and argument）
数学论证（argumentation）	
数学交流（communication）	数学交流（communication）
数学建模（modelling）	数学化（mathematising）
提出问题和问题解决（problem posing and solving）	设计解决问题的策略（devising strategies for solving problems）
数学表征（representation）	数学表征（representation）
使用符号，形式化和术语与运算（using symbolic, formal and technical language and operations）	使用符号，形式化和术语与运算（using symbolic, formal and technical language and operations）
运用辅助工具（use of aids and tools）	运用数学工具（using mathematical tools）

需要留意的是，PISA 调查的对象是处在义务教育接近结束时学生所具备的素养水平，评估他们能否应对现实生活的挑战，并不是测量他们对学校课程内容的掌握程度，这是与国际数学与科学教育趋势（Trends in International Mathematics and Science Study，简称 TIMSS）不一样的地方。相对 PISA，TIMSS 更为关注学校数学课程内容的掌握。不过最近 TIMSS 2015 评估中，数学素养（numeracy）也首次被加入进来。[34] PISA 没有评估 15 岁以后的情况，而由 OECD 的国际成人素养评估计划（Programme for International Assessment of Adult Competencies，简称 PIAAC）调查。PIAAC 关注的是 16—65 岁的人群，其中所调查的数学素养使用的是"numeracy"，意指一个人获得、运用、诠释和交流数学信息和想法的能力，这些能力便于他能够在成人的生活中应对一些数学上的需求。它不仅是能进行基本的数值计算，还包括更广泛的一些技能，如能够测量，能运用和诠释统计信息，理解和使用图形，以及对一些数字信息批判地思考。[35] 这与我们前面论及的英国数学素养的涵义更为接近。由于本文主要关注各国义务教育阶段的数学素养，对 PIAAC 的详细介绍于此不赘。

四、数学素养的国际比较及分析

我们将上述国家的数学素养和 PISA 放在一起进行比较（如表 2 所示），结果发现，各地

① 比如 PISA2000—2009 的主席一直是荷兰弗莱登塔尔研究所（Freudenthal Institution）的 Jan de Lange 教授，而 PISA2012 的主席则是来自澳大利亚墨尔本大学的 Kaye Stacey 教授。

对数学素养的理解有共性也有差异。这种差异不仅仅体现在用词上,还体现在内涵中。

表2　数学素养内涵的国际比较

PISA2012 数学素养 mathematical literacy	丹麦(2011)数学素养 mathematical competencies	澳大利亚(2014)数学素养 numeracy	英国(2014)数学素养 numeracy	美国(2010)数学实践的标准 standards for mathematical practice
情境与脉络	数学思维	能对涉及整数的问题进行估算和计算	流畅地运用数学知识	理解问题及持之以恒地解决问题
数学知识	拟题和解题能力	能识别和使用问题中的规律与关系	数学推理	抽象化和量化地推理
数学的过程(包含交流、数学化、表征、推理和论证、设计解题策略、使用符号,形式化和术语以及运算、运用数学工具的数学能力)	数学建模	会使用分数、小数、百分数,比和比例	运用数学知识解决各种复杂的问题	建构可行的论证以及评论他人的推论
	数学推理	有空间推理能力		使用数学知识建模
	表征	能解释统计信息		有策略地使用适当的工具
	符号化和形式化	懂得运用测量		注意精确性
	交流	能对涉及整数的问题进行估算和计算		寻找和利用结构
	运用数学工具			透过不断推理寻找和表达规律

同样的名称可以是不同的含义,不同的名称也有相似的内涵或彼此重叠。不同的学者或地区对于数学内涵有不同的侧重点。比如,有的数学素养重视数学能力,如丹麦、英国和美国的课程标准;有的数学素养既有数学知识也有数学能力,如PISA、澳大利亚;有的会包含数学情感因素,如英国、澳大利亚的国家课程提到重视学生的自信,美国课程标准提到重视学生问题解决的毅力与恒心(persistence)。

除了英国、澳大利亚外,其他地区均明确将数学建模纳入数学素养的范畴,数学的应用意识被广泛重视。英国的国家课程中在小学阶段没有提及建模,主要是要求学生能用数学知识解决一些常规和非常规问题,到了中学阶段才要求学生能将问题情境模型化,用形式化的数学表征方式来表示结果。运算能力在这些国家课程中也都有重视,不过侧重点不同。比如,英国强调计算的流畅(fluency),美国则强调计算的精准(precision)。在分析中也可以看到,数学推理是所有国家都重视的数学素养,有的单独作为数学素养的一个维度(如英国、美国、丹麦),澳大利亚着重强调空间推理能力,PISA则将推理和论证并列一起。

另一个值得注意的是数学工具的使用。在PISA项目,丹麦、美国的课程标准的数学素养中均明确指出数学工具,英国则没有提及。以PISA为例,会使用数学工具被作为基本数学能力的一种。具体来说,这种能力包括知道并能够利用各种不同的工具辅助数学学习活动，这些工具可以是一些测量工具，可以是计算器和基于电脑的工具。这些工具在课堂交流时也能扮演着重要的角色。另外，也需要知道使用这些工具的局限。[40]美国的核心标准对工具的使用更为详细，[41]既有传统的纸笔、测量工具，也有具体的模型教具，图形计算器和动态几何软件。当学生建模时，能运用一些软件将各种数学猜想和结果可视化。每一个学段的学生都能在网站上寻找外部的数学资源，能运用工具探索和深化他们对概念的理解。在英国国家课程的数学素养中没有提到数学工具的使用，但在课程文件中有单独的一部分介绍计算器和信息技术。[42]比如，不能用计算器代替笔算和心算，必须在第二学段结束时（即小学六年级）才介绍计算器的使用。对于信息技术，中小学老师视实际情况自行判断是否需要使用。我国新近出台的《中国学生发展核心素养》总体框架包含着"技术运用"这一素养，但数学课程标准中并没有作为数学素养。在其他地区（如芬兰、澳大利亚），信息技术也是整个学校课程核心素养的一部分，没有专门纳入数学课程的数学素养当中。不同的是，在美国提出的21世纪技能中，其核心素养包含"信息、媒体与技术技能"（信息素养、媒体素养和ICT素养），而这一素养也融入其数学课程标准中[43—44]。

此外，每一个地区的数学素养均是贯穿数学教育每一个学习阶段（美国包括学前阶段，其他则是从小学到中学），美国、澳大利亚和英国的国家课程在不同学段、针对不同数学内容有相应的数学素养的要求。但是，在学段之间数学素养的培养是否存在衔接问题（比如，从小学到初中，从初中到高中的衔接），在课程文件中均没有明确指出，这也是值得我们进一步研究的问题。

在上面的比较分析中，我们看到与数学素养相关的诸多名称，比如：numeracy，competence，proficiency，literacy。不同国家对数学素养的理解有差异，即便同一个地域在不同时期数学素养的内涵也在变迁。De Lange 就认为，"mathematical literacy"能更好地整合学生在四个方面（变化和关系、空间和图形、数量、不确定性）的能力。数学素养包含处理日常生活数量问题的数字素养（numeracy），在周围环境活动所需的空间素养（spatial literacy）以及应对问题情境中各种变化关系、确定和不确定因素的量化素养（quantitative literacy）。[36]不过，使用 literacy 来表述数学素养也带来了一些不便。在不少地区（比如前面提到的英国、澳大利亚、新西兰）"literacy"和"numeracy"在国家课程中是两个完全不同的概念。Kaye Stacey 教授在最近出版的《评价数学素养》（*Assessing Mathematical Literacy*）一书中也提到，literacy 主要使用在英语或者语言学中，一些西班牙语系的国家会对此不满，未来 PISA 的研究会考虑换名称，比如使用"mathematical competence"[37—38]。这种语言上的差异在 Niss 等人[39]的研究中就更明显。该研究团队比较了世界各地的数学课程中对数学素养的提法，包括大洋洲（澳大利亚、新西兰）、欧洲（德国、奥地利、瑞士、西班牙、葡萄牙），亚洲（韩国、新加坡、印度尼西亚、马来西亚、我国香港地区）、拉丁美洲（巴西、哥伦比亚、智利）。在该研究团队看来，只要课程内容中涉及掌握数学的层面，即认为是和数学素养相关。研究发现，不同地域会使用不同的术语来表达数学素养，而即便使用同样的术语，其涵义也会不同。研究者提出，不可能有一个数学教育中央委员会提出一个放之四海的名词术语去表达数学素养，也不可能建立一个广泛的概念框架去澄清所有不同的术语。事实上，PISA 是一个国际性组织，其使用的概念能否适应到每一个国家是值得考虑的。各个地区基于自身的社会历史文化背景，对本国的国民素养发展也有其独特要求。正如 Niss 教授所言，我们不应只是看到数学素养术语上的差异，而且还应认识到相关认识论上的差异。因此，比较不同地域的数学素养对比较分析的方法和手段也提出了要求。

五、 总结与展望

前文我们比较和分析了欧美不同国家数学课程以及 PISA 项目对数学素养的论述，主要涉及数学素养的名称和数学素养的内涵。尽管这些表述各有不同，也不难看出一些共通之处。具体体现在以下几个方面：数学素养关注的对象是全体学生，各地数学素养的内容与其数学教育的目标相关；培养数学素养，不只是重视学校的数学学习，也重视学生如何应对未来生活、学习的需要；培养数学素养，不只是重视数学知识的习得，也重视数学学习的过程和思考，更重视数学知识在不同问题情境中的应用，而数学思维、数学建模、数学推理均是这方面的体现；数学素养的培养需要重视善于使用工具（包括信息技术）辅助学习和应用数学；提升学生的数学素养，也需要重视学生学习中的情感因素，包括了解数学对个人和社会的价值，学会在现实生活中应用数学，消除学生对数学的恐惧，帮助学生建立学习数学、做数学的信心。

因此，数学素养不只是数学的成就表现，它是个人数学知识、数学思维、数学能力，数学情感的综合体现，是一个人在面对各种复杂情境和实际问题，以积极主动的态度，灵活地运用数学知识和思维方法，有效地使用辅助工具，进行推理、交流、分析和判断来解决问题的综合能力。当然，数学素养具备这样的上述共通性之外，我们也要看到它的独特性。Niss 等人在比较了世界各地数学课程中后发现，数学素养除了语言表达上的差异外，还与社会文化和政治行政的原因有关。[45]事实上，语言本身就是社会文化的一部分。而且，每一个国家和地区都在找寻既能体现自己特色又符合国际趋势的界定方式。因此，我们可以认为，各国的数学素养（甚至更一般的核心素养）具有其社会文化的独特性，没有必要也不可能追求一致的界定。追求概念的一致性，本身就是一个不能企及的目标。

当前，发展学生核心素养是许多国家和地区教育改革的主要目标。构建数学素养体系，发展和落实学生的数学素养，我们还需要对以下几个方面有更深入的思考。

（一）数学素养与数学观

在前文分析数学素养的内涵中，我们看到，Niss 等人提出的数学素养主要是用来刻画学生掌握数学的程度，而 PISA 研究中的数学素养是个人在面对未来社会所应具备的应用数学的能力。二者的侧重点有所不同。PISA 的关注点不在数学学科领域的内容，偏重在不同情境下应用数学，即学习数学的功能性的一面。这也就不难理解，数学建模一直是 PISA 的重点。事实上，这也带出一个问题：为什么学数学？或者说，数学素养和学习数学之间的关系为何？

De Lang 讨论了数学素养和数学之间可能存在的两种从属关系。[46]用数学的术语来说，一个是另一个的子集。如果一个人认为数学是抽象的和理论化的，那么数学素养就是一个比数学更广泛的概念，数学素养既有包含数学的抽象性，也关注数学与外部世界的联系；如果认为数学学习的目标除了功能性的一面之外，还有探索数学内部本身的抽象结构和模式，那么数学素养就是数学的子集。Niss 也表达出类似的观点。[47]在比较丹麦数学课程中的数学能力(competencies)和 PISA 的数学素养(literacy)后，Niss 认为有数学能力的人一定具备数学素养，但反之却不然。因为数学能力还包含在纯数学结构内部进行操作，研究那些数学内部的现象和规律，而这些东西很可能在现实世界根本用不上。无论是 De Lang 提到的数学素养与数学的从属关系还是 Niss 所提到数学素养与数学能力的区别，就其内容来说，其实均涉及数学观。简单来讲，数学观是人们对数学和数学学习的看法，往往涉及“数学是什么？学数学是为了什么？”这些问题。它主要属于情感领域，也有认知的成分。[48]不少研究均指出，教师持有的数学观会影响其数学课堂的教学布置，也影响到学生的数学观，进而影响其学习结果。[49]换言之，教师或学生持有的数学观会影响学生的数学素养。因此，在我国构建数学素养体系，发展学生数学素养时，我们不得不思考：我国的学生需要学什么样的数学？什么才是对他们有帮助的数学？我们要如何教这样的数学？每一个问题的回答都是关乎我们数学教育的目标。

（二）数学素养与跨学科课程学习

尽管各地对数学素养的界定有所不同，但无论是哪一种，落实到课堂教学，我们都要问：数学素养如何培养？需要在什么样的环境下培养？这对于教师的数学素养同样是挑战，也对数学教师教育提出了要求。在第 18 届两岸三地课程理论研讨会上，核心素养是其中一个探讨主题。主持人林智中教授在小组总结中提出，学校培养核心素养的一个重要条件就是要打破学科的藩篱，而跨学科课程是主要的方式。英国国家课程中提到，数学素养不只是与数学教师相关，与其他每一个教师都有关，澳大利亚、芬兰的课程内容中更是有专门的跨学科课程设置。当前世界各地推行 STEM 教育，我们也能感受到这种跨学科课程学习的力量。或许有人要担心，跨学科课程学习是否会冲淡“数学味”，数学学科自身的体系会不会迷失？在新世纪初始的课程改革已有不少这样的讨论。[50] Niss 对数学素养和数学能力之间关系的讨论，实际上也与此相关。[51]如果我们从数学学科的学习出发(学科为本)，来界定数学素养，我们需要回答“学数学要学些什么，要获得什么数学能力”，数学教学的目标就会偏重数学本身的知识结构；而如果我们从未来社会需要什么样的人出发(学生为本)，来界定数学素养，我们需要回答“什么样的数学能力能帮助学生适应未来的社会生活和职业的需要”，数学教学的主要目标就会偏重数学的应用性、功能性的一面，这正是 PISA 的关注点。因此，从不同的取向来设定数学教育的目标，也就导致不同的发展数学素养的要求。我国各个层级的数学教育基本上是专科专教，不同于国外一些地方的数学教师会兼教其他不同科目。因此，在我国当前的学校教育环境下，如何透过数学科的学习，从跨学科的视角来培养数学素养，是一个值得深入研究的问题。

（三）数学素养与评价方式

设定学校数学教育的目标一定要考虑评价这一环节。如何评价学生的数学素养呢？相信大多数人均会认同，数学素养体现的是一种综合能力。传统的纸笔测试会不够。大型国际研究（如 PISA，TIMSS）多以选择题、填空题来测试，且不论它们测试的是数学知识还是数学能力，这样的测试方法有多深的层次呢？能否测试出综合能力呢？数学本身也有许多细微差异，愈来愈多人提出（传统）纸笔数学、IT 环境中的数学、动手数学、动态数学……，它们所涉及的数学技能甚至概念都有着细微的差别。PISA2012 及以前采用的是纸笔测试（paper-based），PISA2015 引入了电脑环境下做答（computer-based），[52]这样测试是否只是某一方面（或某种环境下）的数学能力呢？PISA 测试更多重视的数学的功能性或应用性，其测试的问题值得我们参考，我们如何能够将 PISA 测试的数学素养拓展到学校数学教育中去呢？如果我们将 PISA 的测试奉为圭臬，是否会失去了数学素养本身的内涵？重视数学在情境脉络中的应用固然十分重要，然而情境问题往往与社会生活相关，与学生周遭的生活环境也息息相关。由于家庭经济、资源有限等原因，学生可能会对一些问题情境不熟悉，对课外知识和书籍的涉猎也会不足，完全基于应用的测试或评估是否会带来教育上的不公呢？因此，评估学生的数学素养，对当前学校教育的评价体系也带来挑战，这也是值得我们去研究的。

（四）数学素养与我国的课程改革

社会变革对社会所需要的人才提出了新的要求，这当然也直接影响学校教育的目标。因此，素养这一概念的提出是有其时代性的。对概念的厘清自然显得重要，它直接影响到学校的课程改革以及教师的教学。然而，前文的比较分析告诉我们，界定清楚素养这个概念并非易事。崔允漷指出，“我们不必纠缠于素养是或者不是那个单词，而是要其思考这个词在语义和语用层面的问题……我们甚至要摒弃为核心素养找一个外文单词的想法，要去追问这一类概念背后的问题解决逻辑”。[53]我们的确不需要执着于名词的称谓，反而要重视名称背后的意义。是否摒弃外文单词，可以再商榷。但要和国际同行交流，总还是要有个说法。《21 世纪学生发展核心素养》使用英文的是“key competency”，[54]算是和国际接轨。不过，这个词汇的适用性也是被质疑的。[55]有学者提出，在我国社会文化背景下，清楚地表达中国学生发展核心素养的内涵，很可能找不到一个合适的英文单词表达，或许用拼音英文“Suyang”更贴切。事实上，在过往的数学教育研究中，我们就有使用“Bianshi”（变式）以区别国外的“变式理论”（variation theory），使用“keli”（课例）来区别日本的“课例研究”（lesson study）。

因此，当前课程改革背景下，如何界定属于中国学生的数学素养，还需要研究者们进一步深入地讨论。无论哪一种表达素养的词汇，都是在回答未来社会需要什么样的人才。学会学习、终身学习已成为许多国家应对未来社会变迁的教育改革目标。从这个意义上讲，关注数学素养实际还是数学学习。学生是如何学习的？学生该学些什么？学生又是如何学会的？这些问题的回答都与我们数学教育的目标息息相关。

数学素养所关注的对象是全体学生。早在上个世纪80年代，数学教育界已经提出“数学为大众”(mathematics for all)的数学教育目标。[56—57]当我们回应这场席卷全球的教育变革时，不应否定或摒弃过往教育改革的经验和成果。事实上，与数学素养相关的数学推理、数学表征、数学建模、数学情感等不正是课改十多年来数学教育界一直讨论、研究和实践的吗？在这些方面我们有什么研究的发现和启示呢？“数学为大众”的理念我们又实践了多少呢？面对新的课程改革，整理、反思、积淀、再前进，或许是更贴切和适当的做法。数学素养的提出及其内涵的不断改变，反映了不同时代对于学习者的能力要求，也反映出不同时期数学教育的目标。数学教育如何能帮助学生应对未来社会的需要，发展中国学生的数学素养，还要能处理好这样几个关系：既保持、发挥我们自身数学教育特长，又积极借鉴、吸收国际社会的做法；既重视数学知识的内容与内在结构，又重视其在情境脉络的应用；既重视数学的历史传承性，又注重数学素养的综合性、时代性。

参考文献：

[1] [43] Partnership for 21st Century Skills. Framework for 21st Century Learning [EB/OL]. Retrieved from http://www.p21.org/overview/skills-framework, 2002-05-15/2016-10-22.

[2] OECD. Completing the Foundation for Lifelong Learning: An OECD Survey of Upper Secondary Schools [M]. OECD: Paris, 2004.

[3] European Commission. Lifelong Learning and Key Competence for All: Vital Contribution to Prosperity and Social Cohesion 2005 [EB/OL]. Retrieved 22 Oct 2016 from http://europa.eu.int/comm/education/policies/2010et_2010_fr.html, 2008-01-16/2016-10-22.

[4] [54] 林崇德. 21世纪学生发展核心素养[M]. 北京：北京师范大学出版社，2016.

[5] [53] 崔允漷. 追问“核心素养”[J]. 全球教育展望，2016(5)：3-10，20.

[6] [55] 张华. 论核心素养的内涵[J]. 全球教育展望，2016(4)：10-24.

[7] 裴新宁，刘新阳. 为21世纪重建教育——欧盟“核心素养”框架的确立[J]. 全球教育展望，2013，42(12)：89-102.

[8] 刘坚，魏锐，刘晟，刘霞，方檀香，陈有义. 面向未来：21世纪核心素养教育的全球经验研究设计[J]. 华东师范大学学报(教育科学版)，2016(3)：17-21.

[9] 辛涛，姜宇，刘霞. 我国义务教育阶段学生核心素养模型的构建[J]. 北京师范大学学报(社会科学版)，2013(1)：5-11.

[10] 张侨平，林智中，黄毅英. 课程改革中的教师参与[J]. 全球教育展望，2012(6)：38，39-46.

[11] 孔企平. 西方数学教育中“numeracy”理论初探[J]. 全球教育展望，2001(4)：6，56-59.

[12] Crowther, G. 15 to 18: A Report of the Central Advisory Committee for Education (England) [M]. London, U.K.: Her Majesty's Stationery Office, 1959.

[13] Cockcroft, W. H. The Cockcroft Report: Mathematics Counts [M]. London, U.K.: Her Majesty's Stationery

Office, 1982.

[14] Madison, B. L. & Steen L. A. Evolution of Numeracy and the National Numeracy Network [J]. Numeracy, 2008,1 (1): 1 - 18.

[15] Department for Education and Employment (DfEE). The National Numeracy Strategy: Framework for Teaching Mathematics from Reception to Year 6 [M]. London: DfEE, 1999.

[16] [42] Department for Education(DfE). National Curriculum in England: Mathematics Programmes of Study [M]. London: DfEE, 2014.

[17] ACARA. Australian Curriculum: Mathematics(Version 7. 5) [EB/OL]. http://www. australiancurriculum. edu. au/mathematics/rationale, 2015 - 05 - 27/2016 - 10 - 22.

[18] Finnish National Board of Education (FNBE). Perusopetuksen Opetussuunnitelman Perusteluonnos. A Draft of the National Core Curriculum for Basic Education [M]. Helsinki: National Board of Education, 2014.

[19] Finnish National Board of Education (FNBE). National Core Curriculum for Basic Education [M]. Helsinki: National Board of Education, 2004.

[20] Kupiainen, S. , Hautamäki, J. & Karjalainen, T. The Finnish Education System and PISA (Publication 46) [M]. Helsinki: Ministry of Education Publications, 2009.

[21] [52] Niss, M. & Häjgaard, T. Competencies and Mathematical Learning: Ideas and Inspiration for the Development of Mathematics Teaching and Learning in Denmark (Tekster fra IMFUFA, no 485) [M]. Roskilde: Roskilde University, IMFUFA, 2011.

[22] [33] [57] National Council of Teachers of Mathematics. Curriculum and Evaluation Standards for School Mathematics [M]. Reston, VA, U. S. A. : Author, 1989.

[23] Kilpatrick, J, Swafford, J. & Findell, B. Adding It Up: Helping Children Learn Mathematics [M]. Washington, D. C. , U. S. A. : National Academy Press, 2001.

[24] [41] [44] Common Core State Standards Initiative. Mathematics (2010)[EB/OL]. http://www. corestandards. org/Math,2010 - 10 - 16/2016 - 10 - 22.

[25] [50] 黄毅英,韩继伟,李秉彝. 数学课程：趋向全球化还是趋向西方化[A]. 范良火,黄毅英,蔡金法,李士锜. 华人如何学习数学[C]. 南京：江苏教育出版社. 2005：24 - 61.

[26] Dossey, J. A. , McCrone, S. S. & Halvorsen, K. T. Mathematics Education in the United States 2016: A Capsule Summary Fact Book [M]. Reston, VA, U. S. A. : National Council of Teachers of Mathematics, 2016.

[27] [38] Stacey, K. & Turner, R. Assessing Mathematical Literacy: The PISA Experience [M]. Dordrecht: Springer, 2015.

[28] [47] [51] Niss, M. Mathematical Competencies and PISA [A]. Stacey K, Turner R. Assessing Mathematical Literacy [C]. Cham: Springer, 2015: 35 - 55.

[29] [35] Gal, I. & Tout, D. Comparison of PIAAC and PISA Frameworks for Numeracy and Mathematical Literacy [M]. OECD Education Working Papers, No. 102, OECD Publishing, 2014.

[30] [32] [37] [40] [55] Organisation for Economic Co-operation and Development (OECD). PISA2012 Assessment and Analytical Framework: Mathematics, Reading, Science, Problem Solving and Financial Literacy [M]. Paris: OECD Publishing, 2013.

[31] Organisation for Economic Co-operation and Development (OECD). The PISA2003 Assessment Framework-Mathematics, Reading, Science and Problem Solving Knowledge and Skills [M]. Paris: OECD, 2003.

[34] Mullis, I. V. S. & Martin, M. O. TIMSS 2015 Assessment Frameworks [M]. Chestnut Hill, MA, U. S. A. : Boston College, 2013.

[36] [46] De Lange, J. Mathematical Literacy for Living from OECD-PISA Perspective [J]. Tsukuba Journal of Educational Study in Mathematics, 2006(25): 13 - 35.

[39] [45] Niss, M. , Bruder, R, Planas, N, Turner, R. & Villa-Ochoa, J. A. Survey Team on: Conceptualisation of the Role of Competencies, Knowing and Knowledge in Mathematics Education Research [J]. ZDM-International Journal on Mathematics Education, 2016,48(5): 611 - 632.

[48] 黄毅英.数学观综述[J].数学教育学报,2002,11(1): 1 - 8.

[49] Zhang Q. P. & Wong N. Y. Beliefs About Mathematics, Mathematics Knowledge and Approaches to Teaching Among Chinese Teachers [A]. Fan L, Wong N Y, Cai J. & Li S. How Chinese Teach Mathematics: Perspectives from Insiders [C]. Singapore: World Scientific, 2015: 457 - 492.

[52] Organisation for Economic Co-operation and Development (OECD). PISA2015 Assessment and Analytical Framework: Science, Reading, Mathematic and Financial Literacy [M]. Paris: OECD Publishing, 2016.

[56] American Association for the Advancement of Science (AAAS). Science for All Americans: A Project 2061 Report on Literacy Goals in Science, Mathematics, and Technology [M]. Washington, D. C. , U. S. A. : Author, 1989.

综合实践活动课程核心素养与评价探析

李树培

伴随着信息技术迅猛发展所引发的社会急剧变革，世界各国更加持续深入地思考相对稳定的学校教育如何适应日新月异的社会发展，思考基础教育要着重培养什么样的学生，即学生具有什么样的核心素养才能适应无法预测的未来世界，核心素养的讨论成为全球基础教育的共同焦点。比较有影响的学生核心素养研究当属欧盟的核心素养框架以及美国的21世纪技能框架等。我国自2001年推进新课程改革，到如今正式提出中国学生发展核心素养体系，历经试验、普及、更新的坎坷历程。新增设的综合实践活动课程所引领的自主、探究、合作等教与学的理念在新课程改革过程中得到广泛普及，但在深度和实际成效上还亟需进一步推进和转化。本文基于全球范围所共同聚焦的核心素养视角，探讨综合实践活动课程核心素养内涵以及如何评价的问题，以应对我国基础教育课程改革深化推进的要求、切实促进学生核心素养的发展。

一、 综合实践活动课程核心素养的明确

2006年欧洲议会和欧盟理事会通过了欧盟委员会关于8项核心素养的提案，8项素养成为成员国推进终身学习和教育培训改革的参考框架，即母语、外语、数学与科学技术素养、数字素养、学习能力、社会与公民素养、主动意识与创业精神、文化意识与表达等，每项素养均给出了描述性定义，并从知识、技能和态度三个维度进行具体阐释和描述。很明显，8项核心素养中，母语、外语、数学与科学技术素养、社会与公民素养、文化意识与表达素养是基于传统的母语、外语、数学与科学、社会科、艺术类学科课程的核心素养，而学习能力、数字素养、主动意识与创业精神是纯粹的跨学科核心素养。

21世纪初美国成立了“21世纪技能联盟”，各界人士组成合作伙伴关系，共同研究和制定21世纪技能框架，努力在中小学教育中进行整合。美国整个21世纪技能框架是通过标准与评价、课程与教学、专业发展、学习环境等配套支持系统的合力，培养学生的学习与创新技能、信息媒介与技术技能、生活和职业技能。[1] Joke Voogt和Natalie Pareja Roblin对8份不同的21世纪核心素养框架进行比较分析之后发现，完全达成共识的核心素养为合作与交流素养、信息通信技术素养、社会文化素养四项，还有绝大多数框架都提到了问题解决素养和批判性思维素养。[2]不过最近，21世纪技能联盟经过多年的探索和实践，把组织更名为“21世

纪学习伙伴关系”,从技能到学习这一改变意味着致力于支持无论何时何地发生的最深广意义上的学习。[3]21世纪学习联盟将继续加强商界、教育界和政策领导者间的联合,支持对校内外更深广学习的意识和连接,确保所有学生拥有21世纪学习经历。

尽管欧盟核心素养与美国21世纪技能在具体提法或细目上有所不同,但可以看出其存在鲜明的一致性:并非抛弃或拒绝原有的传统学校学科课程,而是将其作为核心素养或技能的基础;同时,由于核心素养或技能具有强烈的统整性、可迁移性和跨学科性等特质,整个学校课程出现从基于学科知识的学科课程到基于核心素养的综合课程的转变趋势。

始自2001年的中国大陆课程改革的一个亮点就是从小学至高中设置综合实践活动课程作为国家必修课程,试图借此培养学生的实践能力、创新精神和社会责任感。经过十多年的课程改革试验、普及与推进,综合实践活动课程重视学生生活经验、强调合作探究的理念追求已经广为接受。不过,由于最初综合实践活动课程主要包括信息技术教育、研究性学习、社区服务与社会实践以及劳动与技术教育四大领域的规定本身就相当模糊和容易引起误解,以至于实践中不少学校把这四个领域分设单独课程,或者只要有相关活动或事件就认为已经进行了综合实践活动课程教学,究竟什么是真正的综合实践活动课程似乎无关紧要;再加上与成熟完备的学科课程相比,综合实践活动课程没有教材、没有重难点、没有明确的评价标准,综合实践活动课程的实施面临很多困难,甚至质疑之声也不断出现。这样的现状,让我们有必要结合时代发展需求来重新思考何为综合实践活动课程最意欲培养的学生核心素养。

从理想状态来说,原来综合实践活动课程指导纲要中所规定或包括的信息技术教育、研究性学习、社区服务与社会实践以及劳动与技术教育四大领域并非必须照搬或执行的具体学习内容,而是学生进行实践或开展活动的方式,如信息技术实践和应用、调查研究、服务、劳动等。出于近年综合实践活动课程实施过程中的各种乱象,有必要在“基础教育课程改革再出发”的当下,重新审视综合实践活动课程的本质。我们结合综合实践活动课程的基本活动类型与经验、所侧重与倡导的思维品质与学习方式等,认为综合实践活动课程的内核是研究性学习、服务学习等学习方式,也就是说将事实与价值融合起来,将探究、理解生活世界与服务、保护、热爱生活世界化为一体。[4]综合实践活动课程真正的学习内容是学生基于自己的生活经验、兴趣而生发的探究问题或主题。作为对传统学科课程之补充与超越的综合实践活动课程,其着意培养和聚焦的学生素养必然是跨学科的、综合的、统整的。

因此,无论在价值取向、内容范围还是功能定位等方面,综合实践活动课程的核心素养都暗合了欧盟核心素养和美国21世纪技能的关键要素,都彰显了我国教育部新近颁发的“中国学生发展核心素养”,是“认知性素养”与“非认知性素养”的融合,是学会学习与问题解决等自主发展维度,关注社会现实和探索生活问题与人际交往合作等社会参与维度,以及综合运用学科知识进行生活探究,运用媒介技术进行探索与表达等文化修养维度在一个人身上的综合体现。参照以欧盟核心素养框架、美国21世纪技能框架等为代表的全球性核心素养行动之共同要素以及我国学生发展核心素养体系,基于2001年综合实践活动课程首创时意欲借此凸显学生实践能力、创新精神和社会责任感的初衷，我们进一步明确了综合实践活动课程最内核的追求与目标，即综合学习能力、实践创新能力、交往协作能力、社会服务能力、数字素养等学生核心素养。

二、核心素养评价的困境与探索

随着核心素养逐渐成为欧盟各成员国课程体系的关键架构，核心素养的评价也成为迫在眉睫的关键问题。美国21世纪技能(学习)框架成为美国基础教育的框架和目标，如何对21世纪技能进行评价是整个支持系统的重要构成。同样，我国综合实践活动课程承担着突破单一类型课程框架设计局限，转化学生学习方式的率先示范作用，其核心素养的达成情况必然是至关重要的问题。然而，由于核心素养或技能所具有的统整性、跨学科性、情境性和内隐性等特点，特别是核心素养包含着大量非认知性的隐性知识、情感态度价值观层面的要素，核心素养的评价显得愈加艰难和重要。欧盟委员会就意识到并明确指出，“我们已经明确界定了8项核心素养，目前的关键问题是如何全面评价它们，这方面的工作还很薄弱。”[5]

(一) 当前学习评价的困境与缺陷

从全世界范围来讲，当前学生评价设计都太过关注学生记忆离散知识的能力，未能充分关注学生复杂思维与问题解决的能力。最终的结果是，学生在校所获知识和技能与日益全球化和信息化的工作场景要求间的差距越来越大。尽管有大量的标准化测试数据，但这些数据无助于教师做出改进日常教学的决策，也未能关注和评测学校对学生从入校到离校之间学习与成长的贡献和促进程度。

由于我国久远且盛行的考试文化，评价在我国更是深遭诟病，如过于关注事实性记忆性知识的掌握、过于倚重纸笔测验方式及其选拔功能、以分数评价来遮蔽学生作为人的整体发展评价等等。综合实践活动课程由于实施时间短、难度大，其评价更是困难重重、举步维艰。从笔者多年来对中小学校实践考察的情况来看，不少学校的综合实践活动常态化开设都存在问题，而在开设的学校里，老师们普遍持有一种观点，即我们能够正常开设综合实践活动课程已经很难得了，至于怎么评价并不重要。相应地，对于综合实践活动课程为什么评价、怎么评价、评价什么、谁来评价这些关键问题上存在认识模糊和操作偏差的现实困境。因此，学生在综合实践活动课程中要发展哪些核心素养、如何观察、评定与促进学生的核心素养发展等关键评价问题，亟需在核心素养成为整个基础教育框架之焦点时被重新审视与充分研究。

(二) 面向核心素养的评价的特质

由于学生发展与课程教学日益聚焦学生的核心素养，评价的价值取向、内容定位与方式方法亟需进行变革，以便与核心素养的发展相匹配。任何一种变革哪怕是浅层变革也是缓慢的过程。复杂的范式变革比如深度学习和核心素养或21世纪技能所召唤的课程、教学与评价整个系统的变革，将会更加缓慢。面向核心素养的评价不再是检查表层知识，而是聚焦并考察全球化复杂社会环境所珍视的素养或技能，这样的转变有助于学校课程中广泛纳入关键核心素养，需要重点关注和考查学生批判性思考、检验问题、收集信息、做出明智理性决定的能力以及合理使用技术的能力。

对于必将出现的评价变革，教师可能觉得无从入手。其实，评价变革最为关键的是对于评价理念与评价功能之本质精神的认识。至于评价实施过程中，教师无需完全亲自创建或发明评价工具，可以采用或改造现成的被认可的相关评价量规，学习如何整合到自己的课程教学或探究中。如果教师在应用评价量规时有充分的实践和指导，以便于教师亲身体验过谬误确证、评价自己发现所用教材、所进行的探究项目或方案材料中错误的能力，他们就能够且愿意重新设计教学，引导学生在创新、合作交流、批判性思维等领域迈向卓越。[6]如此一来，不管教师执教的是具体的学科课程，还是综合实践活动课程，都能够使得评价驱动教学，走向更值得期待的目标。所有担负评价职责的教师和管理者都应该拥有专业学习机会包括充足的时间和资源，来理解评价、整合评价于教学之中，并对这些普适的量规进行实验、评估和更新，真正地引领和改善自己的教育教学。

（三）欧盟核心素养评价与美国21世纪技能评价的探索

欧盟在核心素养评价方面做了不少探索，主要理念与实践做法有：第一，将核心素养转换为可观察的外显表现，进而开发出相应的测量工具和量规，通过态度调查问卷、表现性评价等形式对核心素养开展评价，这对于跨学科素养评价具有重要价值。第二，总结性评价和形成性评价日趋融合平衡。一方面，对传统总结性评价手段的丰富和扩展，以及对成绩报告与使用机制的研究，使其同时具有形成性评价的功能；另一方面，强调形成性评价与教学和学习过程的融合，认识到形成性评价对于“学会学习”等核心素养评价的优势和重要性，形成性评价手段也被用于对核心素养尤其是跨学科素养的总结性评价，比如用于描述学生在义务教育阶段结束时所具备的各项核心素养水平。第三，探索信息技术在评价中的应用。几乎所有国家都认识到了信息技术对于解决评价难题所蕴含的潜力，但是信息技术支持的评价方式仍然存在很多问题，比如当前一些运用信息技术的评价方式依然无法实现对核心素养的有效评价，另外，运用信息技术的评价方式在易用性和灵活性方面存在缺陷，导致评价效度和效率不能令人满意。[7]

美国“21世纪技能”评价也进行了多方面的探索，其共识聚焦于：支持多种评价方式的平衡，包括有效的课堂形成性评价与总结性评价以及高质量的标准化测试；强调嵌入日常学习的学生表现的反馈；在测量学生“21世纪技能”掌握方面，需要平衡技术支持的形成性评价与总结性评价；鼓励开发有关学生作品与工作的档案袋，向教育者及未来雇主展示学生“21世纪技能”的掌握；鼓励使用平衡的电子档案袋方式，来评估教育系统在促进学生达到高水平“21世纪技能”方面的有效性。[8]

欧盟的评价探索与美国21世纪技能评价的共识与我国综合实践活动课程核心素养评价的追求极其一致。一方面，二者在评价方面的共识充分印证和肯定了我国综合实践活动课程核心素养评价的方向和追求，如评价与教学的一体化和互为促进作用；着力发展表现性评价、档案袋评价等多种评价方式；积极探索信息技术对于评价的支持和丰富作用；强调评价与日常学习过程和学习表现的融合等。另一方面，二者在评价方面遭遇的困境也与我国基础教育评价尤其是综合实践活动课程评价的困境高度吻合，这将鼓励和推动我们继续探索与综合实践活动核心素养相契的评价方式。

三、 综合实践活动课程核心素养评价的要点

综合实践活动课程核心素养具体体现为综合学习能力、实践创新能力、交往协作能力、社会服务能力、数字素养等，这些素养不是顷刻即成的东西，也不是有待追寻的静物，其养成是一个渐进的过程，其本质是一种思维和行事的理念与态度。张华教授认为“核心素养的习得与养成必须具有整体性、综合性和系统性，这也决定了对它的测量与评价必须具有综合性和发展性，对于课程设计与开发、教育质量评价技术等提出了新挑战。”[9]综合实践活动课程核心素养的评价不是关注学生所习得的能力（learned abilities），而更关注学生的学习能力（learning abilities）；不是要对学生的活动结果进行优劣判断，而要揭示学生在活动过程中的体验和表现以及他们是如何解决问题的。因此，综合实践活动课程核心素养评价是融入日常探究活动中的细节和行为，是对学生的创造和思想的倾听、理解、引导、欣赏和研究。如前文所述，综合实践活动课程核心素养与欧盟核心素养和美国21世纪技能具有内在的一致性，因此，欧盟核心素养评价和美国21世纪技能评价能够为我国综合实践活动课程核心素养评价提供有力的借鉴与启示。

（一）课程、教学与评价的一体化

综合实践活动课程的开发、实施与评价是融为一体的过程，因此，综合实践活动课程、教学与评价是一体化的过程。一方面，将学生在综合实践活动中的各种表现和活动产品如调查报告、设计模型、主题演讲、探究记录等作为评价他们学习情况的依据。另一方面，把评价作为师生共同学习的机会，将对课程实施和修改有用的信息，转化为教学实践。综合实践活动课程的评价不仅考查学生的表现，更要促进和提升学生的表现。比如对学生提出的纷杂探究主题的评价，对学生制定的探究方案的评价，对学生探究过程中的合作、研究方式与进展等的评价，对学生各种作品与交流分享的评价等等，无不构成了不同阶段、不同视角的综合实践活动课程评价，这本身就是综合实践活动课程开发与教学展开的动态过程。

（二）聚焦学生的合作探究与精彩观念

我们在评价综合实践活动课程时，应该努力把评价焦点转向学生的学习与创造、问题解

决能力、媒介与技术素养、合作交流能力、关爱意识与能力等核心素养的具体体现方面，具体体现在学生在开展探究实践过程中探究兴趣的激发和维持、与同伴合作推进探究、提出有价值的问题并形成合理解决方案、运用媒介技术搜集信息并形成自己看法等诸种表现。

对学生的探究进行评价时，要挖掘探究主题的深层价值与意义，做到自我、社会和他人三个维度的融合。学生的探究活动本身以及探究的结果并不是综合实践活动的最终目的，综合实践活动课程更为关注的是通过探究活动的展开，学生所进行的自我发现与自我塑造，学生对个人、自然与社会之和谐整体的体验与思考。综合实践活动评价不应局限于寻求“是什么”的“纯事实”层面，更应该考虑“应该是什么”的“价值”层面。所以，综合实践活动课程的评价应引领学生重审对探究对象的认识、重构与探究对象的关系、与同伴合作解决问题、磨练道德敏感性、反思自己的生活学习方式、养成良好的生活学习习惯等。

我们曾在上海一所以国学为特色的小学多次观察过综合实践活动课程的开展。其中一位老师带领全班同学探究的是勤奋主题，之前一节课让学生探究三字经中关于勤奋的故事并制作小报，我听的那节课上老师让学生交流自己的探究内容，总共四组同学进行全班交流，第一位女孩与爷爷一起画了幅精致图画，还配有文字解说，是凿壁偷光。第二位女孩讲悬梁刺股，第三位女孩讲王冕学画，第四组两个女孩一起讲“鲁迅嚼辣椒驱寒”的故事。① 不知教师设计“勤奋学习”探究主题的初衷为何，想激励和培养小学生努力学习的态度和进取精神？不知道在这些一年级孩子眼里学习是什么样子的，因为他们所搜集和交流的资料无一例外都苛刻压抑之极，头悬梁锥刺股、凿壁偷光、嚼辣椒驱寒等故事，学习全都是这么痛苦吗？如果这样，他们还会勇敢地模仿这种精神吗？学习中的乐趣在哪里？仅仅是功成名就、光宗耀祖等外在价值吗？自己内心的充实与提升是否重要？每个学生自己擅长的学习方式是什么？是否可以以自己的方式进行高效学习？我们教师有无必要首先反思学习的意义为何，反思诺丁斯的提醒——“不要任何事情都尽最大努力”，[10]然后带领学生一起反思和体验学习的意义和价值？

我们在另一所小学观察过一个杜鹃花探究小组的活动，三个子课题代表分别从杜鹃花名字的由来、颜色与品种、生活习性与种植方面来谈自己的探究成果。指导教师制作了幻灯，准备了不少材料，给同学们讲了杜鹃花的花型、分布等，不光从网上搜集了照片，还在植物园自己拍了很多照片。② 当时正值春季，楼下就是盛开的杜鹃，而我们却坐在教室里在投影里在纸面上高谈阔论杜鹃花，如何能够面对活物，感受生命的鲜活与美好，形成自己的认知与审美，而不仅仅是网上搜索来的格式混乱、文字堆积、一知半解的僵化知识量的增多，这是综合实践活动课程指导中常见的误区与困惑。因此，教师应该对学生信息搜索、选择、评价、应用、转化的能力进行评价与指导，指导学生将网络搜索、现场研究以及自己的思考进行整合汇通。

---

① 摘自笔者在实验学校的田野记录。

② 摘自笔者在实验学校的田野记录。

如果老师只是把综合实践活动课程探究看做一种步骤组合的程序而不深究价值关涉和物我关系，学生习得的可能只是冰冷的探究方法或零散的知识片断，或者仅仅是“哈哈一笑，到此一游”，难以形成让探究融入“我”的生活进而完善自我的持续力量。因此，综合实践活动课程的评价必须聚焦学生的合作探究以及探究过程中精彩观念的诞生与拓展。

（三）整合多种评价方式

综合实践活动课程不把或主要不把基础知识和基本技能作为目标。更何况与基础知识基本技能相比，对学习过程与方法、对情感态度与价值观的评价难度更大。对后面二者进行定量评价是困难的，进行权重也是不合适的。所以综合实践活动课程采用描述、展示、解释、对话等质性评价方式比较适宜，把评价作为一种潜能的挖掘发挥和素养的养成提高的契机，这样才能给综合实践活动课程核心素养以达成的空间。

综合实践活动的评价方式多种多样，但无论运用何种方式，其先决条件为观察。“评价如果贯穿在教学中，贯穿在师生互动中，贯穿在教师观察学生的互动中，贯穿在教师观察学生与概念和资料发生的互动中，比起考试及外界形成的评价任务，这样的评价将告诉我们更多关于学生的学习情况。”[11]在进行观察时，要有简洁、真实、恰当的记录描述作为支持性的资料和证据，这是综合实践活动各种评价方式运用的基本要求。如对学习态度进行评价，可以分解为上课认真参与、积极进行讨论和资料的收集整理、主动关心小组其他成员的进展情况、及时纠正错误等多个侧面。如果对一项评价内容了解比较深刻，或经过一段时间的实践探索，可以把它细分为几个具体的子指标，要注意关键指标的全面和有效。如果不能概括出评价内容的主要指标，宁可模糊一些，也不要将其固定化。

档案袋方式是综合实践活动课程比较常用的评价方式。在运用档案袋时指导教师和小组成员一定要清楚设计什么类型的档案袋，如果是理想的作品集，该如何决定作品理想与否，需要大家一起交换看法，达成一致意见，挑选最能够代表小组水平的作品。如果是过程型的档案袋，则可把每个成员自认为有用的资料都收集进来，内容可随着活动的开展而逐渐丰富。学生可与同伴、指导教师一起，经常整理档案袋，共同鉴赏其独特之处，指出其有待改进的地方，使其日臻完美。

不管何时使用标准或准则来判断学生的学习，也不管这些标准或准则来自哪里（是专家制订的标准，还是教师制订的准则或是师生共同协商制订的准则），我们都应该与学生分享我们的期望。作为指导教师，可依据某个主题活动的需要灵活地确定评价的内容、方法、工具、标准，而不可拘泥于某一种固定的模式，尤其切忌那种设计一种表格或一个指标体系就“放之四海而皆准”的做法。我们可以组织作品交流、活动展示、探究报告辩论会、艺术表演等活动，也可以将评价表、档案袋等进行综合评定，还可以把家长及教师的描述性评定与学生自我反思或互评结果以及管理部门或专家的意见等进行整合。

（四）凸显学生的自我反思

综合实践活动课程主张多主体参与评价，教师、学生、同伴和家长等都拥有对学生行为和表现进行言说的权利，但学生自己如何正确认识和评价自己的实际还有赖于自己的反思、综合和判断。综合实践活动评价的依据应来源于学生在活动中的亲身体验、悉心观察、感悟与思考等，离开这些活动过程中的原始积累，评价便难免有失偏颇。综合实践活动课程的评价主张采用“自我参照”标准，引导学生对自己、对他人在活动中的表现进行“反思性评价”，强调师生之间、同伴之间进行个性化的鉴赏和评价，强调对“作品”的描述和体察，强调欣赏和关注同学的优点和长处，强调自我反思。这就要求学生自觉投入活动过程、调动积极的智力和情感因素、分享和思考活动过程中的问题、主动审视自己的行为和表现。否则，评价工作无法真正展开。

学生评价的过程中，经常会出现以评价引发新思考、生成新主题的现象，这也体现了综合实践活动课程教学与评价一体化的特点，体现了生成性的特点。比如浦东一农村小学一个小组的探究主题是零花钱，他们对班级同学的零花钱数量及用途统计之后，发现沪籍学生的零花钱主要用在文具和书籍等方面，而非沪籍学生的零花钱主要用来买零食和玩具，学生生活方式的显著差异引人深思，指导教师就与班主任老师一起分析班级同学的家庭经济情况与文化状况，带领和建议学生一起反思如何更好地丰富自己的业余生活、如何进行自我管理自我教育，开展了共同阅读的后续主题活动。①

（五）利用信息技术支持多元评价

信息技术已经在改变着我们开展学习、进行交流、获取信息、评价学生表现的方式。信息技术本身是综合实践活动课程的探究内容，同时信息技术更因其便捷易用而支持和丰富着探究过程和评价过程。

利用 PPT 演示文稿进行交流汇报是综合实践活动课程成果展示与评价的常用方式。在 PPT 演示中，将过程中的照片、录像、录音等内容进行梳理和展示，能真实、形象地展现活动过程，也能使评价人员准确把握学生的参与状态、活动效果。笔者多次参与观察学生运用 PPT 进行交流展示的活动，发现存在共性问题，比如文字过多照本宣科、琐碎记录缺乏梳理整合、小组内分工有余合作不足、小组间缺乏相互倾听与交流等，类似这样的与探究主题没有直接关系的交流沟通素养也是学生核心素养发展的重要方面，也是非常值得关注的学生成长问题。

当前信息技术的强大交流互动功能使得每个人都成为信息创造者和发布者。QQ 群、微信群、荔枝电台等都是综合实践活动课程的常用网络空间，其应用于评价的最大优点就是能对学生的活动过程和成效进行及时多方互动与评价指导。在网络平台中，师生可以共同欣

---

① 改编自实验学校案例。

赏学生的活动成果，同学之间利用网络互动来评价自己或他人的研究过程和研究成果，网络平台能全面记录学生的成长足迹、活动收获，使老师、同学及时了解活动进展和给出建议，同时也为最终的评价提供了鲜活、具体、真实的依据。特别是课外或节假日期间学生分散活动、教师难以现场指导的情况下，这种作用更为突出。例如：中秋节假期，雏鹰小组在QQ群中共享了他们到蛋糕店了解月饼制作过程的照片，以及了解到的月饼制作过程记录，老师和同学们便能及时给予评价。如指导老师评价到："雏鹰小组的同学做得非常好。不但实地开展了调查活动，而且找到了制作月饼的专业人员，你们得到的信息一定是非常全面、科学的。祝你们的活动能有更多收获，也祝你们中秋节快乐！"这种即时评价，不仅是对参与活动的同学的一种鼓励，也是对其他同学活动方法的一种暗示和引领。①

当然学校在使用信息技术进行评价尤其是形成性评价方面距离课程变革的要求尚有较大差距，同时还存在不少问题，比如信息技术工具有时反而会限制师生的思维，有时教师和学生运用信息技术工具还存在困难，学生对信息技术工具背后潜在风险的认知不足等。不过，运用信息技术开展评价应该是教育实践和改革的重要动力和发展趋势，应该成为综合实践活动课程评价的一个关键问题。

四、结语

评价历来是教育之难题。日益迅速、复杂的社会变革与时代发展对学生发展和教育评价不断提出新的挑战。欧盟核心素养、美国21世纪学习及其评价与我国综合实践活动课程核心素养及其评价都是方向一致的探索与实践。由于前面两者都是基于众多专业机构与组织的合作研究，其成果经验对我们有极大的参考价值。评价的变革应该与课程改革同步进行，这样评价能够更加支持课程改革，进而能够引领课程改革。作为整体的人的学生素养单凭分离的学科教学已无法达成，跨学科的教与学成为教育发展趋势，因此对于跨学科素养的评价理念、评价内容、评价方式都亟需思考和探索。我国综合实践活动课程作为与传统深厚的学科课程之并列课程形态，其所聚焦的跨学科核心素养之评价必将撬动和引领我国基础教育学生评价的发展与实践。尽管困境重重，但正因其重要和艰难，才更需要我们以多元方式、从多维视角进行共同探索与集体创造。

参考文献：

[1] Framework for 21st century learning [EB/OL]. http://www.p21.org/about-us/p21_framework.

[2] Joke Voogt, Natalie Pareja Roblin. A comparative analysis of international frameworks for 21st century competences: Implications for national curriculum policies [J]. Journal of Curriculum Studies, 2012, 44: 3, 299-321.

① 摘自山东潍坊市临朐海尔希望小学韩相福校长的访谈记录与提供的资料，2015-4-19。

[3] Helen Soule. From Skills to Learning: A New Leadership Direction for P21 [EB/OL]. http://www.p21.org/news-events/p21blog/1633-from-skills-to-learning-a-new-leadership-direction-for-p21.
[4] 综合实践活动课程指导纲要(内部征求意见稿),2016-3-20.
[5][7] 刘新阳,裴新宁.教育变革期的政策机遇与挑战——"欧盟"核心素养的实施与评价[J].全球教育展望,2014(4):75-85.
[6] Jim Bellanca. 21st Century Assessment: Rubrics for the 4CS-A Review [EB/OL]. http://www.p21.org/news-events/p21blog/1556, December 08,2014.
[8] 21st Century Assessment [EB/OL]. http://www.p21.org.
[9] 施久铭.核心素养:为了培养"全面发展的人"[J].人民教育,2014(10):13-15.
[10] 内尔.诺丁斯.批判性课程[M].李树培译.北京:教育科学出版社,2012:18
[11] Jacqueline Grennon Brooks, Martin G. Brooks.建构主义课堂教学案例[M].范玮译.北京:中国轻工业出版社,2005:119.

核心素养与教学改革

- 指向核心素养的教学方案设计：大观念的视角
- 论素养本位学习观
- 基于核心素养的教学变革——源自英国的经验与启示
- 核心素养之于教学的价值反思
- 核心素养框架构建：自主学习能力的视角

指向核心素养的教学方案设计：大观念的视角

| 邵朝友　崔允漷

随着《中国学生发展核心素养》的正式出台，“核心素养”这个广受人们青睐的热词被推向新的高度，将成为未来学校教育的主流话语。就广大中小学教师而言，核心素养的引入对教师专业行为提出新的要求，教学方案的变革是他们必须面对的新课题。本文主要聚焦一门学科课程，立足于我国的课程教学传统，从大观念角度探讨学科课程教学方案的设计，希冀为引领实践的变革提供一种探索性的思路或框架。

一、何谓大观念

就中文字面来看，大观念与大概念、大想法、大思想等词语同义，它能让我们联想起诸多远大的抱负。在课程与教学领域，大观念(big idea)则有着特定的内涵，较早可追溯至六十多年前布鲁纳(J. S. Bruner)倡导的学科结构运动。

这场举世瞩目的运动源于一种假定：任何学科都拥有一个基本结构。在布鲁纳看来，掌握学科的结构就是，以允许许多事物有意义且相互关联的方式来理解该学科，习得结构就是学习理解事物如何相互关联。以代数为例，它是一种将已知数和未知数安排成等式的方法，以利于使得未知数变得可知。其三个基本要素包括交换、分配、结合。当学生掌握了这三个基本要素，就会知道要解决的“新”等式其实一点也不新。[1]据此，我们不难理解布鲁纳的螺旋式课程的设计思想——围绕某些核心概念展开课程设计，在不同年段一再重现这些概念，因为这有助于设计连续聚焦一致的课程，同时也有助于发生学习迁移。

不久之后，菲尼克斯(P. Phenix)也指出学科“代表性概念”对设计课程的重要性，认为这些概念在节省学习付出方面能使学习既有效能又有效率。这是因为，如果一门学科有某些特色概念可以代表它，那么彻底地理解这些概念就等于获得整个学科的知识；如果一门学科的知识是按照某些模式而组织，那么完全理解这些模式，足以使得许多符合学科设计的特定要素变得清晰。[2]这种观点也得到近来许多学习研究的支持，如专家面临问题时会先寻求问题的理解，而这涉及核心概念或大观念的思考。新手的知识较不可能依据大观念得以组织，他们通常通过搜寻正确公式，以及符合其日常直觉的恰当答案来处理问题。[3]

1998年，埃里克森(H. L. Erickson)明确指出大观念是一种抽象概括，它们是在事实基础上产生的深层次的、可迁移的观念；是对概念之间关系的表述；具有概括性、抽象性、永恒性、普遍性的特征。2004年，威金斯和麦格泰(G. Wiggins&J. McTighe)对大观念做出更为系统的论述。他们认为，大观念是对个别的事实和技能赋予意义和连结之概念、主题、问题。[4]大观念不是我们平常所说的基本概念，是居于学科"核心"的观念，而基本概念只是此术语所暗示的意义——进一步学习的"基础"。威金斯和麦克泰认为，大观念表现形式可以多种多样：一个词或两个词(如平等)、主题(如善良战胜邪恶)、持续的论辩和观点(如保守对自由)、自相矛盾之说(如离家以找寻自我)、理论(如进化论)、背后的假定(如市场机制是理性的)、理解或原理(如形式随功能而定)，一再出现的问题(如我们能进行有效证明吗?)。[5]显然，威金斯和麦格泰的大观念指向思想或看法，可以是概念，也可以不是概念，已超越前述学者的观点。在他们看来，大观念是理解的基础素材，可以被想成是有意义的概念工具，这些概念工具使学生将若不联结就会分散的点状知识连结起来。这样的观念超越了个别的知识，可应用到学科之内或以外的新情境。简要地说，大观念可归纳为：是一种有焦点的观念"透镜"，透视任何要学习的内容；通过联结及组织许多事实信息、技能、经验，来提供意义的广度，以作为理解之关键；需要"超越内容"的教学，因为单纯的内容教学对学习者而言其意义或价值极不明显；有很大的学习迁移价值：在一段时间之内，可应用到许多其他探究主题或问题上。[6]

2010年，哈伦(W. Harlen)等人编著了《科学教育的原则与大概念》，着重从概念的层面探讨大观念，明确提出14项科学教育的大概念(即大观念)。在该书中，大观念被视为适用于一定范围内物体与现象的概念，例如，生物体需要经过很长时间的进化才能形成在特定条件下的功能。与此相对应，小概念只能应用于特定观察与实验，例如，蚯蚓能很好地适应在泥土中的生活。然而，概念大小是不同的，中等程度大小的概念可连接到较大的概念，而较大的概念可连接到更大一些的概念。照此类推，只要能分解出更小概念的概念，都可称作为大观念，因此大观念只是一个相对的概念。一个概念之所以成为大观念，它需要满足：普遍能被运用；能通过不同内容来展开，可以依据关联度、兴趣和意愿来选择内容；可以运用于新的情境，能够使学习者理解他们一生中可能会遇到的情况和事件，即使是学习者目前尚不知道的。[7]在此必须指出，哈伦等人的大观念与维金斯等人的大观念有所不同：哈伦等人主要探讨中观层面的课程问题，用大观念作为课程目标的思路重构新的科学教育体系，而威金斯等人的探讨主要是在微观层面，即在基于课程标准的前提下，用大观念的方法探讨单元或主题教学的设计。就大观念本身而言，前者比较严密，后者相对松散，前者的贡献在课程领域，后者的贡献在教学领域。[8]限于论题与篇幅，下文将聚焦于微观层面的大观念。

这些代表性观点启示我们，在地位上，大观念居于学科的中心位置，集中体现学科课程特质的思想或看法；在功能上，大观念有助于设计连续聚焦一致的课程，有助于发生学习迁移；在性质上，大观念具有概括性、永恒性、普遍性、抽象性；在范围上，大观念意指适用较大范围的概念；在表达方式上，大观念有多种表现形式。

二、为何以大观念为抓手落实核心素养

考虑到大观念所具有的独特属性，它们非常适合于落实核心素养，这至少可以从三个方面作出更为具体的解释。

（一）大观念的理解与运用体现出核心素养的本质要求

作为统整性素养，核心素养的实质要求学生能解决综合性的问题，各门学科成为落实核心素养的重要载体，学科课程目标或学科素养可视为核心素养在学科层面的具体化。在此，有个问题值得深思，即在目标层面上，大观念与核心素养到底是如何发生联结的？

大观念是种观念，其要求未能代表核心素养的要求。但由于其居于学科概念的中心地位，因此从操作的角度看，理解与运用大观念则体现了一门学科比较重要的学习目标，它代表了一门学科课程目标或学科素养的要求，后者恰恰就是核心素养要求在学科层面的体现。从实践的概念观看来，概念并非仅仅用语言来表达的定义，概念的理解与运用才是我们所欲达到的学习目标。我们对世界的概念性把握，并不只是表现为我们能构造正确的关于世界的命题，在根本的意义上，它体现在某些形式之中。假如某人自称掌握了一个概念，他必须被认为是一个有能力实施内含该概念的某些既定行动的人。[9]不言而喻，在学科构成中大观念可代表学科核心概念，大观念的理解及其在应用大观念解决问题上的表现，体现了学科课程目标的要求。考虑到当今学科素养代表了学科课程目标，因此大观念的理解与运用直接体现了学科素养的要求。这种认识启示我们，可用学生对大观念的理解和应用作为学科素养的表达，而学科素养则是核心素养的集中体现。

（二）促进学习迁移的大观念有助于落实核心素养

大观念能有效地组织起学科零碎化的知识与技能，有助于学生的学习超越特定的情境，可应用于各种具体情境中。学生一旦把握了这些大观念，它们将被用于各种情境，问题解决过程中所体现的大观念的学习要求形成了学生必须达成的目标。当学生在思考从学习主题中引出的可迁移观念和问题时，大观念使得思维超越了事实和活动，达到更高的层次。

而核心素养具有很强的概括性，其落实体现在学生解决各类问题之中。这种“类素养”显然不能局限于特定情境，而是适用于不同情境。这实质描述出核心素养所具有的迁移特征与诉求。在这点上，大观念具有得天独厚的优势，因为它们所具备的概括性、永恒性、普遍性、抽象性与核心素养的迁移要求可谓无缝对接。

（三）隐含主要问题的大观念架构起指向核心素养的教学

若使学生理解与运用大观念，教师需要创设并组织相应学习活动。这些学习活动需要学生通过问题解决的方式来进行。这是因为大观念的理解与运用本身就需要在问题探究中

落实。例如，对于大观念“光具有波的性质”，可设置对应的一个问题“在哪些方面，光的作用就像波?”这种相应于大观念的问题可称之为主要问题。如果某个问题被视为主要问题，必须满足基本条件：对大观念和核心内容引起相关的真实探究；启发深度思考、热烈讨论、持续的探究，以及新的理解和更多的问题；要求学生思考其他的选择、权衡证据、支持自己的概念、证明他们的答案；激发对大观念、对假设，以及对以前的课堂学习进行重要的、持续的重新思考；对之前的学习和个人经验激发有意义的连结；自然而然地重视概念——产生将概念迁移到其他情境和学科的机会。[10]

可见，主要问题的功能是作为入口，通过这个入口学生可以探究关键的概念、主题、理论等，进而深化对大观念的理解。当然，主要问题不仅能引发学生有效地理解，而且也是产生有效教学内容的“方法”。在大观念视角下，主要问题以大观念为路标，促进学生掌握理解与运用大观念所需的多种技能的复杂行为表现。表 1 例示了以主要问题为线索组织单元教学/学习活动的案例。[11]

表 1　以主要问题为线索组织教学/学习活动的案例（节选）

主要问题：为什么讲故事是重要的?	
学习活动 1：教学活动	学习活动 2：穿插的评价
用动漫“绿色森林”介绍寓言； 开展寓言书展； 要求学生描述自己与同学； 描述童话中的人物性格； ……	任务：讨论 工具：教师观察学生 任务：制作图表 工具：轶事记录 ……

如果可能的话，可用不同层面的主要问题组织教学过程，例如表 2 所示[12]，可把学期或学年层面的主要问题分解为各个单元层面的主要问题。

表 2　不同层面的主要问题举例

学期层面的主要问题	单元层面的主要问题
不同文化如何导致冲突?	什么是冲突? 在 1776 年的美国人对英国法律反应中，文化因素如何发挥作用? 如何在冲突中区分不同文化?
系统中不同模式怎样显示出来的?	什么是变量? 什么是方程组? 你将如何解决二元一次方程组问题?
价值观如何影响决策?	价值观在你生命中扮演着什么角色? 汤姆的决定是怎样展现出其想法的重要性? 核心价值观与决策如何关联的?

三、 如何用大观念设计指向核心素养的教学方案

教学方案包括学期或学年课程纲要、单元或模块课程纲要，课时教案。由于课时教案一

般很难体现大观念思想，因此运用大观念落实核心素养的教学方案主要指前两者。实际操作时，运用大观念设计指向核心素养的教学方案，离不开如下五项关键行动。为便于读者理解，论述过程中将穿插一个案例加以说明。

（一）选择核心素养等既有目标

在我国现有条件下，国家层面出台了核心素养、内容标准，而承接核心素养与内容标准的学科素养已定下初步设想，三者为运用大观念设计教学方案提供了既有目标。

例如小学语文二年级上册第一单元《美丽的秋天》（人教版，2001）涉及有关秋天的语篇和语文综合性学习，进行教学方案设计时，可把人文底蕴、学会学习作为指向的核心素养，选择语言建构与运用、审美鉴赏与创造[13]作为对应的两项学科素养，进而为此摘选匹配的内容标准：[14]（1）能按笔顺规则用硬笔书写，注意间架结构。培养学生良好写字习惯，写字姿势要正确，书写要做到正确、规范、端正。学习独立识字。能借助汉语拼音认读汉字，学会用音序查字法和部首查字法查字典。（2）用普通话准确、流利、有感情地朗读课文。（3）努力了解讲话的主要内容。能复述自己感兴趣的情节。能较完整地讲述小故事。（4）在写话中乐于运用阅读和生活中学到的词语。（5）用口头或图文的方式表达自己的观察所得。热心参加校园或社区活动，用口头或图文的方式表达自己的见闻和想法。

（二）从既有目标中确定大观念

尽管我们有时可以从核心素养、学科素养中确定一些大观念，例如数学上大家比较公认的关键素养数学建模中的数学模型就是一种大观念，又如核心素养科学精神中的批判意识也是一种大观念，但大观念主要还是来自内容标准。当确定内容标准后，可用四种常见策略[15]来确定大观念。

策略一：寻找内容标准中一再出现的名词或者重要的短语，并将此作为大观念。例如对于“通过理解数学的概念，以及理解数学及数学模式在其他学科、日常生活所扮演的角色，所有学生能够把数学连结到其他的学习”，相应的大观念为数学模式。大观念广泛出现在学科内容标准中，如科学中的有机体、系统、进化、循环、相互作用、能量与物质。除了单词或词语，内容标准的一些命题或短语也可代表大观念，例如对于“说明资源的匮乏如何迫使人们做出选择以满足需要”，可确定“资源的匮乏迫使人们做出选择”为大观念。

策略二：通过追问的方式确定大观念。例如，对于学科内容标准采取如下追问方式：为什么要学习该内容？学习后又怎么样？该内容标准所暗示的大观念是什么？在更大的范围中，如何应用这些知识技能？学习该内容标准有什么价值？……

策略三：以配对的方式产生大观念。对内容标准的概念进行配对，如：光明与黑暗；资方与劳方；命运与自由；物质与能量；结构与功能；国家与人民；人性与教育……

策略四：用归纳的方式获得大观念。有时出现几条内容标准时，可以通过归纳方式寻找大观念。例如对于上例《美丽的秋天》的五条内容标准，可归纳出大观念“美与表达”。

（三）依托大观念形成一致性的目标体系

寻找到大观念后，要确定大观念的学习要求，即学生在理解与运用大观念上有具体的表现。如前所述，正是大观念的学习要求反映了学科素养，它们也是核心素养在学科上的反映。然而，大观念的“大”使得它需要主要问题作为入口来联结具体的教学目标，从而通过教学目标的落实来实现大观念的学习要求。

由此，以大观念为中介，核心素养、学科素养、内容标准、大观念的学习要求、主要问题、教学目标之间在逻辑上形成如图 1 所示的关系。其中，核心素养和学科素养相对广泛，需要内容标准来承载；大观念主要源于内容标准，理解运用大观念意味着它被广泛地应用于其他情境；为了理解运用大观念，学生必须探索主要问题；在探索主要问题过程中，需要落实较大的教学目标，它们是理解与运用大观念的基础。

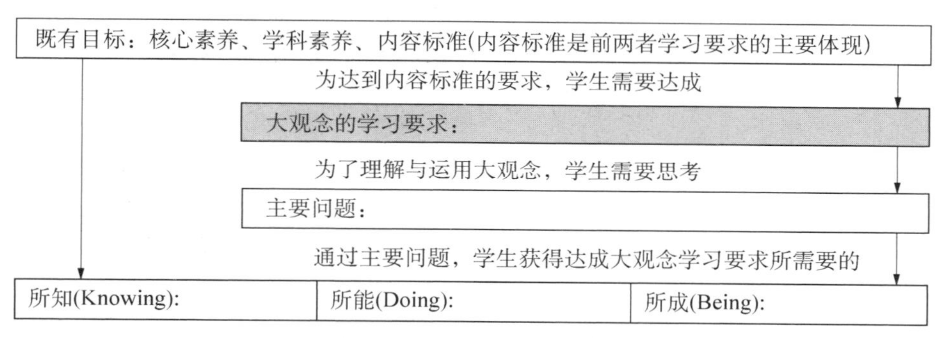

图 1　各层面目标的内在逻辑

例如对于《美丽的秋天》，可设置如下的目标层级：以人文底蕴和学会学习作为核心素养，以语言建构与运用、审美鉴赏与创造作为学科素养，以上述五条内容标准来匹配核心素养与学科素养，以“感受秋天的美；表达对秋天的美的感受。”作为大观念“美与表达”的学习要求，以“如何描述美丽的秋天？”作为主要问题，以上述目标为依据结合课标分析、教材分析与学情分析确定学生掌握大观念的学习要求所需的“所知、所能、所成”：(1)通过有关秋天的课文学习，至少认识 55 个生字，会写其中的 43 个生字。(2)能准确、流利、有感情地朗读有关秋天的课文。(3)能自主通过网络或报刊，搜集体现秋天的美丽的好词美句，并写一段描述美丽秋天的话。

（四）基于大观念的学习要求设计评价方案

为判断大观念学习要求是否落实，需要设计评价方案。例如“感受秋天的美；表达秋天的美的感受。”作为大观念“美与表达”的学习要求，为判断其落实情况，可设计如下统整性评价任务“请用多种方式来表达你对美丽秋天的感受”，并设计了相应的评分规则（详见表 3）。

表3 《美丽的秋天》中大观念“美与表达”学习要求的评价设计（节选）

大观念的学习要求	表现性任务	评分规则		
		优秀	良好	尚待努力
用多种方式表达对秋天的美的感受	1. 略	略	略	略
	2. 同学们，秋天这么美丽，你能用小短文写出秋天的美丽吗？写小短文时，可别忘了用上学过的词语和标点符号啰。	1. 描述出秋天的一些景色，并说出个人的感受； 2. 短文完整，具有一定的吸引力； 3. 运用阅读和生活中学到的词语写话，合理运用逗号、句号、问号、感叹号。	1. 描述出秋天一些景色，并说出个人的感受； 2. 短文较为完整； 3. 运用阅读和生活中所学词语进行写话，运用逗号、句号，出现一些错误。	1. 用极小篇幅描述出秋天景色，说出些许个人的感受； 2. 短文不完整； 3. 运用所学词语、逗号、句号，但出现很多错误。

就本单元而言，为获得“感受秋天的美；表达对秋天的美的感受。”落实情况的更充分证据，可依照上述“所知、所能、所成”设置表现性任务及其评分规则，它们将穿插于单元教学过程。如此一来，学生在统整性评价任务与相关“所知、所能、所成”的表现性任务上的表现，为考查本单元大观念学习要求的落实情况提供了信息。

（五）围绕主要问题创设与组织学习活动

大观念教学注重学生能力表现，需要学生通过探究建构自己的知识理解。在这方面，需要运用主要问题来组织学习活动。

例如对于《美丽的秋天》，在主要问题“如何描述美丽的秋天？”的引领下，教师设计了五个学习问题，并用这五个问题来组织相关具体活动。表4显示这些学习问题及其具体活动构成了整个单元的学习活动。

表4 《美丽的秋天》单元学习活动的设计

主要问题：如何描述美丽的秋天？		
主题	学习问题	具体活动
《秋天的图画》（2课时）	问题1：你能收集并掌握关于秋天的词语吗？	1. 通过预习卡及工具书识记课文的生字词； 2. 熟读课文并背诵课文； 3. 搜集关于秋天的四字词语。
《黄山奇石》（2课时）	问题2：你能读懂大雁与黄山的资料吗？	1. 通过预习卡及工具书识记课文的生字词； 2. 熟读课文并背诵课文； 3. 搜集大雁及黄山的资料。
《植物妈妈有办法》（2课时）	问题3：你能与大家分享种子传播的奥秘吗？	1. 通过预习卡及工具书识记课文的生字词； 2. 熟读课文并背诵课文； 3. 搜集种子传播的奥秘。
《古诗两首》（2课时）	问题4：你能朗读描写秋天的一些诗吗？	1. 通过预习卡及工具书识记诗的生字； 2. 熟读课文并背诵古诗； 3. 搜集关于秋天的古诗词。
语文园地（4课时）	问题5：你能说说、写写美丽的秋天吗？	走进大自然，进行口语交际和写作。

四、结语

上文五项关键行动的结果通过整理后可得到教学方案文本,但需要指出的是,这五项关键行动只是提供了一种可能思路,在实践中还需要处理诸多事项。这至少包括:

(1)设计起点应灵活地加以选择。上文的五大环节在逻辑上可视为一种设计思路,但在实践运作时未必严格地加以遵守。例如,可以先从内容标准开始思考,确定大观念后再思考学科素养与核心素养,以及其他事项,而不是先从核心素养开始思考。此处关键之处在于,作为设计结果的教学方案能把所有要素联结起来,形成一致的整体。

(2)设计过程应突出学习即探究。任何教学设计都需要以学习为中心,以大观念为抓手设计指向核心素养的教学方案更是如此。这是因为具有高度概括与抽象特征的大观念本身就不能通过简单的灌输而被学生习得,而是要通过问题探究才能被学生获得。这种探究要求设计内容丰富的主要问题及其相关活动,关注情境化的统整性评价任务,注重多元的学习方式。

(3)设计结果应具备开放性。一般说来,教学方案所含的大观念并非在本方案实施后就完全被学生习得,大观念会以不同的面目出现在其他学习主题或内容上。这意味着通过大观念所得的教学方案并非孤立的,教学过程需要不时回顾大观念。另一方面,不同方案之间应具有内在关联,例如不同单元教学方案之间如何相互配合以共同落实核心素养。严格说来,应统筹规划核心素养的落实,并为之系统化各个教学方案。

上述三点只是从大的方向提出方案设计的注意事项,就实际而言,核心素养、大观念、教学方案设计三者本身就包罗万象。如何以大观念为抓手设计指向核心素养的教学方案极其复杂多样,相关研究亟待深入探讨。

参考文献:

[1] Bruner, J. S. The Process of Education [M]. Harvard University Press, 1960: 7-8.

[2] Phenix, P. Realms of Meaning [M]. New York: McGraw-Hill, 1964: 232.

[3] Bransford, J. D. E., Brown, A. L. E. & Cocking, R. R. E. How People Learn: Brain, Mind, Experience, and School [J]. National Academy Press, 1999,63(19): 342.

[4][5][6][10][15] Wiggins, G. & McTighe, J. 重理解的课程设计(第三版)[M]. 赖丽珍,译. 台北: 心理出版社,2011: xix, 7,71,72,75-77.

[7] 温·哈伦. 科学教育的原则与大概念[M]. 韦珏,译. 北京: 科学普及出版社,2011: 20.

[8] 崔允漷. 大观念及其课程意义[J]. 上海课程教学研究,2015(10): 3-8.

[9] 郁振华. 人类知识的默会维度[M]. 北京: 北京大学出版社,2012: 38.

[11][12] Drake, S. M. Creating Standards-based Integrated Curriculum: Aligning Curriculum, Content, Assessment, and Instruction [M]. Corwin Press, 2007: 124-127,92.

[13] 教育部学科核心素养测试综合组. 普通高中各学科核心素养测试总报告[R]. 北京,2016.

[14] 中华人民共和国教育部. 义务教育语文课程标准(2011年版)[M]. 北京: 北京师范大学出版社,2011: 7-15.

论素养本位学习观

张紫屏

21世纪是一个界限消融的“平面世界”，其需要的并非是成堆的知识分子，而是大量受过教育，会感觉、会行动、也会思考的人。[1]这种人“会解决问题”、“会协作”、“会沟通”、“会关心”，为培养这种人，“素养本位学习”(competence-based learning)应运而生。

一、对传统学习观的批判与反思

20世纪以来，深受心理主义和行为主义影响，人们对学习的研究以动物为实验对象探讨人类学习的本质，将动物学习的心理机制与认知模式类推至人类学习，将“学习变成一套技术操作程序或心智技能规则并遵循之”。[2]通过整齐划一的标准考试将这种学习客观化、可视化，考试变成了学习目的，学习变成考试工具，由此衍生了功利主义学习倾向。考试自始至终伴随着学习活动，它越来越不是学生之间的较量，而是每个人与全体的比较。考试不仅仅标志着某一学习阶段的结束，而且通过一种不断重复的权力仪式，被编织在学习过程中，成为学习的一个永久因素，它犹如一个永恒的知识交换器，在确保知识从教师流向学生的同时也从学生那里取得一种供教师使用的知识。[3]这种功利主义学习存在的根本原因在于坚持“反映论知识观”，[4]将知识视为对客观世界正确反映的绝对真理，学习变成了无媒介的人脑被动反映过程，学习活动被贬为以观念为对象的大脑细胞突触联结。柏拉图所描绘的“洞穴的囚人”恰当地对这种学习活动作了比喻。日本佐藤学教授则将这种学习称为“勉强”，即勉为其难的学习，其借助教科书习得知识，但这种知识不是儿童现实世界中活生生的知识，不过是把教科书和黑板上映出的知识的影子作为信息习得罢了，正如“洞穴的囚人”把洞壁上的影子误认为现实一般。[5]但事实上，现实世界比洞壁的影子要复杂许多，儿童生活世界中的知识也并不像文本知识那般简单。每个儿童都生活在真实情境中，不断与环境进行着认知建构，与他人产生人际建构，儿童是在与他者的互动之中建构对世界的认识。

“反映论知识观”取缔了知识的构建性，人的心灵变成了“自然之镜”，[6]学习就是对事物先在本质的把握，与认识者个体无关，也不受认识者个人影响的“刺激与反应”活动。学习的价值在于“储存知识”，“储存”越多学习越有效。这种静止的、冷藏库式的知识理想不仅放过思维的机会不加利用，而且扼杀思维的能力，学生“脑子”里装满了形形色色从来不用的材料，当他们想要思考时，必然受到障碍。[7]坚持这种学习观的教学关系中，他人成为绝对的无知者，否认知识探究性与学习的探究本质，教师通过学生的“无知”来证明自身存在的合理性。[8]教学目标指向识记、回忆等低水平认知素养发展，人的社会性和情感性素养被抛弃，进而导致人在占有知识的过程中深陷“唯分数论”泥沼。孩子们为了获得最高分数穷尽所有力量，他人都是“竞争对手”、“他者皆地狱”，“应试”在学习中具有至高无上的地位，但这种地位并不是因为它有助于学生的发展，而是因为“知识的储蓄量”成为了评价学生的唯一标准。传统学习观在我国基础教育阶段是僵而不化、腐而不朽。究其原因，我们借用杜威的话说，因为“人生活在危险的世界之中，便不得不寻求安全”。[9]简单的、确定的信念可以使人在行动过程中产生依赖与安全，所以，人们否认知识的建构性和学习的复杂性。此外，我们一直在沿袭传统文化中糟粕的一面。我国传统文化一个典型的特点是依附化生存，即“低等级”的个人依附于“高等级”的人，“高等级”的人控制着“低等级”的人，后者缺乏个性独立性、缺乏个人尊严。这种控制与依附关系突出表现在“三纲五常”中的“三纲”中，即下级依附于上级，孩子依附于父母，妻子依附于丈夫。[10]这种依附关系在学习领域便体现为学生依附于教师，并将学习责任转嫁给教师，独立性与独特性被从属性淹没，被依附者则对其实施控制与压迫，这种控制与压迫因迎合了控制者的需求而进一步被强化，通过证明被控制者的无知而合理化，并成为“奴性”教育蔓延的温床。

由此观之，传统学习以“储存知识”为基本取向，以学生“被动接受”为基本形式，以控制与压抑人性为“价值”追求。这种学习观既无助于培养学生批判性思维与问题解决能力，又不利于发展学生团队合作与关爱包容意识。而且，在当今这样一个信息技术高速发展的时代，即便就“传递确定的知识而言，教师并不比存储网络更有能力。”[11]更何况，“知识”(knowing)的意义已从能够记忆和复述信息转向能够发现和使用信息。[12]年轻一代需要学会适应变化，具有全球意识，能参与解决应对地球变暖、治疗疾病、清除贫困等人类社会面临的共同问题。[13]学习的价值不在于进行知识堆积，而在于帮助学生发展习得知识所必需的认知工具和学习策略，使他们能够交互式使用信息工具、能够在异质群体中有效互动，具有自主性和反思行动等素养，[14]成为具有独创个性与道德完整的终身学习者。体现上述精神实质的学习我们称为“素养本位学习”。

二、 素养本位学习的内涵与价值

“素养”(competence)是个复杂概念，它不仅仅指知识和技能，还包括在特定情境中利用各种社会心理资源(包括情感和态度)满足复杂需求的各种能力。例如，有效沟通是一种素养，但它包含了一个人的语言知识、实践性 IT 技能和对交流对象的态度等。[15]因此，这一概念不限于传统意义上“能力(ability)”，尤其是“认知能力(cognitive ability)”的内涵和外延，是指整合了个体在具体和一般领域的知识和技能、能力、态度或价值观在内的，应对或解决复杂现实问题过程中表现出来的能力。其中，个体适应未来社会需求、实现终身发展所需的关键性、根本性和基础性素养称为“核心素养”(key competence)，[16]具体包括：使用母语交流、使用外语交流、数学素养与科学技术基本素养、数字素养、学会学习、社会与公民素养、主动性与创业意识、文化意识与表达等八大要素。[17]从经济学视角看，核心素养建构了21世纪人力资本发展的新愿景；但从社会学视角看，这个概念与教学民主化具有更直接关系。因为核心素养假设所有人从本质上来讲都是有能力的，每个人都应该成为积极主动的社会活动参与者，都能对等级制度持批判与怀疑态度；[18]每个人当被理解与支持时，都具有创造能力，都能够被动员参与21世纪的启蒙运动。[19]因而，这个概念与学习的关系应基于民主主义教育理念之下进行内涵阐释与价值界定。

具体而言，核心素养对于学习的价值在于，它整合了适应未来工作与生活需要调用的所有东西，在一个特定的具体情境中进行发挥与运用，虽具有过度关注表现性的倾向，但我们依然很难否认这个概念抓住了学习在当代境况中的核心。它从根本上关注每个人如何能够应对与自己相关的但常常又无从预知的问题情境，而我们确知信息技术快速发展不断地带来了各种不确定的未知问题，对新情境中各种问题的恰当应对能力对于每个人的生存与生活都十分必要。"素养本位学习"指向这种能力的发展，是一种综合运用知识、技能、情感、态度等社会心理资源，通过解决复杂情境中各种问题而获得持久性能力改变的实践活动。这里的复杂情境至少存在于三种学习空间内：学校、生活和工作。传统学习的弊端是将学校与工作生活问题割裂开来，致使学校成为将现有社会结构和意识形态合法化机构，保证了社会控制和权力结构被个体所接受和内化，却忽略了在共同社会化过程中打上个体印记，学习本质成为一种社会义务，个人无需对自己的人生轨迹承担责任。[20]"素养本位学习"则试图跨越上述三类学习空间，实现学习与生活、学校与社会的融合，以期为劳动力市场培养充分的具有良好问题解决能力的雇员，为社会良性运转输送大量具有良好素养的负责任公民，使每一个年轻人都能为未来生活和工作做好准备。其内涵与价值至少可体现为如下几方面。

（一）学习即问题解决

"素养本位学习"否认将"学习"与"上学"划上等号，学习发生在我们自己的全部生活中，与应对生活问题的各种能力发展有关，是嵌入了"主体性"与"社会性"的行动，它通过个体与环境的遭遇（meeting）而发生，又成为个体与该环境相联系的事物。[21]杜威称这种交互过程为经验，并提出"从经验中学习"的观点。他说，当我们对事物有所作为，并能将我们所享受的快乐或痛苦与之建立联结时，便产生了学习，而这种识别所尝试的事情和所发生的结果之间关系的能力就是"思维"或"反思"。[22]因此，"学习即学会思维"。[23]同时，他又提出，"如果思维不同实际的情境发生关系……那么，我们将永远不会搞发明、作计划。"[24]所以，我们要培养学生的创造力和批判思维，学校任何科目的学习应该尽可能不是学院式的，而应懂得经验的情境的意义，必须想到校外出现的情境，想到日常生活中使人对活动感兴趣和从事活动的那些作业。[25]杜威关于"学习与思维"、"思维与经验"之间的独到见解明确确立了学习与问题解决之间的关系，学习由此变成一种主动探究过程，探究的内容是着眼于儿童经验发展而对工作生活中各种问题进行归类和分析后获得的各种儿童"感兴趣的作业"，通过探究这些"作业”，儿童不仅“发展社会理解力和责任感，而且满足持续生长的需求和持久学习兴趣，并发展问题解决能力”，[26]养成良好的思考问题习惯，获得“持久性能力发展”。杜威的“经验主义学习观”为我们理解学习本质提供了重要思想基础，是“素养本位学习”的经典形态之一。

承认学习是一种问题解决过程，必然要尊重知识的建构性，并通过迁移与运用体现其价值。也正如此，杜威说，知识的建构是通过“行动”达成的；皮亚杰说，知识的获得是通过同化与顺应的建构过程；维果茨基强调，知识是在儿童社会化过程中获得的。所以，知识并不是置于自身之外的“绝对真理”，而是“人与世界、环境相互建构的过程和结果”，人在社会性参与的那一刻，就带着自己的价值观在建构自己的认识。[27]主观所认识的客观世界并不是外在于认识者的纯粹客观存在，而是观察者介入其中的客观世界，人与客观世界的关系不是“主体”控制与改造“客体”的关系，而是共生共存的关系。[28]学习“不是将无助的个体牢牢绑在凳子上，再往他们脑子里塞满那些没有实际用处、得不到结果的、愚蠢的、很快就会被忘记的东西。而是“在源源不断的好奇心的驱使下，不知疲倦地吸收自己听到、看到、读到的一切有意义的东西”，[29]并将其转化为问题解决资源，在资源整合、方案设计、实验探究与反思改进的过程中发展专家思维能力，这些能力计算机不可复制、不可替代，它们尤指当确定性策略或方法不能解决问题时，能够启动解决问题新策略。[30]如此，学习便体现为在探究过程中方法运用、策略调整与反思批判，以此促成自身解放，学习者从异化了的“为他人存在”转变为“自我存在”，将自身从学科“训化教育”中解放出来，[31]“学”之目的在于发展独立思想，形成健全人格与实现个性解放，此种学习观迎合了21世纪人才发展基本需求。

（二）学习即协作

坚持经验主义学习观除秉持学习探究性外，应承认学习的社会性，“素养本位学习”也因而超越“个人主义”，走向协作。尽管杜威并未明确提出过“协作学习”的概念，但他承认经验的连续性、关系性与互动性。他认为，“任何的经验都是那些过去发生的继续，同时也以某种方式修正后来之物……互动意味着在个体和与此同时构成他所处环境中的事物之间发生的一切。”因此，在杜威看来，经验是作用于它本身的辩证过程，这种辩证关系不仅存在于早先发展起来的心理结构与来自环境的影响之间，也存在于个体与环境的互动中。同时，经验也是一个积极的、批判性的和创造性的过程，基于个人视角，它是一个主观性过程，但我们作为个人获得经验的时候，我们也在通过一个社会建构起来的意识来获得经验，经验又是一个集体性的过程。[32]所以，基于上述经验理解下的学习必须有一种连续性，这种连续性不仅体现为在一种情境中获得知识或技能能够成功迁移至另一种情境，还体现为学习结果对于个体行动调整具有重要价值。同时，学习也意味着个体与环境之间的互动，学习者在情境中的主体性卷入使之扮演着主动承担学习责任的积极角色，成为“共同学习体”中的一员，我们称这种学习为“协作学习”（collaborative learning）。因其凸显了作为关系存在的学习社会性本质，并指向在协作中以探究和创造的方式处理人与世界关系，通过倾听他人意见，理解不同观点，与他人协商和分享思想等方法，[33]发展合作与沟通、批判与反思、包容与理解、关爱与同情等素养，彰显了素养本位学习的诸多价值追求。

协作是一种永恒能力(perennial capability)，任何时候任何工作场所，它都是有价值的。尽管这种人际关系所体现的价值并非21世纪独有，但在当今这个时代，越来越多的工作需要团队合作，需要专业与角色互补才能完成，协作能力的重要性愈加凸显。[34]协作学习承认个体的差异性与个体的不完美性，认为学习是在与他者的交往中不断完善自我的概念。正如弗莱雷所言，教育真正的根基在于这种不完美与这种清醒认识之中。[35]苏格拉底说，如果要说我比别人更聪明的地方就是我能意识到自己的无知，二者都强调人作为一种存在是有很多缺陷的，正是这种缺陷促使人需要通过协作来实现专业与角色互补，在接纳与理解他人观点基础上，调整与完善自己。在此过程中，建立自身与他者的理性关系。所以，协作既是一种学习方法，又构成了一种重要的学习背景(如在协作中可以营造充满关爱的学习氛围)，其对"情感"素养的发展具有重要意义，而"情感"本身就是学习过程的一部分，是社会的道德目标和结果。查尔斯·达尔文指出，即使看起来最单纯的认知反应活动，本身也是一种情感活动，因为它依赖于一种平静而专心的情感状态。[36]张华教授说，"探究尽管是必要的……但倘若失去了道德心与责任感，它将具有毁灭意义"。[37]比如，三鹿奶粉中添加的三聚氰胺事件隐藏的社会责任缺失与道德良知沦丧；"借腹生子"、"克隆"技术等导致的传统人伦道德关系消失；网络空间内个人信息盗取与隐私侵犯，以及在这种"真实虚拟"中情感剥离与人际关系萎缩带来的飞逝而去的想象、瞬时享受的快乐以及极度退化的思考，太多的人正陷入"在欢快的娱乐中死亡"之技术困境，[38]这些无不对个体生存和社会良性运转带来了巨大威胁。正因如此，OECD(2005)提出，"对社会和个体产生有价值的结果"是核心素养需要满足条件之一。[39]所以，基于核心素养发展的学习必然需要在促进每个个体成功的同时，能基于有助于社会健康发展的视角，将道德、责任、宽容、尊重等"情感性"素养融入其中。在学习中强调"情感"重要性的含意之一在于关注学习者与所认识的人、所看到的人之间建立一种持久的关系；其含意之二在于要能将这种情感纽带延伸到我们视力范围以外，但永远不可能被排除在我们关注范围之外的其他共同体中，比如技术伦理、环境问题、全球问题等。这些问题既构成了人类生存的未来世界，又成为问题本身。因而，"素养本位学习"是一种关心伦理之下的学习。

(三) 学习即对话

哈佛大学戴德(Dede)教授在引用经济学家利维(Levy)教授的观点时称，"未来大量常规认知技能和体力劳动工作将被计算机替代，越来越多的劳动力需要从事那些计算机无法替代的工作，完成这些工作不仅需要专家思维(expert thinking)也需要复杂交流(complex communication)。""复杂交流需要大量语言和非语言信息交流，信息流随着沟通的不可预测性而不断调整。"一个拥有良好素养的人一定是复杂交流的专家，在混乱状态中不仅能够即兴作答，还能促进不可预测性对话。[40]可见，复杂交流能力体现为能熟练驾驭常规对话与非常规对话，能够快速从"信息洪流"中选择有助于自己决策的各类信息，熟练运用语言和非语言信息。21世纪学习应该为学生拥有这些能力承担责任。当然，以发展"复杂交流"能力为旨趣的学习总是建基于了解如何做好简单工作的基础知识上。所以,它并不排斥对学科课程中常规认知技能的获得,其与知识“储蓄式”学习最根本的区别在于,它不将掌握流利的操作程序作为工作或生活的终极目标,而是将此作为把握未来工作中复杂思维表现的基础。[41]学习的最大的价值在于,它实现了学习与全球化、知识型职场、世界性问题等新经济形态与治理模式的匹配,迎合数字时代背景下的学习要求,学习被理解为在对话活动之中,“对话”不是把习得知识视为个人的掌握和独吞,而是人们一起共享知识,知识是公开的和开放的。[42]

“对话学习”的起源可追溯到柏拉图以及苏格拉底,其传统借助杜威和维果茨基的现代学习理论得以传承。杜威的学习就是学会思维(并特指反省性思维,其等同于问题解决思维),是借助语言和符号,同对象展开“工具性思维”,同他人展开“沟通”的,学习是同客体对话、同他人对话、同自身对话的沟通的重叠性交互作用的经验。维果茨基的学习理论也建立在沟通基础上,他认为,学习首先是运用语言的一种社会活动,心智发展首先表现为人际关系的沟通中的社会过程,然后,这种沟通的语言再作为“内化”的“心理过程”表现出来。他所提出的“最近发展区”(Zone of Proximal Development)便建基于“对话学习”之上,它意味着儿童“发展可能性”取决于与教师、同伴和自我的对话。学习是意义与人际的关系重建(retexturing relations)。[43]可见,杜威和维果茨基的学习理论都强调了“工具”对于学习的重要性,虽然他们所指的“工具”主要是语言,但为我们理解为何“核心素养”包含了“沟通”、“信息通讯技术”、“交互性使用工具”等要素提供了思想基础。也正如此,很多国家在对核心素养进行分类时,明确提出了“工具性素养”这一概念,其中“语言”、“技术”等素养便包含在内。因而,21世纪的“对话学习”已不是“问与答”的简单形式,而是借助信息通信技术(ICT),即便是在制度化的学校教育中也能实现人与客观世界、人与他人和人与自我“三位一体”对话实践,在对话中建构意义,并在建构同他人的关系中对自我进行分析、解体与重构。但尽管如此,“对话学习”的“轴心”依然是在同客观世界对话中实现探究与表达。[44]其本质还是一种探究活动,但这里的探究已超越了“个人主义”中心,而是将探究建立在关系之中,并以关系认知为基本特征,对话绝不仅仅是学生投入一项具体任务的策略,也不是漫无目的闲谈,而是带着共同目标,借助各类“媒介”,调动各种资源,通过协作、倾听、理解、尊重、包容而实施的问题解决过程,过程与结果都嵌入了“核心素养”的内涵与价值。

三、 素养本位学习的方法要素

素养本位学习承认具体方法对于学习的重要性,但拒绝机械化的方法主义范式,在学习方法中将问题解决、协作与探究、互动与对话等因素融为一体,方法本身构成了学习的一部分,对其理解、阐释与运用取决于具体情境与发展需求。所以,对其要素的探讨并非致力于建构一个确定的具体方法框架,而是力求将超越“个体主义”倾向,将“素养本位学习”视为共同体的反思性实践活动,探究和理解如何创造性将“学习”生成一个有机整体,化为以协作式问题解决为核心的探究行动。具体方法要素可做如下概述。

（一）坚持问题导向

人生活在由问题构成的世界中，问题具有不确定性、模糊性和连续性，这种不确定性常使人们有陷入恐惧、疑惑和痛苦的危险，人们为了逃避危险，一方面通过与环境进行和解来避免失败；另一方面通过控制和利用自然而获得力量，实施行动改变世界。[45]行动的过程就是不断解决问题的过程，所以“问题”是“素养本位学习”的本质意蕴。这里的“问题”存在于学校、生活与工作等不同情境中，学校情境中的问题体现在正规的学科学习之中，生活情境问题以偶然地、非正规地却又普遍地因不符合某种规范、实践形式或思维模式而出现，工作情境中的问题则常伴随专业探究、技术组织、身份认同等实践而呈现。这些问题并非彼此独立，而是可以通过知识的迁移实现融合，消除学校与生活、学校与社会的隔离状态。

核心是问题选择。就学科教学而言，应横向跨越具体学科，纵向贯穿知识结构来设置“跨学科”问题。“问题”建立在知识、技能与价值基础上，虽与学科课程具有紧密关联，但并非一系列杂乱的、同化性建构起来的图式。同化性学习虽表现为一种持续稳定的累进发展，但常被连接到某个科目，连接到学校，而在其他情境中的连接则不那么顺畅。比如，物理教师常常抱怨物理课上学生不能主动运用他们的数学知识；文学老师说，学生不会把作者与他们所学历史知识中的相关年代联系起来。[46]跨学科问题试图在多种学习科目之间建立关联，消除学科割裂壁垒。这些“问题”常常具有弱结构化、与日常工作和生活遇到的事情相似、能引起学生探究兴趣等特征，比如“为什么太阳有时候是红色的”、“动物在水中如何呼吸”、“为什么汽车能够在大街上行驶”等等。[47]这些问题并没有确定答案，可以充分发挥学生的想象力，最大化利用学生的信息搜索能力，在探究的过程中建构对世界的认识。相对于课堂中设计好的问题，此类问题具有更强的复杂性与生成性，对问题的解决常与实践经验紧密关联，与发展21世纪核心素养具有更直接的关系。[48]

（二）创设真实情境

“素养”体现为在新的动态情境中迁移和使用知识与技能解决复杂问题的能力，这种能力的发展由经验驱动，受情境影响。神经科学家的研究发现，大脑突触的增添和修改是终身的过程，皮质总体结构因在社会情境中学习而改变。在社会群体中相互接触以及与环境保持直接物质接触对于大脑皮质的质量和厚度变化非常重要。例如，在复杂环境中饲养的动物，其每一个细胞中的毛细血管比圈养动物的多，每一个神经元的胶质数量也多于后者。[49]“情境学习”(situated learning)理论认为：学习和认知是情境化的，学习发生在社会情境中，社会化的学习能极大地提高个人回忆、检索和重新使用知识等思维能力。[50]因为“人存在是因为他们存在于情境之中。”[51]“任何学科知识，只有被转化为学习者的‘情境实在’（生活情境），它对学习者才是有意义的，也才有可能帮助学习者提出问题、生成探究主题。否则，学科知识就可能沦为抽象的、‘封闭性实在’，学习者只能储存而不能探究。”[52]所以，维果茨基说，脱离情境的知识毫无意义，只有通过社会活动，个人才能在思维中建构认知。可见，真实情境对于核心素养发展之重要，它将学习者作为具体情境中的存在，在与环境相互造就中，通过对一系列问题的解决对自己的"情境性"进行反思，在反思的过程中做出行为反应，以此丰富作为存在者的经验。

那么，什么是真实的学习情境？如何体现其"真实性"？J·S·布朗及其同事把真实活动定义为"一种文化的普遍实践"——类似于真正的从业者在真实境脉中的活动。A·L·布朗和她的同事们则认为：如果活动能培养对校外情境下的学习很重要的思维，那么不管这些活动能否反映从业者所做的事情，他们都是真实的。[53]无论坚持哪种认识，"真实情境"对于学习的价值在于：新颖的、多样化情境更有助于学生参与问题解决，了解知识运用条件，掌握知识迁移价值。这种"真实性"主要体现为跨越儿童经验与教材之间的鸿沟，按照儿童真实生活直接所表现的那样来解释学科教材，[54]将教材视为指导儿童不断生长的方法，将各门学科统一于儿童的生活世界，使知识与儿童的生活联系在一起，学校与社会关联起来。使儿童校外获得的一切经验能带到学校去并加以利用，又带着更圆满的身心发展应用于他的日常生活。[55]目前盛行的基于问题的学习、基于项目的学习和基于设计的学习等等，都不失为"情境学习"的有益尝试。但值得注意的是，在真实情境中，问题不是被单纯地组织到特定学科中去的，必须是为学生参与应用同一概念提供多种机会的活动，根本目的在于反复将基本概念应用于不同情境，学会知识迁移与运用，而不是毫无主线贯穿的分散活动。否则，学习就会变得过度情境化，学生便不能洞悉活动或情境对于解决不同类型问题的作用。[56]

（三）建构互动关系

"素养本位学习"属经验主义学习范畴之列，学习中的个体是处于环境中的一个主体，并无时无刻不被卷入到与物质环境之间、与环绕学习情境的位置之间、与所利用的工具和设备之间的互动中，物质世界中的人类烙印和人类经验中的社会烙印在今天是如此普遍。以学习视角看，环境的物质面是服从于更为控制性的社会面的，这就意味着人类的心智状况是一种社会性存在，其心理功能只可能在一个社会空间中得到发展。所以社会性嵌入对个体发展意义重大。这种社会性嵌入可以发生在多种互动形式中，其中最为普遍的是"活动"(activity)与"参与"(participation)，前者被看作是由不同行为构成，可以被再次分解为不同的操作，人能够利用语言、社会习俗、理论、信息技术等各种物质与非物质工具与设备；后者的特征表现为，学习者处于一种有着共同目标导向的活动当中，处于一个温格所称的实践共同体之中。[57]而能将"活动"与"参与"共同概入其中的是结构化的小组学习。如前文所述提"协作学习"，它根据问题解决的需要而组织起来，在问题解决的过程中，学习者的活动是不可分割的，学习者的贡献是互相建立的，离开任何一个人的学习，任务都无法完成。我国香港地区的一些学校在小组学习的探讨上有许多值得借鉴的经验。很多小学都会对不同的年级的学生进行重组，将学生分成不同的学习小组，一般而言，小组人数为3—4人，根据学生的学业成绩形成异质群体，每个小组都由能力突出和能力较差的学生组成，学生们通过共同努力，最大限度地推动每一个小组成员的学习。[58]

小组学习为互动关系的建构搭建了平台，而“活动”则成为互动关系存在的载体，以异质群体为原则，以参与为导向，这种方法取向迎合了“在异质群体中互动”这一核心素养发展需求。在异质环境中的互动能力是联合国教科文组织（OECD）领导的“素养的定义与选择”（Definition and Selection of Competencies，DeSeCo）项目提出的21世纪三大核心素养之一。[59]但是在这样一个异质化群体协作的开始阶段，大家所共有的理性面对每个个体内在的盲目性时会显得软弱无力，[60]因而需要通过互动建立联结实现共同理解，从而把握群体所共有的目标和任务，互动是链接动态过程中各问题要素的主线。伽达默尔认为，“不存在联结的地方就不可能有谈话”。[61]杜威也说，“如果每个人都把自己行动的结果看作和别人所做的事情有关，并考虑他们的行为对他自己的后果，那么他们就有了共同思想，他们的行为就有了共同意愿。否则，尽管几个行动并列在一起，但并没有真正的交往或联合，”[62]这并不是一个共同参与的联合行动，不能称之为协作活动。可见，互动是为了建立联结并最终实现协作成员之间的共同理解。而建立联结最重要的技能是换位思考（Perspective Taking Skills），换位思考是一种多元化社会构建。就情感方面而言，换位思考涉及对他人的情感理解与情感识别。而就认知而言，则与“心智理论”概念相关，可以将其描述为能够从不同的位置或心理学视角判断情形。如果缺乏这种能力，人们就总是会出现以自我为中心的偏见，无法与他人建立关联。[63]可见，共同理解、建立联结和换位思考是小组学习中建构互动关系不可或缺的因素。

（四）实施指导性探究

基于核心素养发展的学习是基于真实生活情境中的问题解决活动，探究构成了学习的手段和目的。大量研究表明，参与探究式学习的学生相对于参与传统教学形式的学生能够从实际学习中获益更多。诸如，这些学生更能够将所学知识有效地迁移到新情境和新问题中，具有更严谨的思维能力和解决问题能力，在批判性思维考试中分数明显提高，在学习上表现更自信，合作、创新、管理、人际交往意识等社会参与行为都能获得较大发展。[64]学生的探究包括自主探究与协作探究，二者分别代表了学生在学习活动中的内省过程与人际过程。内省过程即个体独立思维的过程，这对于个人变化和发展是极其重要的，心理学家安东尼·斯特尔说，人与人之间的关系并不构成走向个人成功的唯一通道，甘于孤独的能力是情感成熟的一个标准，能把自我发展和自我实现连接起来，与我们最深层次的需要、感情和冲动连接起来。但斯克赞米海依又说，如果我们不与外部的事情发生辩证的关系，我们就不会长期生存下去。只有当个体和群体共同对付严峻的棘手的问题并解决他们以后才能成长。[65]所以，内省过程与人际过程构成了个体存在的基本方式，自主与协作是探究学习不可或缺的两种方法，搭建二者沟通的桥梁是对话。

基于对话关系的协作式探究并不是脱离教师指导的纯粹探究，而是需要教师提供“脚手架”的指导性探究，教师要根据学习目标为学生提供结构化的系统性指导。具体而言，可以通过为学习者呈现有意义的背景而提供“抛锚式体验（anchoring experience）”，使之与输入新信息建立联系。比如，在讨论疾病与学生、学校之间的关系时通过讲述南非儿童感染艾滋病的故事为学生提供抛锚体验，其目的在于为参与探究学习的学生提供一个共同的经验。因此，教师在学生探究过程中给予指导对于学生学习至少具有两方面的意义：一是可以帮助学生对已有知识进行适当建构，从而快速理解新输入信息；二是帮助学生将新输入信息整合成新的知识库。[66]此外，要为学生在问题解决过程中创设一种对话关系，让探究建立在一种关心关系中，在探究的过程中发展“人际关系推理能力”，比如沟通能力、决策能力、妥协能力以及互相帮助等良好品格。[67]对于教师而言，其职责不是对学生学习观点正误的判断或裁决，强化正确答案，而是通过倾听对学生的观点进行质疑，通过质疑帮助学生阐释观点、获得理解，拓展学习的深度与广度。[68]因此，对话过程中的“阐释”是一种重要的学习行为，这是学生认真倾听他人观点、反思自己观点和诞生新观念的过程，而不是将自己的观点遮蔽起来去迎合教师所想要的观点或答案。学习变成真正自主建构自我发展的过程。如此看来，对话、倾听、质疑与阐释体现了指导性探究中的基本方法。

参考文献：

[1] 内尔・诺丁斯. 学会关心——教育的另一种模式[M]. 于天龙，译. 北京：教育科学出版社，2011：7.

[2] 张华. 走向学习哲学[J]. 上海教育科研，2004(2)：1.

[3] 米歇尔・福柯. 规则与惩罚[M]. 刘北成，杨远婴，译. 北京：生活・读书・新知三联书店，2012：210－211.

[4][6][11][26][27][28][37][52] 张华. 研究性教学论[M]. 上海：华东师范大学出版社，2008：31，31，75，200，32，5，226，110.

[5][42][43][44] 佐藤学. 学习的快乐——走向对话[M]. 钟启泉，译. 北京：教育科学出版社，2004：18，11，11－38，38－40.

[7][22][25][62] 杜威. 民主主义与教育[M]. 王承绪，译. 北京：人民教育出版社，1990：173，149－153，162－164，37.

[8][31][35][51] 保罗・弗莱雷. 被压迫者教育学[M]. 顾建新，等，译. 上海：华东师范大学出版社，2014：73，132，85，109.

[9][45] 约翰・杜威. 确定性的寻求：关于知行关系的研究[M]. 傅统先，译. 上海：上海人民出版社，2004：1.

[10] 丁念金. 人性的力量：中西教育文化变迁[M]. 福州：福建教育出版社，2011：41.

[12][49] 约翰・D・布兰思福特等编. 人是如何学习的：大脑、心理、经验及学校[M]. 程可拉，孙亚玲，王旭卿，译. 上海：华东师范大学出版社，2012：5，104－105.

[13] 伯尼・特里林，查尔斯・菲德尔. 21世纪技能：为我们所生存的时代而学习[M]. 洪友，译. 天津：天津社会科学院出版社，2011：37.

[14][17] Gábor Halász & Alain Michel. Key Competences in Europe: interpretation, policy formulation and implementation [J]. European Journal of Education, 2011, 46(3).

[15] OECD. The definition and selection of key competencies. Executive summary. [EB/OL]. [2010－6－21]. http://www.oecd.org/dataoecd/47/61/35070367.pdf.

[16] 杨向东. 核心素养与我国基础教育课程改革的深化[J]. 上海课程与教学研究，2016(2).

[18] Alejandro Tiana, José Moya & Florencio Luengo. Implementing Key Competences in Basic Education: reflections on curriculum design and development in Spain [J]. European Journal of Education, 2011.

[19] RSA Opening Minds competence framework. Available online [EB/OL]. http://www.rsaopeningminds.org.uk/

about-rsa-openingminds/competences/.

[20][21][32][46][57] 克努兹·伊列雷斯.我们如何学习：全视角学习理论[M].孙玫璐,译.北京：教育科学出版社,2014：231－244,102,127－128,42,127－128.

[23][24] 约翰·杜威.我们怎样思维·经验与教育[M].姜文闵,译.北京：人民教育出版社,2005：71,65.

[29] 卡尔·罗杰斯,杰罗姆·弗赖伯格.自由学习[M].王烨晖,译.北京：人民邮电出版社,2015：41.

[30][34][40][41] Dede. C. Technological Supports for Acquiring 21st Century Skills. In E. Baker, B. McGaw and P. Peterson (eds), International Encyclopedia of Education, 3rd Edition (Oxford, UK: Elsevier). [EB/OL]. Availableonlineat: http://mfile.narotama.ac.id/files/Jurnal/Jurnal%202010/Technological%20supports%20for%20acquiring%2021st%20century%20skills.pdf.

[33] Ministry of Education. The New Zealand Curriculum. Learning Media Ltd. Wellington: New Zealand Government [EB/OL]. http://nzcurriculum.tki.org.nz/Curriculum-documents/The-New-Zealand-Curriculum.

[36][38] 安迪·哈格里夫斯.知识社会中的教学[M].熊建辉,等,译.上海：华东师范大学出版社,2007：51,30－51.

[39] Organization for Economic Cooperation and Development. The definition and selection of key competencies, Executive summary [J]. Paris: OECD, 2005.

[47] Knoll M. "I Had Made a Mistake": William H. Kilpatrick and the Project Method [J]. Teachers College Record, 2012,114(2): 45.

[48] Schleicher, A. Schools for 21st-Century Learners: Strong Leaders, Confident Teachers, Innovative Approaches, International Summit on the Teaching Profession [J]. OECD Publishing, 2015.

[50] Leonard, David C. Learning theories, A to Z [M]. Greenwood Press, 2002: 173.

[53][56] 戈勒博等编.学习与理解：改进美国高中的数学与科学先修学习项目[M].陈家刚,等,译.北京：教育科学出版社,2008：125,170.

[54][55] 约翰·杜威.学校与社会·明日之学校[M].赵祥麟,任钟印,吴志宏,译.北京：人民教育出版社,2004：20,66.

[58] Cheng, E.C. & M.L. Lo. "Learning Study: Its Origins, Operationalisation, and Implications", OECD Education Working Papers, No. 94, OECD Publishing. Available online [EB/OL]. http://www.oecd-ilibrary.org/docserver/download/5k3wjp0s959p.pdf.

[59] Garry Falloon. Learning objects and the development of students' key competencies: A New Zealand school experience [J]. Australasian Journal of Educational Technology, 2010,26(5): 626－642.

[60][61] 汉斯-格奥尔格·伽达默尔.真理与方法[M].洪汉鼎,译.北京：商务印书馆,2013：263,145.

[63] Hesse, F., Care, E., Buder, J., Sassenberg, K., & Griffin, P. A framework for teachable collaborative problem solving skills. In P. Griffin & E. Care (Eds.), Assessment and teaching of 21st century skills: Methods and approach (pp. 37－56). Dordrecht: Springer. [EB/OL]. http://link.springer.com.

[64] 琳达·达林-哈蒙德等.高效学习：我们所知道的理解性教学[M].冯锐,等,译.上海：华东师范大学出版社,2009：26－28.

[65] 迈克尔·富兰.变革的力量：透视教育改革[M].中央教育科学研究所,加拿大多伦多国际学院组织译.北京：教育科学出版社,2004：163－165.

[66] Mayer R E. should there be a three-strikes rule against pure discovery learning? The case for guided methods of instruction. [J]. American Psychologist, 2004,59(1): 14－19.

[67][68] 爱莉诺·达克沃斯.精彩观念的诞生——达克沃斯教学论文集[M].张华,等,译.北京：高等教育出版社,2005：67,75.

基于核心素养的教学变革
——源自英国的经验与启示

| 张紫屏

核心素养在当前国际教育改革进程中越来越受到人们的重视。它的提出是基于全民终身学习视角，是为培养能够适应21世纪经济社会发展的世界公民所构建的概念。就其教学实践过程而言，是促进学生问题解决的过程，立足学生的核心素养，要求教学除关注学生的认知性素养之外，还需要关注学生社会性发展与自主性发展。然而，要想真正扭转传统学科教学的"知识授受"惯性，真正走向跨学科、情境化及问题解决的教学变革，英国的实践经验值得我们借鉴与思考。

一、核心素养产生的时代背景

由于21世纪是一个知识更新速度不断加快的时代，又是经济全球化、国际化、信息技术飞速发展的时代，这个时代对工作、生活和学习带来了持续改变。孩子们从小就应该学会接受变化，学会追问和质疑，学会在数字时代生活，具有全球公民意识，能够意识到排外主义、种族主义、不公平等对于社会和谐、世界和平以及国家民主的危害，认识到环境、可持续发展、生命伦理等关涉人类未来发展的重要问题。[1]社会发展的变化给教育系统带来了重要挑战，教育要能够帮助年轻人为适应未来各种变化做好准备。[2]由此，基于全民终身学习视角的核心素养教育新范式逐渐进入学界研究视野，基于核心素养发展的教学日渐被关注。

英国学者伯恩斯坦(Basil Bernstein)曾提出，从经济学视角看，素养是一种全新的人力资本概念，高素养的人在未来社会意味着一种优质的资源。而从社会学视角看，素养与民主主义社会发展理论具有更强的相关性，强调所有人不仅具有平等的发展机会，在发展内涵上也是平等的。这也意味着，在教育领域内，人们还需要从社会学视角来探讨素养的本质与特征。基于核心素养发展的教育立基的基本假设是：所有人都有平等的决策权与参与权，在有意义的社会活动中，每个人都具有创造性，每个人都能够因为获得教育而自我规范。[3]这种自我规范既体现了素养发展的过程，也是素养发展的结果，但这些素养并不随着学习主体的存在而存在，也不是可以直接灌输的，而是深深根植于学生自主、合作与探究的学习过程中，是学生周遭的外部环境与自身内部条件相结合的过程和结果。基于这种教学范式之下的学习不仅仅是指学科知识，还包括学习活动、学习主题与学习形式。[4]每个学生都应该在相关的学习主题上，或不同的学习活动中有表达个人见解或意见的机会，学会与他人协商。这是未来社会对学习认识所发生的变化，即学习不应该仅仅设计为获得分布在不同学科领域的知识，而是涉及运用到日常真实生活中的实践技能、知识、动机、道德价值、态度、情感等要素，这些要素共同作用于有效行动。因此，学习就不是一种具体能力而是能力整合，包括了知识、技能、态度、价值观与品格等要素；旨在分享观点并可以讨论与争辩，因为每个人都是民主平等的；学习也具有了情境化特征，因为它总是根据不同的情境做出不同的反应。[5]

我国学者钟启泉教授也指出，核心素养是指学生借助学校教育所形成的解决问题的素养与能力。[6]21世纪是一个不断需要学生能够面对复杂情境来有效地解决问题的社会，而这种素养和能力需要通过学校教育来得到发展。因此，核心素养的提出迎合了时代发展之需，与教育目标的发展具有内在一致性，即核心素养是教育目标的具体体现，素养的内涵具有时代特性：时代发展对人的发展提出了新要求，而对人是如何学习的定位也会产生相应变化，“培养什么样的人”和“怎么培养人”也被增加了相应的新品质和新内涵，这就是当前核心素养日益受到人们关注的根源所在。[7]

二、英国核心素养课程框架与教学变革

（一）基于核心素养的课程框架

英国关于“核心素养”相关的词汇涉及素养（competency）、技能（skills）、基础技能（core skills）或关键技能（key skills）等，[8]但在课程实施层面，主要采用“Competency-based Curriculum”这个概念，[9]各类校本课程开发主要参考框架为英国皇家艺术制造与商业协会（Royal Society for the Encouragement of Arts, Manufactures and Commerce，简称RSA）的开放思维能力框架（Opening Minds Competence Framework），该框架具体包含了5个维度的素养结构（如表1所示）。其目标旨在为应对不断变化的社会与科技发展，对学生应该学什么、怎么学等问题进行重新思考和探索，并着手探讨如何教学才能更好地使年轻人适应21世纪的挑战。到目前为止，英国已经有200多所学校以开放思维能力框架作为素养课程实施的基本参考准则。[10]通过梳理，发现其核心素养结构包含了公民品格素养、学会学习的素养、信息运用素养、人际交往素养等，还涉及时间管理、创业精神与主动意识、冒险精神以及文化意识等。

表1 英国RSA的开放思维能力框架（Competence Framework）[11]

5个核心素养	要素	具体特征
公民素养	道德和伦理	发展学生对道德观和价值观的理解，理解个人的行为是如何通过道德与价值形成的，如何才能对社会有所贡献。
	能够区别差异	学生了解社会、政府和企业是如何开展工作的，理解成为一个积极公民的重要性。
	多样性	学生在国家与全球背景下，理解社会价值、文化和社会的多样性。
	技术的影响	理解技术发展对社会的影响。

续 表

5个核心素养	要素	具体特征
	自力更生	学生理解如何管理自己的生活,以及掌握他们可能会使用的技术,包括管理自己财务。
学习素养	学习风格	学生了解不同的学习方法,以及如何成为有效的学习者和如何评估其有效性。
	推理	学生学会溯源性与系统性推理,知道如何应用这些知识。
	创新	学生探索和了解自己的能力和创新能力的人才,以及如何最好地利用它们。
	积极的动机	学生学会享受和热爱学习,作为认识自我的一部分。
	关键技能	学生识字,算术,和空间的理解上达到更高的标准。
	ICT 技能	学生实现高标准处理信息和通信技术的能力,并能理解信息处理的基本过程。
信息管理素养	研究	能够开发一系列信息访问、评估和鉴别技术,学会如何分析、综合和应用这些技术。
	反思	学生认识到反思的重要性并且能进行批判性判断,学会如何做。
人际关系素养	领导	知道如何在复杂的情境中处理与他人的关系,并且在这种关系中能够认识自我,包括那些管理者或者被管理者,知道如何才能把事情做好。
	团队合作	学生能够认识到如何在团队中合作,以及他们充当不同团队角色的能力。
	充当教练	学生知道如何发展其他人,无论是作为同伴还是老师。
	沟通	能够通过一定的方式发展一些沟通技术,知道如何使用以及什么时候使用。
	情商	有能力管理自己的个人情感关系。
	压力管理	知道并且能够运用不同的压力与冲突管理手段。
形势管理素养	时间管理	学生懂得管理自己时间的重要性,并且会实现技术的最优化使用。
	应对变化	学生明白应对变化意味着什么,并且能够在不同的情境中运用信息技术应对变化。
	感知与反应	学生能够理解庆祝成功与处理失败的重要性,并且知道如何处理。
	创新思维	学生知道创业精神与主动性意味着什么,并且知道如何在这些领域中发展能力。
	承担风险	学生知道如何处理风险与应对不确定,包括在更广泛的范围内可能遇到的风险,以及学会使用处理风险与不确定的技术。

RSA 开放思维课程成为英国很多学校校本课程开发的参考依据。我们以英国学者 Jenny Byrne 等人研究的 4 所样本学校为例(详见表 2)。

表 2　英国部分中学素养课程实施情况表[12]

CBC 开始实施年份	2004	2005	2007	2007
学校风格	单一性别：11—18 岁	男女合校：11—16 岁	男女合校：11—16 岁	男女合校：11—16 岁
学生总数以及表现优异的学生数	1200(75%—80%)	900(30%—40%)	1000(40%—50%)	900(50%—60%)
具有具体学科教育要求的学生	低于国家平均水平	远远高于国家平均水平	高于国家水平	每年都不一样
享受免费校餐的学生比例	低于国家水平	远远高于国家平均水平	远远高于国家平均水平	远远高于国家平均水平

续 表

CBC 开始实施年份	2004	2005	2007	2007
CBC 课程的原始框架	开放思维课程(RSA2006)公民、学会学习、管理局势、人际关系、管理信息	开放思维课程(RSA2006)公民、学会学习、形势管理、人际关系、信息管理	购买另一个学校开发的CBC课程	为运用到人文教育中的商业或企业相关素养发展定制课程
目前的 CBC 课程框架	仍然使用开放思维课程	考虑转向个人学习与思维技能(PLTS):独立的探究者、创造性思考者、团队合作者、自我管理者、有效参与者	转向个人学习与思维技能(PLTS):独立的探究者、创造性思考者、团队合作者、自我管理者、有效参与者	没有变化
CBC 教师团队规模	12个教师组成一个多学科团队	6位教师组成一个多科学团队	7位教师组成一个多科学团队	只有4位人文学科教师

由表2可见,在4所中学中,除RSA开放思维课程外,个人学习与思维技能(PLTS)课程也是学校校本课程的开发依据。PLTS是英国的国家课程,包括功能性技能(英语、数学与ICT)、个人学习与思维技能。[13]具体到不同学校,他们会根据自身的特点选择不同的素养要素开发校本课程。

(二) 基于核心素养的课程定位

英国CBC(Competency-based Curriculum)的目的在于使孩子们获得必要的系统知识、技能和态度,并在不同的复杂情境中使用这些素养,英国学者Jenny Byrne等人通过对学校课程领导的访谈,认为围绕核心素养的课程带给学生的价值在于:[14]

他们绝对会成为具有创造性的独立思想家,他们在学校里发展的一些素养,这将有助于他们自己的思考,并使用不同的技能去支持他们自己的学习。所以,在学校课程中嵌入CBC,这对学生适应未来生活与工作是非常成功的。

当然也有一些学校素养课程的实施目的是帮助小学生顺利过渡到中学,以减少这种学段变化带来的各种挫折和创伤,顺利实现学业与社会性发展的过渡。[15]不论是为了促进学生更好地适应未来生活和学习,或是帮助学生顺利实现从小学过渡到中学,英国CBC的总目标都是发展学生的核心素养,使学生成为积极的公民,"能够理解并民主地参与地区、国家和全球共同体,能够为全球可持续发展做出贡献。"[16]

(三) 基于核心素养的教学变革要领

基于核心素养的课程教学本质是变革。教学是素养课程开发的过程,课程又成为教学开发事件,[17]二者共同作用于问题解决过程。因此,这样一种全新育人模式在教学目的、教学方法和学习方式上都具有其独特的要领。

第一,指向认知性、社会性与自主性发展[18]的教学目标。英国CBC的目的是鼓励学生思考,能够在不同的新情境中运用他们已经掌握的技能,且能够在不同学科之间建立关联,使学生具备必要的包含了知识、技能与态度等要素的“素养库”，从而使他们拥有在未来任何环境中成功应付各种变化的“力量”，成为具有创造能力的独立思考者。[19]

英国素养课程的教学具有明显的情境性，这种特征决定了教学过程中必须扭转局限于课堂范围之内的“授受”教学模式，必须将教学活动拓展至更广阔的领域，为学生提供在真实生活情境中解决问题的机会，让学生在真实体验中获得知识和发展。而在这种体验式与探究式的学习过程中，学生必然会与他人建立合作式交互主体关系，学会合作、尊重、理解、同情、关爱他人。[20]这个过程就是学生认知性与社会性发展的过程。同时，学生探究的过程中，必然会形成问题解决方案并诞生新的观念，这个过程不仅是知识获取与运用的过程，也是知识创造的过程，是自我意识形成的过程，是学生自主性发展，成为独立探究者、创造性思考者、团队合作者、自我管理者和有效参与者的过程。[21]

第二，跨学科主题教学。英国的素养课程是基于现有学科内容基础之上而自主开发的，采取的是跨学科主题教学模式，即找到不同学科之间的交叉连接点，设置跨学科主题，进而在不同学科之间建立起关联。关注学生的学习过程而不是学科内容，学习的核心目的是跨越一系列学科科目进行高阶综合性学习。[22]这种教学模式对教学组织与教学空间都提出了调整要求。学校教师在日常教学计划中建立非正式合作关系是英国很多学校采取的新的教学组织模式。比如两位教师配对教学一个主题，并在课前课后安排时间讨论教学计划，形成教学日志，在日志中记录每个主题的素养发展目标，已经获得了哪些发展，下一步需要做什么等等。就教学空间而言，有些学校在同一层楼安排特定领域来统一教学，教师之间可以比较自由地走进任何一位教师的课堂进行交流与分享，这也是一种非正式合作关系。正如教师所言：

我可以走进另外一位教师的课堂，问：“你正在做什么？”他（她）可能会提供给我非常好的观念，也可能与我一起分享他（她）的教学计划与教学资源。[23]

当然，教师在实施素养课程教学时，是需要突破占主导地位的学科话语权的，如果教师无法在二者之间寻找平衡，那么基于素养的跨学科主题就会隐藏在教学中，教学依然会转向学科知识传授。[24]因此，跨学科主题教学要求“教师必须具有一种专业性的探究与创新态度，以便能够处理不断变化的实际情况带来的不确定性。”[25]

第三，情境化自主学习。核心素养最大的教育价值，不仅在于课程整合的过程中可以帮助教师克服碎片化教学设计的局限性，而且核心素养本身就构成了学习内容与学习过程。因此，基于核心素养的学习总是要求与具体情境结合起来，通过具体任务获得必要的素养。英国发展学生素养除了在学校实施 CBC 外，还会超越 CBC，在校外为学生提供体验真实生活的机会，让学生在真实情境中运用他们掌握的技能与素养，超越课堂教学局限性。比如，有些学校在暑假为学生提供了发展领导技能的一系列活动，在当地小学毕业生来学校游学那一天组织各类参观活动，走进企业参观体验企业方案制定与最优方案选择过程等等。这样一种基于真实情境中的体验活动在英国很多中学都会实施，学校会充分利用这种课外活动发展学生更加多样化的素养与能力。而有些学校每两周还会单独腾出一天的时间让学生在各种各样的校外活动中发展素养。[26]

当然，英国很多中学生虽然拥有了更广泛的自主学习经验，但因为在课程计划时，学生很少会参与进来，课程主题与素养发展计划都是由课程领导决定，学生依然是在教师的组织与安排下进行情境式学习。不过英国也有很多课程改革的"领跑者"在积极尝试通过更多学科领域整合核心素养，将教师和学生从学科"训化教育"中解放出来，在学生自主学习过程中形成自己的认识与学习结论，唤醒学生对变化世界的批判意识，鼓励学生不断反思自己的学习，在评判与反思的过程中促成学生解放。[27]

（四）基于核心素养的教学困境

总的来看，基于核心素养的教学，英国面临的最大障碍依然是学科分类，在强学科分类的话语体系中，存在素养课程与学科课程的冲突，教师似乎更加适应学科割裂的教学模式。伯恩斯坦曾一针见血地指出："我们的教育工作有一个新的病变部位：分裂状态的教育学"。[28]英国在实施素养课程时，教学变革事实上面临不少困境。

第一，教师自我效能感降低。基于素养的教学是一种开放式的教学，课堂中也常会出现很多没有预设的不可控事件，这对教师的传统角色带来了挑战，要求教师扭转"知识代理人"的"专家"身份，成为学生学习的合作者，还学生学习选择权与自主权。同时，跨学科主题教学也给教师带来更多时间与信息挑战，他们需要花更多的时间和精力去搜集相关信息，否则他们无法顺利与学生进行合作，无法对学生的学习进行判断与评价，这会让他们产生更多的焦虑，消减他们的自信心，进而影响教学效果。[29]为了缓解这种非控制性教学带来的不安全与不自信，有些教师虽然采取的是基于素养的多学科教学方法，但往往会通过其他一些替代性的方法来缓解这种不适。他们可能会回到支持他们拥有较高自我效能的教学实践。比如，针对一个单一的主题内容，或者为学生提供一个高度结构化的教学内容，这样可以防止学生在一个多学科背景下有效运用他们的技能，[30]可以防止学生提出更多开放式的问题。

第二，课堂控制倾向未得到根本扭转。即便是基于核心素养发展的教学，教师依然不会放弃对课堂的控制。研究者实证案例中教师所言正体现了这种实践困境：[31]

在地理课时我很自信，因为我能很好地教他们。我会提供给他们一些更开放的素材，他们可以给我反馈，我们还可以讨论这些素材。但是在其他一些我不是很擅长的学科教学中，我倾向于给学生一些他们不会提太深刻问题的素材，这样我便不会因为回答不上学生提问而尴尬。

不得不说，教师控制的课堂给教师带来了心理满足：

我喜欢我完全控制的课堂，我也不想在小组合作等工作上花太多心思，因为我喜欢有把握的教学（这会让我感到很安全）……我意识到我应该放手让学生去做更多他们自己的事情，但是我没有，因为我更喜欢控制课堂。

第三，学生有限性进行自主探究式学习。英国很多中学在基于素养发展的教学过程中，传统教学模式依然占优势地位，教师在课堂中既担任着促进者的角色，又担任着传统指导者与演示者的角色，教师更多的时间还是在班级教学，并主导教学过程，即便是在问答环节，教师依然还是指导者、信息提供者与提问者。学生处于比较消极的被动位置，要么就是听教师的讲授，要么就是回答教师引发的问题，很少有学生对教学方向与教学内容产生影响，除了一些只需要较低决策水平的程序与结构性问题。比如，学生可能会在小组内共同学习，但总是在教师指导下完成一些只需要低阶思维并且对活动参与要求不高的任务。学生拥有的是一些有限的决策机会与学习自主权，学生被限制在教师设置的任务界限内，学生对教师的时间与空间安排、活动的本质与资源使用都有很强的依赖性，学生不能获得独立发展。[32]

毋庸置疑，上述实践困境是课程与教学变革过程中面临的共性问题，其中学科内容的霸权地位是其主要原因，这种霸权话语地位对教学带来的直接障碍是：学校很难就教学主题达成一致，因为团队小组的每个成员都是其他具体学科的专家教师，每个学科都有自己的优势主题。为消减这种不一致带来的冲突与争论，学校领导在课程结构与教学主题选择方面承担了大量工作，教师还处于比较低的参与水平，还没有自主权，这在一定程度上会降低教师的课程实施积极性，影响课程实施效果。其次，针对教师素养发展的教师培训明显滞后于教学改革，加上素养发展目标模糊与评价标准滞后，教师们很难明确认识到素养与学生发展之间的关系。这些因素纠结在一起，教学难以真正实现变革。

三、 英国经验对我国的启示

当前，在我国全面提升义务教育教学质量大背景下，《国家义务教育质量监测方案》的出台标志着学生核心素养发展将成为评价教学质量的基本标准，基于核心素养的教学将从根本上促进课堂转型与学习转型。英国素养课程的实施实践为我们带来了许多经验，但其实践困境也告诉我们：在传统学科占据主导地位的教学背景下，基于素养的教学依然会面临诸多阻力。为此，我们要从教师、学生与学科内容三个角度做进一步思考。

（一） 基于素养的教学必须转变教师观念

无论是英国的素养课程实施还是我国第八次课程改革，都存在理论与实践“两张皮”的实践困境，尽管原因是多方的，但教师对变革不接受是主要阻碍因素，因为“我们正处于一个需要教师参与变革的年代……教师的知识与能力一定是提高课程实施水平工作中的中心任务。无论持哪一种教育哲学观，教师都会影响学生的学习。”[33]什么原因影响了教师对教学变革的不接受？英国的实践表明，课程实施过程中教师们能够清楚认识到，相对于传统学科教学，基于素养发展的教学对于个人教学技能的提升和对学生素养的发展都具有明显优势，但他们也明确表示不愿意做出改变是因为“非专家”身份的削弱给他们带来了低效能感，非控制教学状态让他们感到焦虑与不安。因此，常常是口头上表示愿意改革，却没有在行动上做出调整或改变。[34]

传统教学观念的根深蒂固导致教师教学素养发展停滞不前，这种教学改革阻碍力使诸多改革初衷与愿景从某种程度上只是发挥着“乌托邦”作用。但任何改革都不仅仅是对过去行动的修补，而是一种革新与创造，因此，“所有的变革都处于冲突的力量即推动力与阻碍力所构成的环境中……如果要刺激变革，与其增加推动力，不如减弱阻碍力。”①转变教师观念，增强教师教学变革的积极性与主动性无疑是最有效的减弱阻力方式。教师以学科专家的身份进行教学时具有较强的自我效能感，这能带给他们更多的职业威严，并获得安全感，这种对有价值事物的追求却经常会在基于素养的教学中“缺失”。因此，如何缩小这种需求“满足”与“缺失”之间的差距？借鉴英国经验，让教师参与课程编制、课程实施、课程评价与课程管理的整个阶段，在参与的过程中增强课程实施的主动性，将课程实施与自己教学联系起来，增强教师在课程活动中的归属感。当然，因为英国目前并没有为教师提供针对素养教学的培训，所以，教师的教学实践能力明显滞后于理论认识水平。为此，我们必须充分认识到为教师提供针对素养发展与素养教学的职业培训是必不可少的，通过职业培训发展素养教学能力，比如帮助学生正确决策、深度思维与解决问题，促进学生有意义学习，鼓励他们成为积极公民，创造有利于学生反思性思维的学习环境、活动管理技能、问题解决能力、组织能力等。[35]

（二）基于素养的教学应充分满足学生个性需求

英国素养课程计划过程中，大部分学校很少考虑到要增强学生的话语权或发言权，在课程评价的过程中收集到的学生观点，对课程修订也不会产生任何影响。只有少数学校在课程计划时考虑到要征求学生的意见，并采取学生的观点。[36]因此，学生参与课程计划的“缺位”导致了教学过程中学生个性化需求满足受到一定程度的阻碍，影响了课程实施效果。

事实上，学生在参与课程实施的过程中，在认识和理解课程的基础上能深刻认识到课程实施对个人发展的重要意义，这种实践活动本身就是一种体验式学习活动。但这种体验式学习活动是存在明显个体差异的，因为学生已有认知水平的差异性导致了他们对素养课程需求的差异化，如果我们忽略这种个体差异性，就会进一步产生公平问题。因此，基于素养的教学必须要充分考虑到学生个性化需求。这种需求应贯穿课程实施始终，既先于课程实施又是课程评价的一部分。而且目前关于素养的课程研究出现了新的研究趋势。世界各国的政策制定者在素养课程实施目标设置时都采用了一样的言语表达方式：学校必须为学生适应未来知识社会做好准备。但在亚洲国家普遍越来越关注支持素养在学校实施的教学实践时，许多发达国家却有减弱的趋势，[37]而将更多的研究主题聚焦在学生学习上。比如，丹麦的教育政策已经从以 21 世纪素养作为关注重点转向学生个人学习与测试。[38]此外，新加坡在课程实施过程中也更多关注学生的个性化需要，为学生提供更多的学习自主权，培养学生不同的能力与智慧。[39]因此，基于核心素养的教学真正应该实现的是学生学习转型，基于核心素养的学习在学习目的、学习内容、学习方式、学习结果等方面都具有与传统学科教学

---

① 转引自：艾伦·C·奥恩斯坦，弗朗西斯·P·汉金斯. 课程：基础、原理和问题[M]. 柯森主译. 南京：江苏教育出版社，2002：318.

不一样的特征与结构。这应该是新一轮课堂转型的关键。

（三）基于素养的教学应突破学科隔离的壁垒

通过整合不同学科内容设置"跨学科主题"课程，实施"跨学科学习"，是包括英国在内的欧洲国家普遍采用的核心素养实施方法。比如，英国苏格兰的"卓越课程"明确把"跨学科学习"纳入到小学至高中阶段的课程结构和内涵中，鼓励学校为跨越学科边界的学习提供相互关联、具有挑战性也富有趣味的学习经验，在更加开放的学习情境中帮助学生在不同学习领域间建立联系，满足学生们多样化学习和发展的需求。[40]不过由于素养概念界定不清，具体维度表述模糊，学科话语的霸权地位无法从根本上撼动，素养教学往往成了学科教学的点缀。因而，就我国而言，在试图通过学科整合设置跨学科主题过程中，首先要清楚界定每个跨学科学习项目与学生素养发展的关系，可以通过属性与技能来准确描述素养教学目标，学习指向素养发展，教学内容设计成"经验与结果的集合"(set of experiences and outcomes)，"经验"是为了发展学生的态度与能力，使其能够主动参与，激励其学习动机，进行深度学习；"结果"则明确表述学生通过学习要获得哪些素养发展。[41]在此基础上，要从根本上弱化教学过程中强结构教学组织框架，调整教学模式。具体而言，可以借鉴波兰的实践经验，将教学过程分为5个步骤：(1)承诺。明确学习主题，制定教学目标与教学指导，创造有利于学生解决问题的学习环境。(2)探究。学生单独分析任务，再讨论、分析、协商，形成假设，提出质疑，教师成为观察者与倾听者，负责验证学生对小组学习做出多少贡献。(3)处理。组织上一阶段获得的知识，并创新性运用知识，学生提出他们如何解决问题的建议，进一步加深对问题的理解。(4)陈述或介绍。小组代表向所有活动参与者报告合作工作结果，学生对每个小组解决问题的方案和问题解决结果进行比较。(5)反思。学生要进行自我评价，明确阐释学到了什么以及如何学习的，以及他们所采用的工作方法的目的，以及如何在以后的工作中运用他们已有的学习经验。[42]这是基于核心素养教学的一个完整模式，这五个步骤不是线性的垂直关系，而是既相互独立又融会贯通的统一关系，其中教学主线为发展合作性问题解决能力，教师是学习环境的创设者、观察者与倾听者，学科知识为学习探究过程中的问题解决资源与手段。

参考文献：

[1][8][13][41] Gábor Halász, Alain Michel. Key Competences in Europe: interpretation, policy formulation and implementation [J]. European Journal of Education, 2011.

[2] Dede, C. Reconceptualising technology integration to meet the challenges of educational transformation [J]. Journal of Curriculum and Instruction, 2011.

[3][5] Alejandro Tiana, José Moya, Florencio Luengo. Implementing Key Competences in Basic Education: reflections on curriculum design and development in Spain [J]. European Journal of Education, 2011.

[4] Young, M., Muller. Three educational scenarios for the future: lessons from the sociology of knowledge [J].

European Journal of Education, 2010.

[6] 钟启泉.核心素养的核心在哪里——核心素养研究的构图[N].中国教育报,2015-04-01(007).

[7] 柳夕浪.从"素质"到"核心素养"——关于"培养什么样的人"的进一步追问[J].教育科学研究,2014(3):5-11.

[9][12][14][15][19][21][22] Christopher Downey, Jenny Byrne & Ana Souza. Researching the competence-based curriculum: preface to a case study of four urban secondary schools [J]. The Curriculum Journal, 2013.

[10] Why was RSA Opening Minds developed? [EB/OL]. http://www.rsaopeningminds.org.uk/about-rsa-openingminds/why-was-opening-minds-developed.

[11] RSA Opening Minds competence framework [EB/OL]. http://www.rsaopeningminds.org.uk/about-rsa-openingminds/competences/.

[16] Crick, R. Inquiry-based learning: Reconciling the personal with the public in a democratic and archaeological pedagogy [J]. The Curriculum Journal, 2009.

[17] 钟启泉,汪霞,王文静.课程与教学论[M].上海:华东师范大学出版社,2008:26.

[18][20] 张华.经验课程论[M].上海:上海教育出版社,2000:261,261-272.

[23][26][28][29][30][31][32][36] Jenny Byrne, Christopher Downey & Ana Souza. Planning a competence-based curriculum: the case of four secondary schools in England [J]. The curriculum journal, 2013.

[24][25][33][34] 艾伦.C.奥恩斯坦,弗朗西斯·P·汉金斯.课程:基础、原理和问题[M].柯森,主译.南京:江苏教育出版社,2002:333,334,333,323.

[27] 保罗.弗莱雷.被压迫者教育学[M].顾建新,赵友华,何曙荣,译.上海:华东师范大学出版社,2014:14.

[35] Gordon, Jean et al. Key competences in Europe: Opening doors for lifelong learners across the school curriculum and teacher education [EB/OL]. CASE Network Reports, http://www.econstor.eu/bitstream/10419/87621/1/613705459.pdf, 2009: 87.

[37] Joke Voogt, Natalie Pareja Roblin. A comparative analysis of international frameworks for 21st century competences: Implications for national curriculum policies [J]. Curriculum Studies, 2012: 299-321.

[38] Bryderup, I., Larson, A. & Trentel, M. Q. ICT-use, educational policy and changes in pedagogical paradigms in compulsory education in Denmark: From a lifelong learning paradigm to a traditional paradigm [J]. Education and Information Tech-nologies, 2009: 365-379.

[39] Koh, T. S., Lee, S. C. & Foo, S. F. National policies and practices on ICT in education. Singapore. In T. Plomp, R. E. Anderson, N. Law and A. Quale (eds), Cross-national Information and Communication Technology. Charlotte, NC: Information Age Publishing, 2009: 601-618.

[40] 吴晓玲.英国苏格兰卓越课程高中阶段改革述评[J].课程·教材·教法,2015(2):122-127.

[42] Miroslaw Da browski & Jerzy Wis niewski. Translating Key Competences into the School Curriculum: lessons from the Polish experience [J]. European Journal of Education, 2011.

核心素养之于教学的价值反思

车丽娜　徐继存

观念的创新既是理论研究发展的标志，也是实践需求在人的意识中的反映。核心素养作为近年来教育政策与理论研究的重要议题，受到世界教育组织和教育研究者的普遍关注。当前，核心素养正深刻影响着世界各国的教育改革，已成为推动课程与教学改革、教师专业发展、教学评价改革的引擎。在对学生核心素养广泛讨论的背景下，我国也在教育领域开展了学生核心素养基本内容的研讨，伴随着各种观点的交锋和研究的深入，在对学生核心素养的认识日益明晰的前提下，我们需要进一步追问核心素养对于教学的深层价值。因为任何有生命力的教育观念都不会仅仅停留在理论探究的热点层面，而必然发挥影响客观现实及主体思维的时代价值。

一、 核心素养之于教学的时代价值

核心素养理念的勃兴顺应了国内外教育研究的基本趋势。一方面，我们充分汲取世界各国核心素养研究的优秀成果，以此促进我国教育理论与实践的健康发展；另一方面，我们也在反观自身，在深入反思我国人才培养目标的基础上，将教育改革的方向进一步聚焦到学生核心素养的培育上。核心素养具有引领教学改革的时代价值，对于革新我们自身的教学认识和思维方式产生了重要影响。

（一）顺应国际社会人才培养趋势

观念是时代孕育的产物，核心素养的研究肇始于世界经济与合作发展组织（OECD）1997年启动的“国际学生评定计划”（PISA）。该计划认为，学生在完成基础教育后应该获得成功参与社会所需的核心知识与能力，而为了客观评定各成员国学生的知识与能力水平并为之提供适切的评价框架，OECD进一步启动了素养界定与选择项目（Definition and Selection of Competencies Project，简称DeSeCo）。该项目于2003年发表的最终报告《为了成功人生和健全社会的核心素养》，标志着OECD核心素养框架的完成。随后，欧盟参照OECD所研制的核心素养框架，于2006年在教育与培训领域推出了引领终身学习的核心素养框架。美国“21世纪技能合作组织（简称P21）”也于2007年发布了引领21世纪技能融入中小学教育的“21世纪学习框架”，认为“在核心知识学习的背景下，学生还必须学习在当今世界获得成功必备的一些技能，如批判性思维、问题解决能力、交流与合作能力。”[1]

受国际社会核心素养研究潮流的影响，我国于 2013 年启动了“基础教育和高等教育阶段学生核心素养总体框架研究”项目。2014 年 3 月 30 日出台的《教育部关于全面深化课程改革落实立德树人根本任务的意见》中正式提出“核心素养体系”这一概念，并将其置于深化课程改革、落实立德树人目标的基础地位。2016 年 9 月，中国学生发展核心素养课题组以“全面发展的人”为核心，从文化基础、自主发展、社会参与三个方面界定了学生应该具备的人文底蕴、科学精神、学会学习、健康生活、责任担当、实践创新六大素养。核心素养被界定为学生应具备的、能够适应终身发展和社会发展需要的必备品格和关键能力，从学生学习结果的角度描述了未来社会所需要的人才规格，成为进一步深化基础教育改革，推进课程建设与教学改革的切入点。

（二）引领教学价值取向的变迁

核心素养概念的提出反映了教学观念的变革，更深入地引导着教学价值取向的变迁。教学要作为一个整体系统地发挥作用，必须在教师个体的价值取向及群体的价值共享之间保持适度的张力。“价值取向的选择当然总是个体行动的选择，但是从主体间性的角度讲，这些选择在一个社会系统中不能是随机的。的确，社会系统维持生存的最重要功能的必要条件之一是在同一社会系统中不同行为者的价值取向必须被整合在一个共同的社会系统中……价值取向的共享尤为重要。”[2]在社会转型的时代背景下，在现实教学表现出共性问题的发展态势下，多元价值交汇的过程中尤其需要教学价值观的审视与澄明，需要确立合理的教学价值取向，从而使纷繁的教学现实接受合理的价值取向的引领，使特定时代的教学活动具有相对一致的理想目标。

“双基”、“三维目标”、“核心素养”的教学目标的嬗变缘起于主导性教学观念的更迭，却更深刻地影响了教学价值取向的时代变迁。当前的教学现实充分彰显了培养学生核心素养的意义和必要性。当人民文化水平难以适应现代化建设的需要，急需培养具有基础知识和基本技能的社会建设人才之时，“双基”引领下的教学价值观充分重视知识的积累。而当知识更新速度加快引发人才观念的变化，具有基础知识和基本技能的人无法满足社会发展需要之时，教学开始从偏重“双基”转而重视学生的智力发展。随着国际社会人才的竞争的加剧，我国基础教育急需为培养具有综合素质的创新人才做出努力，素质教育理念便应运而生。为促进学生素质的全面发展，新课程改革强调在课堂教学中落实三维目标，从知识与技能，过程与方法，情感、态度、价值观层面促进学生的全面发展。学生核心素养理念在继承三维目标逻辑性分类的基础上有效地避免了各维度之间的实践裂隙。基于核心素养的课程标准瞄准学生发展所需的关键因素，使学生在当前阶段通过特定内容的学习为后续的发展打下坚实的基础。

（三）引导教学主体的思维转型

核心素养概念的提出本身就具有认识论的价值和意义，概念的理解方式将引发教学主体的思维转型。很多学者在核心素养概念上争论不休，主要是纠结于其概念界定、基本特征与基础范围，但这些主要是核心素养外在形式及表达方式的不同，其本身不会影响我们对教学的基本定位及价值认识。正如崔允漷教授所言："重要的是，我们不必纠缠于素养是或不是那个单词，而是要去思考该词在语义与语用层面的问题，即这些词都在说些什么或在什么背景下描述什么。"[3]我们在关注核心素养的具体表达的同时，或许更应该看重的是核心素养概念本身具有的实质价值。我们只有在弄清楚核心素养之于课堂教学最有价值、最有意义的方面是什么，才能在具体实践中对最为关键的问题做出理性选择，才能以明晰的观念为实践提供现实指引。

我们每天都在从事教育教学工作，都在自己所从事的学科领域进行着知识和思想的传播，可是很多人都在不加反思地重复着机械的劳作，而对于自己所从事的教学和学科价值缺乏真正的理解。教学在应对教育评价之外还有什么目标，我们所从事的学科究竟具有哪些不可替代的价值，我们在传授知识与能力的同时是否真正地促进了学生的发展？对上述问题的澄清有利于我们明确教学的现实基础与发展取向。而核心素养观念的提出引导我们从主体价值的角度反思自身的教学，重塑自我的教学认识。伴随着教学认识的澄明，我们为学生核心素养乃至学科核心素养标准的明晰而感到欣喜，同时能够更加深刻地感受到教学思维方式的转变。因此，我们或许可以不再纠结于核心素养的基本内涵是什么，也无需在概念的纷争中有莫衷一是、无所适从之感，而应该以学生核心素养的培育为基点重新思考教学的出发点和落脚点，以学生发展为基点重新审视教学的价值。由于观念的引领所导致的主体价值观的变化才是核心素养之于教育改革的深刻意义。正如西方哲学经历了上千年的探讨依然很难清楚地界定"人是什么"，但这并不妨碍我们对人之为人的基本价值判断一样。美国在 20 世纪 60 年代所提出的引领教育的学科结构概念，其本身反映了在学科知识冗余的背景下的理性选择，是结构主义哲学引领教育改革的时代产物。至于说学科结构究竟用什么术语界定，哪些基础知识和基本概念可以算作学科结构等问题，并不妨碍人们对学科结构的本质理解，更不妨碍用学科结构概念引领美国教育改革的宏大叙事。核心素养概念在理论争鸣、实践探索的过程中充分彰显了其认识论价值，引领了理论与实践工作者的教学认识与思维方式的转变，将互相割裂的知识、能力及态度、价值观等目标统一于整体的人的素养的发展，有利于实现教学的价值自觉。因此，我们在深入研讨核心素养的同时更应该看重由此带来的教学思维的变革、教学理性的提升，尤其是教学价值自觉所引发的精神力量。

二、 核心素养之于教学的价值自觉

教学虽然是人类的目的性活动，而由于人类理性的天然局限，不可能在所有事务中保持最合理的目的抉择，即便是目的合理性的前提下也不能保证手段与过程的正当。而学生核心素养的培育将引导我们对教学目的、方法及过程的全方位检视，彰显了教学育人的本体价值，解决了教学过程中的多元价值冲突，也进一步引发了教师主体价值意识的觉醒。

（一）教学本体价值的彰显

教学过程的本质就是引导学生不断获取知识，丰富自身灵魂并提升内在素养的过程，这意味着学生永远是教学的出发点和落脚点。教学的本体价值是育人，教学在根本上是提升人的价值的过程。但长期以来我们误解了教学，我们更多地看重的是教学的工具价值，我们总认为学生接受教学是为了升学和就业，是为了从自然人到社会人的锻造，是为了步入社会能有适切的交换价值。教学在提升学生工具价值的过程中其自身也沦为工具，既是学生换取交换价值的工具，也是教师谋取衣食之资的工具。互为工具的恶性循环损伤乃至牺牲了教学的本体价值。于是我们常常把外在于人的客观的东西当作是教学价值的体现，想当然地认为传授了多少知识学生就获得了多少价值，而不去深究这些知识是否真正地转化为学生的素养，是否真实地促进了学生的成长？“教师教案中的教学目标往往是对掌握相应知识的种种要求；教学活动中师生双方的活动主要指向知识的传授、讲解、记忆与理解；教学结果的测评多侧重在学生掌握知识情况的考查。一句话，知识在一定程度上成了师生参与教学的动力、从事教学的目标、教学价值大小的标志。”[4]“学校通常以损害学习经验的创造性参与的代价来‘教测试的知识’”，[5]所以导致所培养的人才有知识无文化，有学历无能力，高分低能等现象，教育也就患上了“软骨病”与“依附病”，“在社会各种冲击波面前缺乏抵御能力；使学校本身对学生缺乏内在的诱力；使培养出来的人缺乏鲜明的个性、独立的人格和创造的活力，而这一切的必然结果是使整个社会缺乏生机。”[6]

对核心素养的关注引导教师从学生发展的角度来思考教学，将教学的重心真正地从学科转向学生。学科知识虽然是教学中必须让学生掌握的基础性的内容。“但教学对学生的价值不应停留在此，更不能把学生当作是为学习这些知识而存在的，教师是为教这些知识而存在的。教学为学生的多方面主动发展服务是最基本的立足点。因此，学科的独特育人价值要从学生的发展需要出发，来分析不同学科能起的独特作用。”[7]当教师从学生核心素养的培育出发，把教学看作是学生身体发育、认知成长、心灵不断丰富的过程的时候，教学应该具有的教育和教化的功能就突显出来，教学的本体价值就得以彰显。

（二）教学价值冲突的弥合

教学本体价值的彰显并不意味着其他价值的自动退场。价值观念的发展不是单一存在、线性更迭的，多元价值观往往在同一时空并行不悖。自人类教育诞生之日起，对教学活动起指导作用的观念纷繁复杂、交叉并存。尤其是在价值多元的时代，每一个人对教学的理解各不相同，以此为基础建构的教学价值观也千差万别。但是，价值多元并不意味着怎么都行，否则就会导致价值混乱。没有共同的教学价值取向就没有共同的教学行动，没有共同的教学行动，教学虽依然在进行，但难以构成整体性的影响力量。在应试教育对课堂教学具有强大规制作用的前提下，教学的工具价值依然在学校教育中占有重要地位：学科依然被看作是为学生进入高一级学校的学习而设置的；学生成绩的提升依然是教师教学业绩的重要表现。如此，具有理想主义情结的教师在现实的教学环境中不免遭遇价值冲突的困扰：深感教学的本体价值与工具价值的对峙与分离之惑，身陷学科教学中价值选择的矛盾与混乱之苦，苦于教学究竟应该为了学术目标的达成而加强训练？还是应该为了育人目标的实现而寓教于乐？如果教师能够根据主体的价值判断选择一个主要的教学目标，以此来指导和协调其他教学目标，使教学的价值取向围绕着主要目标的实现而统一起来，则教学过程中的价值冲突就能在认知一致的基础上得到解决。

核心素养在引领教育实践者反思教学行为，改造教学观念的过程中解决了教学价值的冲突，实现了教学的价值自觉。这种价值自觉就是对教学究竟立足于何处，在教学过程中学生究竟获得了怎样的发展，教师又在教学中获得了怎样的价值实现等问题的认识澄明。由于核心素养对学生发展具有基础性作用，它指向学生发展过程中最关键的、最必要的共同素养，因此，以培养学生核心素养为取向的教学将直面其育人的本体价值，而核心素养被比喻为课程发展的"DNA"[8]，表现出明显的生长性和综合性特征，在基础教育阶段所奠定的学习基因将在后续的教育过程中循序渐进地展开，使学生最终成为掌握坚实的文化基础，具有充分的自主性和社会性的全面发展的人。这样，以学生核心素养培育为目的的教学实现了学生发展的基础性目标与生长性目标、学科的育人价值与学业质量标准的有机统一，有利于教师明晰教学本体价值、达成价值共识，有利于促进教学现实问题的解决和人才培养的一致性取向。而当教师认识到教学的本体价值，基于学生核心素养的发展来考虑教学，并反思自身在教学中是否获得发展，反思自身的学科素养是否同步提升的时候，一种价值自觉的意识也就油然而生。

（三）主体价值意识的觉醒

教学的价值自觉必须以教师主体认识的发展为基础。2001 年启动的新课程改革除了引导教师教学理念和教学行为的改变以外，在很大程度上提升了教师的教学自主性。此次课程改革之前，国家实行的是大一统的课程管理体制，全国各地的中小学教材是统一的，重点与难点是教参指定的，教学成绩由教育行政部门统一组织的考试来评定的，教师唯一能决定的只有教学方法，教师所发挥的作用就是在教学技能、教学方法上不断探索，以便能够把既定的知识快捷高效地传递给学生。这样的教师更多地是一个"匠人"或"技术熟练者"的角色，在缺少反思的职业生活中沦落为知识传输的工具，而很少考虑在学科知识背后所隐藏的主体的内心世界。于是，教师在各种压力之下所传授给学生的知识没有转化为学生素养，甚至对学生某些核心素养的发展起到了抑制作用。"在教学中，教师实际上通过'教书'实现'育人'，为教好书需要先明白育什么样的人。只关注现成知识传递价值的教师，实际上是在'育'以被动接受、适应、服从、执行他人思想与意志为基本生存方式的人。青少年学生内在于生命中的主动精神和探索欲望，在这样的课堂教学中常常受压抑，甚至被磨灭。这种情况不改变，教育将成为阻碍社会和个人发展的消极力量。”[9]在这种情况下，教师教得越多学生感觉收获的越少，学生学习的知识越多反而学习兴趣越低。这样的课程与教学管理体制导致教师改变教学困境的作用空间十分有限，而新课程的三级课程管理体制赋予了教师充分的教学自主权和教学自由，赋予了教师进行教学反思和教学改革的权力。权力与责任是密不可分的。教师得到赋权后，首先需要追问自己教学的出发点和本体价值，需要时刻围绕着学生的发展反思自身的课堂教学，在学生核心素养的培养过程中追求教学价值的提升，而不再为附属于考试成绩的工具价值的追求而殚精竭虑。从这个意义上来说，教学价值自觉在某种意义上也是教师的德性提升的过程，意味着教师真正地从学生发展、自我提升的角度来设计和规划教学。教师倘若真正地具有了价值自觉意识，他就不会在教学中感受到职业倦怠的困扰，因为教学价值自觉的过程也是教师主体认识澄明、教学能力拓展的过程，在此过程中，教师会因为自我价值的实现而获得满足感。

三、 核心素养之于教师的自我提升

教师总是在自己从事的学科领域进行教学活动的，具有价值自觉意识的教师必然要审视其从教学科的价值，也必须在学科价值明晰的基础上进行课程规划与教学反思。以核心素养为立足点的课程分析将学生的发展与教师的自我提升融为一体。

（一）课程分析中的认识澄明

我们可能终身从事某一个学科的教学，倘若我们自身对学科的价值都不甚明了，则我们的教学生活就会失去意义、迷失方向。而澄清学科价值的过程也是课程分析的过程。课程分析即对课程的整体建构及知识结构的价值分析，类似于课程开发的“逆运算”，是通过对课程的建构理念及知识结构进行逻辑拆解，从而达到理解课程的目标。“课程开发涉及建立课程的顺序，提出一个连贯的计划，而课程分析意味着拆解课程以了解计划。”[10]“课程分析试图把课程按照它的构成部分进行梳理，研究这些组成部分以及这些部分相互适应以构成整体的方式，来界定那些开发者奉行的理念和观点以及在课程中形成的清晰的或隐含的理念或观点；分析坚持这些理念对教育经验质量的影响。”[11]

课程分析需要对课程形成过程及其基本价值进行研究，需要考虑课程目标、课程标准产生的背景以及基于标准的课程是如何形成的。比如，核心素养的课程目标应该被理解为我国社会主义核心价值观的教育表征，是对“培养什么样的人”的问题的时代回应。在此基础上，教师应该分析学科课程在培养人的过程中的核心价值体现在哪里，课程文本又是如何围绕着学科的核心价值而开发的。通过上述问题的澄清，教师可以明确课程开发者的价值观念及其影响下的课程开发原则，并以这样的观念和原则引领课堂教学。课程分析还要对课程本体进行目标体系和知识结构的梳理。任何的学科都有其强调的教学目标，都有其基本的内容结构，而这些又与支配课程的认识论和价值观问题密切相连。这就意味着教师在学科教学过程中要从学生核心素养的目标出发分析学科知识的关联性，围绕学生核心素养的培育考虑学科知识的组织与编排方式。

（二）认识转化中的素养提升

全面而完整的课程分析不仅是一个客体主观化的过程，同时也是一个主体客观化的过程。在课程分析的过程中涉及“教育的中心目标、教育的预期对象和人们的学习方式、教师和最好的教学方式、学科及其组织形式、社区和它的价值观等”[12]客体内容，上述问题的澄明以主体对教育目标、课程文本的解读与诠释为基础，同时也充分地反映了主体的学科立场与教学理解，如同乔治·J·波斯纳(George J. Posner)博士所言，对这些观念的理解是反思性折衷主义的核心，“要揭示这些默认的观念，需要探究课程文本背后的东西，在阅读字里行间的意义以及在分散的资料基础之上做出推论。这样一来，课程分析的工作者不像牧师却更像侦探，课程分析更像文学分析而不像对存货的清查。”[13]课程分析无法摆脱教师的思想情感和知识背景，无法回避其价值追求。教师对社会、教学与学生的理解不同，所拥有的知识背景和价值观念不同，对课程的理解自然迥异。即便是对纯粹课程文本的分析也能清晰地折射出教师自身的学科素养，在这种意义上，我们可以说课程分析的过程也就是教师对自身课程理念、学科素养的审视和反思的过程。柏拉图说，教育不能把知识装进空无所有的心灵，正如不能把视觉装进盲者的眼睛，而教育者自身的心灵空洞所造成的教育危害更甚于此。就像不具备文学鉴赏能力的语文教师无法引领学生领略诗歌的韵律与意境之美；而语感很差的英语教师自然也教不会学生用英语自如地表达。“一个具有学科核心素养的人，应该表现出形成了关于学科思维和方法的习惯，这种习惯是由长期训练而来的，它富有底蕴且自然显露。一个具有学科核心素养的人，还会对学科知识产生信任感、依赖感、归属感及忠诚感，如，对来自数学课程之逻辑方法的信任及忠诚，对物理课程所揭示的物理世界的忠诚及归属等。”[14]学科核心素养的形成来自于价值自觉基础上的课程分析与教学反思，教师在此过程中明确学科的核心价值及知识逻辑，也明确自身专业素养的基础与发展空间，从而在主客体的认识转化中促进学科思维、知识与方法的完善。

（三）教学规划中的价值实现

课程分析是教学规划的基础性工作，课程分析中澄清的学科价值只有通过教学规划才能付诸实践，而教学规划只有与课程分析中的价值认识相互贯通，才能避免教学中的观念冲突，实现教学的本体价值。所谓教学规划，是指对某一学科的教学目标、教学内容、教学过程以及教学评价等进行的总体统筹、设计和安排，是寻求适切的教学方法和合理的课型搭配来提升学科的本体价值的过程。如果说课程方案是学校课程建设的整体蓝图，那么教学规划则是学校课程实施的具体细则，是实现学科教学目标，提升育人价值的根本途径。不同的学科有不同的形成过程、发展逻辑、性质和特点，在学生核心素养的形成中具有不同的价值，也都潜存着特殊的弊病，教学规划应该坚持学科立场，促进学科价值的实现。按照杜威的研究，学科按照其价值可以划分为三类：获得实践技能的特殊学科，如阅读、书写、计算和音乐；主要为获得知识的“知识性”学科，如地理和历史；更注重抽象思维的“推理的”、“训练性的”学科，如数学、形式语法等。[15]在训练性学科或明显的具有逻辑性的学科中，存在着理智活动同日常生活事务分离的危险；技能性学科存在着纯机械式的动物训练，限制了理智的能力的弊端；纯知识性的学科则可能无助于发展智慧。[16]虽然任何一门学科都可能具有这三类学科的价值，如数学、阅读、书写等含有技能的成分，重量表和测量表中含有知识的成分，历史、自然科学等也需要情感反应和富有想象力的推测……但这并不意味着教学上的学科混淆，反而为实现优势互补的教学规划提供了广阔空间，因为学科之间的协同是以恰当把握学科之间的区分为基本前提的，课程整合的合理空间也仅仅是在学科交叉和边界游移之处。所以，每个教师都应该精准地把握自己所教学科的性质和特点，明确该学科在学生核心素养形成中的独特地位和价值，探讨通过怎样的实施方式或者说构建怎样的课型才能取得最好的教学效果，以实现各门学科的特定价值并与其他的学科协同配合。这样，在学科教学规划中，教师就能通过学科独特的知识体系和思想观念的表达，促使学生形成学科能力及综合思维品质，而学科价值的实现必然有利于学生核心素养培育的终极目标。

参考文献：

[1] The Partnership for 21st Century Skills. P21 Framework Definitions [EB/OL]. http://www.p21.org/documents/P21_Framework_Definitions.pdf, 2009-12-09/2017-03-06.

[2] 齐格蒙特·鲍曼. 作为实践的文化[M]. 北京：北京大学出版社，2009：导言，17.

[3] 崔允漷. 追问核心素养[J]. 全球教育展望，2016(5)：3-10.

[4] 李长吉. 教学价值观念论[M]. 兰州：甘肃教育出版社，2004：156-157.

[5] 弗雷斯特·W. 帕克，格伦·哈斯. 课程规划——当代之取向[M]. 谢登斌，俞红珍，等，译. 杭州：浙江教育出版社，2004：421.

[6] 叶澜. 试论当代中国教育价值取向之偏差[J]. 教育研究，1989(8)：28-32.

[7] [9] 叶澜. 重建课堂教学价值观[J]. 教育研究，2002(5)：3-7.

[8] 钟启泉. 基于核心素养的课程发展：挑战与课题[J]. 全球教育展望，2016(1)：3-25.

[10] [11] Jonathan, D. Jansen & Vijay, Reddy. Curriculum Analysis: a reference manual [EB/OL]. http://www.pitt.edu/~ginie/ieq/pdf/curranal.pdf, 1996-11-21/2017-03-06.

[12] [13] 乔治·J·波斯纳. 课程分析[M]. 仇光鹏，等，译. 上海：华东师范大学出版社，2007：23.

[14] 李艺，钟柏昌. 谈核心素养[J]. 教育研究，2015(9)：17-23.

[15] [16] 杜威. 我们怎样思维——再论反省思维与教学的关系[A]. 吕达，刘立德，邹海燕. 杜威教育文集·第5卷[C]. 北京：人民教育出版社，2008：94-95.

核心素养框架构建：自主学习能力的视角

郭文娟　刘洁玲

当今，核心素养的培育被世界各国视为教育的重大趋势。核心素养不仅被视为一种课程目标，同时也被视为一种课程观，成为信息时代课程改革的一个重要方向和趋势。长远而言，核心素养体系的构建有利于提升我国整体的教育实力和公民素养，打造人才强国，并对提升我国的国际地位和国际竞争力具有战略性意义。就当前的课程发展来看，一方面核心素养将成为课程发展的重要理论支撑，并为课程改革与实践提供清晰的发展指引；另一方面，基于核心素养而提炼出的不同类别的学科素养，将为我国学科教育学体系的重建以及跨学科课程体系的形成提供机遇。[1]

因此，经济全球化不断深入发展的信息化时代，核心素养体系的构建对我国国力的提升以及素养本位的课程改革与课程体系建设具有极为重要的意义。然而我国当前对核心素养的研究仍处于初级探究阶段，主要集中于对基本理论的探讨，但对核心素养如何有效融入课程要素并贯彻于教学实践则鲜有涉及。鉴于此，有必要积极吸取和借鉴国际有益经验及教训，加强核心素养与课程及教学实践的融合。那么，有哪些国际经验和教训最值得我们借鉴？我国未来的核心素养研究又将沿着怎样的方向和路径前进呢？只有当这些问题逐渐变得清晰和明朗，才能有效促进我国核心素养的理论发展及向实践的转化。本文将重点聚焦三个层面展开讨论：有关核心素养的国际研究趋势，我国核心素养研究切入点的选择，以及我国核心素养研究的未来发展方向。

一、 核心素养框架构建的国际经验：理论研究与实证探究相结合

综观国际研究，已有二十多年有关核心素养框架的理论研究和课程实践。无论是国际经济合作与发展组织（OECD）、欧盟，还是美国教育界，对核心素养的相关理论架构各执一词，可谓是学术界的一次百家争鸣。世界各个国家和地区自发地形成了对核心素养的一次集体大讨论。然而就核心素养的概念及理论架构，国际上仍莫衷一是，没有形成一个权威而被广泛认可的界定。因此，在基于西方教育背景的众多理论框架面前，我国当前除积极引进和介绍相关理论外，更为根本的是对提出这些理论背后的研究经验进行总结和批判性反思，以探索出符合我国教育实际且行之有效的研究路径和策略。

（一）核心素养研究的国际趋势

通过文献梳理，发现当前国际上对核心素养理论框架的构建主要基于以下两种研究思路：第一，自上而下，基于学生未来的成功生活与社会的健全发展之目标及框架，展开有关核心素养的理论探究；第二，自下而上，通过实证研究揭示学生个体或社会当前的发展问题与不足，针对性地发展核心素养框架。此两种研究思路各有其优势和不足，自上而下的思路有利于确保核心素养框架与已有的教育目标及社会目标相一致，减少同一教育情境中不同理论之间的矛盾与冲突，但同时则可能忽视或回避当前学生及社会发展中真正存在的问题，从而不利于在实践中真正地贯彻执行。相反，自下而上的思路虽更具有问题的针对性，但却有可能形成教育情境中多种理论之间的相互竞争甚至对抗。因此，若偏执于某一种思路，则都可能带来一定的片面性甚或消极影响。

问题的解决办法总是随着问题一同产生。OECD 巧妙地实现了“自上而下”与“自下而上”两种研究思路的无缝对接，其构建核心素养体系的研究过程主要体现在以下三个步骤：第一步，通过“素养的界定与遴选：理论和概念基础”项目（Definition and Selection of Competencies：Theoretical and Conceptual Foundations，简称 DeSeCo），初步提出个体和社会在未来取得成功所需要的核心素养框架，并开发相应的测评工具（Program for International Student Assessment，简称 PISA）；第二步，通过 PISA 展开实证研究，诊断学生当前的核心素养发展现状；第三步，比较当前发展现状与未来成功所需，针对性地深入探究和完善核心素养框架。OECD 成功地在核心素养框架构建过程中拉起了“两大战线”：一是全面展开对个体与社会未来发展走向的畅想和预测。这在学术界对教育的意义和最终价值掀起了一股“头脑风暴”，而这股风暴渐有席卷全球之势；二是依托 PISA，在世界诸多国家和地区积极开展实证研究，为理论的构建和完善提供了强有力的证据支撑。OECD 所提出的核心素养框架因此受到了世界众多国家不同程度的认同和采纳，具有重要的理论价值。[2]此外，国际教育评价协会（The International Association for the Evaluation of Educational Achievement，简称 IEA）也通过相关实证量化工具 TIMSS（Trends in International Mathematics and Science Study，简称 TIMSS）对世界各国学生的数学素养及科学素养展开了评价研究和评测活动，为美国“21 世纪素养体系”的形成提供了重要的实证基础。[3]新西兰也通过在教育一线的“课程发展咨询项目”对本国课程发展展开一系列的实证调查，并确立了核心素养发展框架，为后续相应的课程改革做了扎实的铺垫。[4]由此可见，基于理论探讨与实证探究来构建本土化的核心素养框架已成为国际性趋势，相继在许多国家不同程度地开展，也取得了一些阶段性成果。

然而，作为欧盟成员国的波兰在本国实施基于核心素养的课程改革（后文简称“课改”）将近 20 年，却因相关实证研究开展不足而未能达成预期的目的和效果。波兰的此次课改不但没有对 OECD 的 DeSeCo 作出任何有实质意义的贡献，而且其课改方针也并未能给改革的学校提供强有力的支持。波兰一些学者总结分析此次课改失利的重要原因在于未能对本国教育实际进行深入而全面的实证研究。具体而言，波兰在整个课改过程中缺乏对学校实际、教师教学情况及学生的学习体验及时地跟踪和深入了解，导致波兰最终无法将核心素养有效地转化为考试标准、课程编制指南及学生学业的监测与评价标准。[5]因此，推进课改有效落实，不仅需要理论的高屋建瓴和哲学引领，同时也需要结合实证探究加强对教育实践情境深入而细致的了解。

（二）我国加强核心素养实证探究的必要性及重要价值

反观我国，目前对核心素养的研究更多集中于理论的借鉴与探讨，以期厘清核心素养的概念、内涵及架构，从而构建中国本土特色的核心素养体系。尽管对国外相关理论的梳理和探讨非常有助于我们对核心素养的整体理解和深入解析，若我们同时借鉴OECD和新西兰的发展经验并吸取波兰改革失利的教训，在理论探讨的同时全面开展相关实证研究，以深入了解我国学生的核心素养发展现状及问题，必将加速和深化我国本土化核心素养体系的构建。此外，从核心素养理论到转化为课程实践需要理论专家、学校领导、教师、学生以及家长的协同合作，以使核心理论真正融入课程体系并有效落实和践行。而基于实证的咨询和研究正可成为不同主体间密切交流与沟通的平台。从而实现“自上而下”与“自下而上”两种研究思路的紧密结合与相互发展。

在我国当前研究阶段，开展有关核心素养实证研究的必要性和重要价值主要体现在以下几个方面：(1)作为理论探究的实证基础，为其提供研究方向或切入点；(2)与理论探究相呼应，可进一步验证、完善及深化理论框架；(3)基于我国的教育实际，促进理论体系的本土化构建。核心素养的概念和框架是整体性的，但其推广实施的过程和效果却是有赖于具体情境的。因此，吸取波兰课改失利的教训，要促进核心素养更为有效地转化为课程要素，需要教育研究者深入具体的教育情境展开一系列的相关实证研究，提高改革的情境适应性，从而为新一轮基于核心素养的课改提供更为系统、准确和深入的实证数据。

二、自主学习能力：核心素养体系构建的最佳切入点

核心素养作为从学习结果的视角界定未来人才形象的类概念，包含多种不同的必备品格和关键能力。[6]然而，核心素养框架的构建需找到一个恰当的研究切入点，从而实现以点带线，以线带面的辐射式系统发展，还有助于促进相关研究的深入和高效。那么，在诸多的关键能力中，核心素养的相关研究应以何处为切入点呢？要回答此问题，我们还需深入核心素养框架的内核来寻找答案。

（一）自主学习能力：核心素养框架的本质与核心

OECD将核心素养界定为三大类能力：(1)灵活使用语言、信息或技术等工具进行有效沟通的能力；(2)同异质集体构建良好关系，解决冲突的能力；(3)自主学习、反思和行动的能

力。根据 OECD 的界定,"反思性正是核心素养之中心",即核心素养框架的本质与核心是反思性思考与自主性行动,而这种反思性与自主性正是自主学习能力的要旨。[7]此外,欧盟的核心素养框架同样强调了自主学习能力或终身学习能力的核心价值。[8]因此,在诸多的核心素养体系所包含的能力中,自主学习能力被视为核心素养的本质与核心。那么,何为自主学习能力?具有哪些基本特征?又将如何体现其在核心素养框架中的核心地位呢?

首先,"自主学习能力"强调具体情境中的问题解决能力及终身学习的能力。自主学习不仅指学习者自觉自主地学习具体的学科知识与技能,更注重其在复杂多变的社会情境中自觉主动地使用一系列复杂的认知(如反思与批判性思维等)与非认知策略(合作及目标管理等)解决复杂问题以达成各种个体及社会性的发展目标。[9]因此,自主学习能力贯穿个体的终身发展,属于一种终身学习的能力。

其次,自主学习能力具有可塑性、跨学科性及公平和民主性。具体体现为:(1)自主学习能力并非先天特质,而是在后天经过训练可以塑造和习得的。大量研究表明,通过营造自主的学习环境,教师进行"支架式"(scaffolding)引导和启发性教学,或帮助学生进行自我评价都有助于提高学生的自主学习能力。(2)自主学习能力是一种跨学科、跨领域解决复杂问题的能力。自主学习能力包含各种不同认知能力的积极使用以及学习动机的自我驱动,可以应用在学习不同学科以及完成不同领域和类型的社会性工作。(3)自主学习能力有助于实现教育公平与民主。教育资源与机会的不平等与非民主性是当今世界教育的主要问题之一。通过培养学生的自主学习能力,帮助学生积极主动地争取和开拓教育资源与机会,并进行反思性和创造性的有效利用,是弥补并最终走向教育公平与民主的可行之策。[10]即自主学习能力满足核心素养所强调的价值性、迁移性和民主性。[11]

最后,自主学习能力对其他关键能力的发展具有引领和触发作用。第一,自主学习能力强调自觉自主的终身学习,一旦学习者具备了较高的自主学习水平,便可在已有知识和能力的基础上自主发展其他能力,如有效使用先进技术的能力及建立和谐人际关系的能力等。高水平的自主学习者往往能够经常而有效地使用各种学习策略,进行批判性反思,以及调节自身的内、外部动机实现自我驱动,进而更为深刻地认识到其他关键能力的重要价值并进行自我培养。第二,自主学习能力具有较强的情境适应性。自主学习能力不仅局限于学校环境中学科知识的学习,还体现在学校环境之外的工作、家庭或宗教中的学习与成长。自主学习者能够以积极主动的心态迎接各种挫折与挑战,进行批判性反思和学习,创造性地解决各种技术或人际问题。第三,自主学习能力有助于实现自我认同和自我价值的提升。自主学习不仅指对外界事物的学习,同时也强调对自我的认识,即对"我是谁"这样一个哲学命题的自我探究。当个体能够清晰而全面地认识自我,不断地对自我进行批判性反思、调节和完善,才能更好地自内而外作用于社会的发展与前进。[12]

简言之,自主学习能力是核心素养体系的本质与核心,在核心素养的整体发展中具有不可或缺的引领和触发作用。此外,在国际研究中自主学习的相关理论体系及实证研究工具已趋成熟(将在下文详述),我国当前研究阶段若以自主学习能力作为核心素养框架构建的切入点，发挥其提纲挈领的作用，将有助于我们在核心素养的研究中走向深入，并带动其他关键能力的研究，加速整体的核心素养研究进程。

（二）自主学习能力测评体系：连接核心素养、学科素养及学习结果

要深入探究学生的自主学习能力，需要借助于相关的专业研究工具，或曰其相应的测评体系。在探讨自主学习能力的测评体系之研究价值和功用之前，首先让我们来了解一下它的基本架构与内涵。自主学习能力的测评体系经历了近半个世纪的发展和完善已渐趋成熟，并逐渐形成了一些信效度较高且在国际上广泛认可和使用的自主学习评价工具，包括一系列的量表及质性研究工具。就量表而言，最著名的有宾特里齐（P. R. Pintrich）及其团队开发的《学习动机策略量表》（Motivated Strategies for Learning Questionnaires，简称MSLQ），该量表也已被一些香港和大陆学者进行翻译和修订，并基于中国独特的教育情境开发了信效度较高的中文版本。该量表主要包含两大层面、六个维度，即：动机层面（价值维度、期待维度、情感维度）以及学习策略层面（认知策略、元认知策略、资源管理策略）。[13] 此外，较有影响力的还有 OECD 在 PISA 中所使用的相关量表，用以测量学生在不同学科情境下的自主学习水平。PISA 不仅测试了学生在阅读、数学及科学方面的学科素养，还评测了学生的跨学科素养，即自主学习能力的发展如认知策略的使用、学习参与度、元认知策略的使用及动机等。[14—15]

然而，单一的量表虽能全面评测学生的自主学习表现，但不足以解释其背后的行为过程和深层原因。因此，一些学者还开发了相应的质性研究工具，如行为观察框架和访谈框架，为我们提供了结构化的、操作性较强的工具支持。

首先，课堂观察框架。近年来，基于社会认知理论，学习的情境化因素开始在自主学习的测量中受到越来越多学者的关注，并通过观察法来评估学生的自主学习表现。观察法通过在自然的场景中探究“正在发生”（on-the-fly）的社会事件和现象，在现场“收集”资料而非像问卷、访谈或实验干预等“生产”资料，有助于在具体的情景中获得丰富而深入的描述性行为及其展开过程的数据。特纳（J. C. Turner）设计了系统的观察框架，包含三个步骤：第一，记录和检视基本数据，如被观察的教室氛围、学生姓名、观察时间和持续时段等。第二，根据研究问题，观察和记录学生在不同学习情境中的具体行为表现，如学习行为与过程、情绪或态度、学习方法或策略等。第三，根据研究框架中的各个维度，将学生的相应行为表现纳入到各维度中，制作观察清单。这些观察数据会通过之后的访谈数据进行补充。此外，除系统化的观察框架外，时间抽样程序（time sampling procedure）也很关键，即在某一个固定的时间段内，记录特定行为出现的频率。这些特定行为不仅包括研究所界定的自主学习行为，还包括被观察者的用语、面部表情、坐姿、手势或眼神等。[16]

其次，访谈框架。美国著名心理学家齐默尔曼（B. J. Zimmerman）在社会认知理论及相关的实证研究基础上，开发了用于自然情境中的自主学习结构化访谈框架（Self-regulated Learning Interview Schedule，简称 SRLIS），其中包含 14 个类别的自主学习行为。这 14 个

自主学习行为类别分别是：自我评价、组织和转化、目标计划与设定、信息搜索、坚持记笔记和自我监控、环境结构、自尊、练习和记忆、求助、回顾记录。该 14 个自主学习行为类别较为全面地涵盖了自主学习策略，有助于深入调查学生的自主学习表现。他们在访谈过程中使用了开放式答案的访谈形式，以避免出现研究者诱导和提示的现象。[17]此外，齐默尔曼还界定了 6 种不同的学习情境，即：在教室情境中、在家学习、完成协作任务时、完成困难任务时、准备测试及参加测试时、学习缺乏动力时。在访谈中通过向学生描述这六种不同的学习情境，有助于收集多元情景下的数据，并通过对不同类型数据进行三角互证（Triangulation）提高研究资料的全面性、准确性和信度。[18]以上 14 类自主学习行为及 6 种自主学习情境的访谈框架，对我们的自主学习能力研究具有十分重要的借鉴意义和工具价值。

借鉴具有国际权威性的自主学习能力相关理论探讨和测评经验，自主学习能力的测评体系可总结为以下四个维度：(1)认知策略的使用，如低阶的复述策略和联系策略，以及高阶的组织策略与批判性思维策略。(2)元认知策略的使用，包括元认知知识即对指对自身思维、知识与行为的认识和反思；以及元认知监控和调节即对指对自身思维、知识与行为进行的监控和管理。(3)资源管理策略的使用，包含两方面：对自我资源的监控与管理，指对属于自己的学习时间、学习环境、学习目标和努力程度等进行的监控和管理；以及对外界资源的管理，指对与他人相关的资源进行的管理，如同伴合作学习及求助等。(4)动机，主要体现在四个方面：外部动机，指学习动力主要来自于外界的成绩、奖励、竞争或他人的评价；内部动机，指学习动力主要来自于对事物的兴趣、好奇、挑战及自我成长；自我效能感，指对自己完成一项任务的能力和技能的自我判断；考试焦虑，指在考试中对于考试结果的担心和焦虑状态。此四个维度较为全面地涵盖了自主学习能力的内涵，同时也强调和突出了某些关键能力，如批判性思维能力、反思性思维、有效合作和沟通的能力，以及在动机趋势下积极主动的实践能力。因此，自主学习能力的测评体系有助于我们了解学生核心素养培育中某些关键能力的发展状况，并揭示发展中的问题以提出相应的解决方案。

根据以上国际研究经验，将自主学习的四个不同维度与齐默尔曼的六种学习情境进行合理组合，可建立相应的课堂观察框架（如表 1 所示）与访谈框架（如表 2 所示）。首先，课堂观察框架需记录所观察课堂的基本信息从而为研究结论的推理和解释提供可参考的背景信息。其次，课堂观察框架和访谈框架需根据不同的情境来审视学生在自主学习各维度的表现，模糊情境或单一情境下的研究结论或显偏颇，而情境的选择可根据研究需要进行灵活调整。再次，在研究实践中两种研究框架所涉及的诸多子维度并非同时出现在每一次的研究过程中，需要研究者对收集到的质性资料进行细致的归类与分析。两种质性研究框架的构建具有重要的研究价值，一方面有助于研究者更全面、深入和系统地了解和评估学生的自主学习能力发展水平。另一方面，还可应用于课程实施与评价的过程中，帮助一线教师对学生的自主学习表现进行日常观察和评估。同时也有助于教师将自主学习各要素渗透到相应学科的单元设计和课时设计中，从而相应地改进教学实践，逐步培养学生的自主学习能力。

表 1　自主学习能力课堂观察框架

基本信息	班级编号： 观察时间：			教育氛围： 持续时间：			观察科目： 被特别观察的学生：				授课教师：	
自主学习维度 学习情境	认知策略				元认知策略		资源管理策略		动机			
	复述	联系	组织	批判性思维	元认知知识	元认知监控与调节	自我资源管理	外界资源管理	内部动机	外部动机	自我效能感	考试焦虑
上课听讲												
师生互动												
完成协作任务												
完成困难任务												
备考时												
备注												

表 2　自主学习能力访谈框架

自主学习维度 学习情境	认知策略				元认知策略		资源管理策略		动机			
	复述	联系	组织	批判性思维	元认知知识	元认知监控与调节	自我资源管理	外界资源管理	内部动机	外部动机	自我效能感	考试焦虑
教室情境												
在家学习												
完成协作任务												
完成困难任务												
备考时												
学习缺乏动力												
备注												

自主学习能力测评体系对于构建核心素养框架的意义还在于其在核心素养与学科素养、学习结果之间建立了连接。正如崔允漷教授所指出的，核心素养作为教育目的和学习结果的中介，要发挥其课程目标的功能，需要发展一定的专业技术将课程目标转化为可理解、可传播、可实施、可测量的陈述，以有助于一线教师、教育研究者及政策制定者有更为明确和具体的着力点。[19]承载了核心素养诸多关键能力且可适用于各个学科的自主学习能力测评体系适时而应景地满足了这一技术需求。其所测评的四个维度能够较为全面而系统地描述和揭示学生核心素养培育过程中的具体能力发展，同时评估课程目标的达成情况及学生的学习结果。简言之，自主学习能力测评体系通过将核心素养的关键能力进行维度细分，转化为具体的实践行为及测量条目，实现了核心素养与学习结果之间的连接。

此外，自主学习能力测评体系还有助于连接核心素养与学科素养，并促进不同类型学科素养体系的构建。核心素养与学科素养之间是整体与局部、共性与个性、抽象与具象的关系，二者缺一不可，密不可分。在具体的学科教学中，核心素养需要通过具体的学科素养来贯穿和实现。不同类型的学科在其学科特征、课程目标、课程内容、课程实施即课程评价方式上皆存在差异，因此在核心素养引领下构建的学科素养应体现出学科的独特性和不同的聚焦点。自主学习能力测评体系具有学科适应性，能够适用于不同类型学科的自主学习能力测评。从认知策略、元认知策略、资源管理策略的使用到动机水平，该测评体系能够揭示出学生在这四个主要能力维度上的学科差异，从而有助于我们有针对性地、差异化地构建不同类型的学科素养。核心素养最终需要通过基于不同学科脉络和知识框架的学科素养来实践和运行。根据不同的学科素养要求，一线教师便可结构化地进行相应学科的单元设计、课时设计以及学习评价设计。这一过程具体体现为钟启泉教授提出的“核心素养—学科/跨学科素养—单元设计—学习评价”这一环环相扣的课程链条。[20]

由此可见，核心素养在整个课程结构当中充当宏观的课程目标，而学科/跨学科素养则界定了具体的学科目标，学科目标导引着具体课程的设计与实施，以及最后的课程评价。而在这整个的课程链条中，自主学习能力测评体系将核心素养的部分关键能力变为可理解、可传播、可实施和可测量的陈述。因此，自主学习能力测评体系的重要价值不仅仅体现在其开展量化研究和质性研究的工具价值，更具有沟通核心素养、学科素养与学习结果的课程价值。

三、我国核心素养体系构建的实践方向：自主学习能力的视角

我国当前处于核心素养研究的初级阶段，应如何构建我国本土化的、符合我国教育实际的核心素养体系呢？借鉴核心素养体系构建的相关国际研究经验，从学生自主学习能力的视角，我们将就当前我国应如何构建本土化的核心素养框架，以及如何将核心素养理论落实到课程与教学实践中展开探讨。

（一）借助自主学习能力框架，推进基于核心素养的课程整合

正如钟启泉教授所言，核心素养不是直接由教师教出来的，而是需要学生在具体的问题情境中借助问题解决的实践而逐步培养和发展起来的。[21]换言之，核心素养的培养关键在于杜威所倡导的“做中学”，在学校情境中则需要依托教育实践活动来实现。而解决实践问题往往需要调动不同学科的知识、能力和资源，而非局限于独立单一的学科。因此，核心素养本位的教育活动的设计和开展往往需要整合不同的学科课程。然而，我国当前知识本位的课程体系将完整的知识以学科的形式碎片化，人为地进行割裂，不同学科的教师犹如在同一条“流水线”的不同流程上对学生进行分工式的“独立加工”。工业化产品通过分工打造，最终会以完整的功能呈现在消费者手中，但被分工打造的学生在走向社会时却很难融合不同学科的知识和技能来解决真实而复杂的问题。原因在于人类思考和解决实际问题的能力需要在长期的学习和实践中不断建立和完善大脑的复杂心理表征，问题越是复杂，需要的心理表征的结构就越复杂越抽象。那么，何谓心理表征呢？心理表征是“一种与我们大脑正在思考的某个物体、某个观点、某些信息或者其他任何事物相对应的心理结构，或具体或抽

象”。[22]独立的学科课程有利于发展学生在与该学科相关领域的心理表征，但要解决复杂的真实性问题往往需要融合了不同学科领域知识的整合性的心理表征。然而，独立学科课程体系下培养的学生由于缺乏整体性的课程知识学习和实践，很难将不同学科领域的知识和能力进行有效融合，更无法有效地建立整合性的复杂心理表征，因此学生在解决真实性问题时难免力不从心。

鉴于此，进行基于核心素养的课程整合势在必行。通过将不同学科课程围绕核心素养的关键能力进行有效整合，以打破学科课程之间被人为筑起的知识边界，帮助学生有效融合不同学科领域的知识体系并建立复杂的心理表征以解决真实性问题。对不同学科课程的整合并非将不同学科的知识、技能及资源进行简单的堆砌和叠加，而需要进行结构化的设计。即教育活动的设计应由“知识本位”走向“素养本位”。[23]自主学习能力作为核心素养的本质与核心，其能力框架中所包含的四个维度具有可理解、可传播、可实施和可测量的特性，适宜作为整合不同学科课程的结构化工具。具体而言，即在设计一项教育活动时应尽可能同时培养学生以上四个维度的能力，而具体活动的内容、过程及评价标准设计应体现不同的学科情境，融合不同学科的资源。通过自主学习能力框架而整合的课程，有助于学生在课程活动中综合习得自主学习四个维度的能力，并在不断的实践练习中融会贯通，从而逐渐建构解决真实性问题所需的复杂心理表征。

（二）通过对学生在不同学科的自主学习能力测评，推进学科素养体系的建设

学科素养，作为核心素养渗透到学科课程的媒介，二者之间是局部与整体、特性与共性以及具象与抽象的关系。[24]核心素养需要通过学科素养来具体实践，而不同学科群所聚焦的学科素养并不相同，学生在不同学科的能力倾向亦有所不同。借鉴 OECD 构建核心素养框架的经验，即将“自上而下”与“自下而上”两个思路相结合。在我国构建学科素养的“自上而下”的思路主要指学科专家根据不同学科的特点和学生未来成功及社会发展所需要的关键能力而提出；而“自下而上”的思路则需要深入了解学生在某一个学科当前的能力现状，并找出与目标水平的差距，从而针对性地加强部分能力的发展。

自主学习能力作为核心素养的核心与本质，其较为成熟的能力结构框架及相应的测评体系有助于从以上另个思路上分别推进学科素养体系的构建。首先，自主学习能力四大维度（认知策略的使用、元认知策略的使用、资源管理策略的使用、动机的自我调节）具有学科适应性和可迁移性，可于“自上而下”的思路上为不同学科素养体系的建设提供能力参考；其次，自主学习能力较为完善的质性与量化的测评工具，则可从“自下而上”的思路上通过监测学生当前在不同学科中的自主学习水平为学科素养体系的构建提供实证数据参考。此外，自主学习能力的测评体系还有助于从横向收集我国中东西不同区域学生的能力发展数据，以及纵向收集学生能力发展的历史变化数据，并建立相应的数据库，从而为我国学科素养体系的逐步建设和不断完善提供坚实的数据支持。

（三）通过对学生在不同学科的自主学习能力测评，推进素养本位的教学实践与研究

学科教学是培育学生核心素养的关键环节。而学科教学实质是一种对话性实践，具有“活动性”和“生成性”的特点，教师需要在与学生持续的对话和互动中帮助学生构建知识的意义。[25]有效的对话建基于深入的理解，理解学生的学习状态、能力发展现状及能力发展需求。然而，在当前扭曲的应试教育背景下，许多教师对学生的理解仅仅局限于其学习成绩的高低，而忽视了对其学习行为、情感及动机等学习过程的理解。理解学生的学习过程及心理状态有助于加强师生之间的情感链接和相互理解，方能进行有意义的对话与互动。而学生的学习过程及心理过程具有内隐性的特点，无法通过直接的观察而获得，需要借助专业的心理测量工具进行测评。正如前文所及，自主学习能力的测评工具已渐趋成熟，且具有信效度较高的中文版本。通过对学生进行不同学科自主学习能力的测评，有助于教师深入而全面地理解学生在不同学科的学习过程中其认知策略的使用、元认知策略的使用、资源管理策略的使用及相应的动机水平。进一步讲，还将有助于教师根据学生的自主学习状况和水平，有针对性地调整自己的教学策略或教学方式，并根据不同学生的自主学习表现进行素养本位的差异化教学。

此外，自主学习能力框架及其测评体系还有利于推进基于核心素养的教学研究。首先，通过自主学习测评工具所获得的量化及质性数据，可在一定程度上从学生能力的视角反映当前的教学现状尤其是存在的问题。教育学者可借助此数据深入挖掘问题背后的原因并提出相应的教学改进建议，帮助教师改进其教学实践。其次，一线教师还可借助自主学习能力框架及测评工具自主展开行动研究。自主学习能力框架具有清晰的能力描述和测评规则，通过观察学生的日常学习表现或与学生的访谈，获得有关学生自主学习能力的现状，诊断学生当前存在的学习问题，从而有针对性地展开行动研究，探究其背后原因和改进策略。

四、小结

核心素养的培育已被视为提升国家竞争力的重要教育手段之一，在诸多国家和地区都受到了来自教育决策部门、大学研究机构乃至一线中小学校长和教师的关注。同样，我国也积极加入了这股教育风潮。然而，我国当前仍处于核心素养相关研究的初级阶段，需要积极学习和借鉴国际有益经验，主要体现在：第一，通过“自上而下”的理论探讨和“自下而上”的实证研究相结合，促进核心素养研究的深入与高效发展。第二，“自主学习能力”作为核心素养框架的本质与核心，可作为我国核心素养相关研究的切入点，充分发挥其对核心素养其他关键能力的引领和触发作用，从而实现以点带线，以线带面的辐射式发展。基于核心素养体系构建的国际经验，未来我国本土化的核心素养体系的构建及向课程与教学实践的转化或可基于以下三个方向发展：(1)借助自主学习能力框架，推进基于核心素养的课程整合；(2)通过对学生在不同学科的自主学习能力测评，推进学科素养体系的建设；(3)通过对学生

在不同学科的自主学习能力测评，推进素养本位的教学实践与研究。

参考文献：

[1][20][21] 钟启泉. 基于核心素养的课程发展：挑战与课题[J]. 全球教育展望，2016，45(1)：3－24.

[2][7] OECD. The Definition and Selection of Key Competences [Executive Summary] [EB/OL]. http://www.oecd.org/dataoecd/47/61/35070367.pdf, 2005－05－27/2016－08－25.

[3] Voogt, J., Erstad, O., Dede, C. & Mishra, P. Challenges to Learning and Schooling in the Digital Networked World of the 21st Century [J]. Journal of Computer Assisted Learning, 2013, 29(5): 403－413.

[4] Rutherford, J. Key Competencies in the New Zealand Curriculum: Development Through Consultation [J]. Curriculum Matters, 2005, 1(1): 210－227.

[5] Dąbrowski, M. & Wiśniewski, J. Translating Key Competences into the School Curriculum: lessons from the Polish experience [J]. European Journal of Education, 2011, 46(3): 323－334.

[6][19] 崔允漷. 追问"核心素养"[J]. 全球教育展望，2016，45(5)：5－10.

[8] Pepper, D. Assessing Key Competences Across the Curriculum-and Europe [J]. European Journal of Education, 2011, 46(3): 335－353.

[9][10] Zimmerman, B. J. Attaining Self-regulation: A Social Cognitive Perspective [A]. M. Boekaerts, P. R. Pintrich & M. Zeidner. Handbook of Self-regulation [C]. San Diego: Academic Press, 2000: 13－35.

[11] 张华. 论核心素养的内涵[J]. 全球教育展望，2016，45(4)：10－23.

[12] Zimmerman. B. J. Theories of Self-regulated Learning and Academic Achievement: An Overview and Analysis [A]. B. J. Zimmerman & O. H. Schunk. Self-regulated Learning and Academic Achievement: Theoretical Perspectives. Mahwah [C]. NJ: Lawrence Erlbaum Associates, 2001: 1－38.

[13] Pintrich, P. R., Smith, D. A. F., Garcla, T. & McKeachie, W. J. A Manual for the Use of the Motivated Strategies for Learning Questionnaire (MSLQ) [M]. Office of Educational Research and Improvement (ED), Washington, D. C., 1991: 1－60.

[14] Organization for Economic Co-operation and Development. PISA2009 Results: Vol. 3. Learning to Learn: Student Engagement, Strategies and Practices [EB/OL]. http://www.oecd.org/pisa/pisaproducts/48852630.pdf, 2010－09－01/2016－08－25.

[15] Organization for Economic Co-operation and Development. PISA2012 Results: Ready to Learn: Students' Engagement, Drive and Self-Beliefs (Volume III) [EB/OL]. http://dx.doi.org/10.1787/9789264201170－en, 2013－07－01/2016－08－25.

[16] Turner, J. C. The Influence of Classroom Contexts on Young Children's Motivation for Literacy [J]. Reading Research Quarterly. 1995, 30: 410－441.

[17] Zimmerman, B. J. & Pons, M. M. Development of a Structured Interview for Assessing Student Use of Self-regulated Learning Strategies [J]. American Educational Research Journal, 1986, 23: 614－628.

[18] Zimmerman, B. & Martinez Pons, M. Construct Validation of a Strategy Model of Student Self-regulated Learning [J]. Journal of Educational Psychology, 1988, 80(3): 284－290.

[22][24] 安德斯·埃里克森，罗伯特·普尔. 刻意练习：如何从新手到大师[M]. 王正林，译. 北京：机械工业出版社，2016：11.

[23][25] 钟启泉. 学科教学的发展及其课题：把握"学科素养"的一个视角[J]. 全球教育展望，2017，46(1)：11－23.

核心素养与评价改革

- TIMSS 和 PISA 数学测评分析框架比较分析
- PISA2015 科学素养测评对我国中小学科学教学与评价的启示
- PISA 财经素养测评对我国财经教育与财经素养研究的启示
- 坚守与创新：PIRLS 阅读素养评价的回顾与启示
- 关于数学素养测评及其践行
- 学生发展核心素养的考试和评价——以 PISA2015 创新考查领域「协作问题解决」为例

TIMSS和PISA数学测评分析框架比较分析

王 鼎 李宝敏

在国内大规模数学测评，如初中毕业统一学业数学考试中，如何选择及有效分布测评的内容及数学核心素养，以体现学生在整个义务教育阶段结束时数学学业成就及数学素养的水平，是令人关注，也是值得进一步思考和探索的问题。其中对于核心素养，学者们认识到其"必须能够指导教师日常教学、促进教育评价、指引教育改革方向"，[1]并就相应模型，甚至学科能力相关要素表现等进行讨论（如参考文献[1][2]）。但是如何在实践中操作，特别是高利害性的大规模测试中如实施，它和知识技能之间的关系如何处理，等等，这些细节的问题，从测评的角度，都首要考虑的是测评系统分析框架的构建问题。而涉及这方面的研究不多见。

在测评系统构建中，测评分析框架体现的就是对测评目标及相关维度的设计。这为整个测评的开发和设计提供了一个平台。该平台围绕测评的目的，明确测评的内容及相关表现。对于测评框架，针对其所列出的框架内容及目标，是否可以切实可行地得到体现，如何体现，这直接引导甚至决定了试题的表征及分布，以及相关题型功能的运用。试题构成的整卷是测评框架的具体表现，是测评目标实施的载体。同时测评结果，即学生在试题或试卷上的表现，通过编码评分所获取的数据信息，利用数学模型的计量，表现和解释学生相应学习的结果也在实证框架目标的实现程度。总体而言，测评的分析框架影响和决定着测评的整个设计，对整个测评有着统摄的作用。

为有助于国内大规模数学测评框架的构建，本文对国际两大数学测评——TIMSS数学测评（八年级）和PISA数学测评，在内容和过程（或认知）两个方面进行比较分析。

TIMSS数学测评是由国际教育评估协会（the International Association for the Evaluation of Education Achieveerent，简称IEA）开发，并在1995年第一次进行测评，四年一轮，建立了以预期课程、实施课程和达到课程为基本结构的课程模型。该测评利用这些课程中所共有的内容、表现期望和观点三个方面，构成TIMSS数学测评最初的目标分析框架。其中观点涉及学生的态度、兴趣等方面。自2003年开始至今，TIMSS数学测评目标分析主要就内容和认知两个方面。PISA数学测评是由经合组织（Organization for Economic Co-operation and Development，简称OECD）开发从2000年开始的测评。该测评三年一轮，建立了内容、过程和情境三维一体的目标分析框架。

本文通过比较，期望获取TIMSS数学测评和PISA数学测评在测评分析框架构建上存在的相似性和差异性，特别是测评在内容、核心素养上的择取及整合，以便于为我国大规模数学测评分析框架的建立和完善提供依据和基础。由于每次 TIMSS 测试中，数学都是主要测试内容，因此在分析中基本都涉及 1995 年以来的每次测试；而 PISA 测试，数学作为主要测试内容是 2003 年和 2012 年，故在分析中，这两次加上 2000 年和最近一次 2015 年作为 PISA 测评分析年份。

一、 内容领域分析

在测评内容领域上，TIMSS 数学测评自 1995 年至 2015 年、PISA 数学测评自 2000 年到 2015 年在不同维度上都存在变化。但两个国际数学测评在内容领域维度类别上有相似之处，以 TIMSS2015 年测评和 PISA2015 年测评为例（如表 1 所示）。

表 1　TIMSS 和 PISA 数学测评内容领域

2015 年 TIMSS 数学测评	2015 年 PISA 数学测评
数	数量
几何	空间和图形
代数	变化和联系
数据和机会	不确定性和数据

两者之间似乎有着很强的对应性和一致性，是否就是完全相同的？那么就有必要回顾 TIMSS 数学测评内容和 PISA 数学测评的内容确定过程，并通过对 TIMSS 和 PISA 数学测评的试题在内容领域的交叉分析进一步做出分析。

（一）TIMSS 数学测评

对于 TIMSS 数学测评内容的确定，主要集中在对预期课程分析的相关工作中。该阶段工作除收集各国在相关年级学生学习的数学信息，如对标准和教材相关信息外，还利用主题跟踪图示（TTM）为研究人员提供：(1)各个国家在数学框架中不同内容主题的发展变化，从初始到结束。(2)关注课程文本中不同主题的子部分。这样保证了不同年级中数学内容上的宽度和深度。这些信息基本上确定了各个国家在每个内容主题上的比重，然后大致地在这些参加测评国家之间取一个平均数，以此来获得每个内容主题在 TIMSS 测评中的所占比重。从这里看到，通过该项工作，TIMSS 数学测评的内容在不同维度和相应比重上，体现出的是参加该项测评的各个国家共同的核心内容。同时，不同的内容维度下，还是相应的内容主题（topic）。从历年内容领域上的试题分布变化看，2003 年是 TIMSS 数学测评内容分布的重大调整年，主要是自 1995 实施后的近十年，TIMSS 数学测评对参加测评的国家数学课程重新进行调查调整。自 2003 年开始至今，TIMSS 数学测评的内容领域中，“数”的比例保持在 30%，同时“代数”逐步趋近 30%，“几何”和“数据和机会”逐步趋近 20%。

（二）PISA 数学测评

PISA 数学测评内容的确定是基于对问题解决的需要，基于对学生在实际情境中推理、论证、交流相应能力的充分展现，并从问题所呈现所需的知识内容角度，即从现象学的角度，根据遇到的不同现象的分类，兼顾数学本身的历史发展及学校课程的内容设置，归纳数学测评内容，并由 PISA 数学专家团队在广泛征求参试国的基础上确定下来。

PISA 数学测评提出将数学“大理念或整合概念”(big idea or overarching idea)作为数学内容领域，指的是那些与实际情境和背景有关联的数学概念群。“大理念或整合概念”的提出在于无法对现实情境中的数学现象人为地归类到不同的常规数学主题中，有时往往一个情境中所示的数学可能涉及不同的数学主题。它显然不同于一般数学课程中的内容划分(数、测量、估计、代数、函数、几何、概率、统计以及离散数学等，在 PISA 数学测评里，将此类似 TIMSS 划分使用的数学内容称为数学课程图)。从这角度来看学校数学课程内容(即数学课程图)不是 PISA 数学测评首要关注的数学内容，不太估计数学课程图中数学内容在现有学校课程中的覆盖面。PISA 数学测评内容的四个“大理念或整合概念”维度不再具体细分相应的主题(topic)，仅仅在相应文本中对不同大理念或整合概念关键性特征进行描述。如对“不确定性和数据”做如下描述：不确定性和数据内容类别包括识别过程中变化所在处，感觉到在数量上的变化，知道测量中的不确定和误差，知道机会。[3]PISA 数学测评的大理念或整合概念上分布，除 2000 年不全外，2003 年和 2012 年作为数学主测的两年，甚至 2015 年，四个维度上试题比例基本保持 25%左右，比较稳定。

（三）TIMSS 数学测评和 PISA 数学测评在内容领域上试题分布交叉分析

为了进一步分析两个测评在内容领域上的共性和差异，我们这里取 2003 年两个测评试题进行分析(实际上两个测评共同的年份还有 2015 年，但是 PISA 测评以及 TIMSS 测评的官方网站上没有公布相关技术报告，无法获取 2015 年相关试题的信息进行分析)。这方面 Margrat Wu 和 Gronmo，L.，Olsen，R. 分别独立利用 2003 年的 TIMSS 测评和 PISA 数学测评的内容分类做了相关工作。[4—5]基于他们的工作，就 TIMSS 数学测评和 PISA 数学测评 2015 年的内容分类标准，整合数据汇总分别如表 2 和表 3 所示。

表 2　2003 年 PISA 数学测评试题按照 2015 年 TIMSS 数学测评内容维度分类分布表

		TIMSS 数学测评内容					
		数	代数	几何	数据和机会	无法分类	合计（百分比）
PISA 数学测评内容大理念或整合概念	数量	15	1	0	2	5	23(27%)
	空间和图形	1	0	19	0	0	20(24%)
	变化和联系	3	6	3	10	0	22(25%)
	不确定性和数据	2	0	1	17	0	20(24%)
	合计(百分比)	21(25%)	7(8%)	23(27%)	29(34%)	5(6%)	85(100%)

资料来源：基于 Gronmo，L. &Olsen，R. TIMSS versus PISA：The case of pure and applied mathematics [DB/OL]. http://www.timss.no/publications/IRC2006_Gronmo&Olsen.pdf，2015－04－05. 相关信息汇总所得。

表 3　2003 年 TIMSS 数学测评试题按照 2015 年 PISA 数学测评内容维度分类分布表

		PISA 数学测评内容大理念或整合概念				
		数量	空间和图形	变化和联系	不确定性和数据	合计（百分比）
TIMSS 数学测评内容	数	51	3	3	0	57(30%)
	代数	13	1	33	0	47(25%)
	几何	15	45	2	0	62(30%)
	数据和机会	1	0	10	17	28(15%)
	合计(百分比)	80(41%)	49(25%)	48(25%)	17(9%)	194(100%)

资料来源：基于 Margret，Wu. Comparing the Similarities and Differences of PISA2003 and TIMSS [M]. Paris：OECD Publishing，2010：45. 相关数据汇总所得。

从表 2 中，首先，PISA 数学测评的每个内容领域，除了空间和图形与 TIMSS 数学测评中几何之间的对应性比较明显外，其他内容领域学科跨 TIMSS 数学测评不同内容领域比较明显。其次，PISA 数学测评在其测评内容大理念或整合概念上的分布保持均衡，同时在数学课程内容领域上均衡性不够，代数试题比例明显偏低。从表中看到，考查“变化和联系”中不到 30%的试题考查代数方面内容，其中大部分试题(约 50%)体现的是数据和机会方面。这也提升了在“数据和机会”上 PISA 试题的比重。

由于 PISA 数学测评的内容分类是根据数学现象进行归类形成的，所以其不同于 TIMSS 数学测评基于课程内容的分类，在对应性上有差异。PISA 每个大理念或整合概念维度，可能会横跨 TIMSS 数学多个内容维度，甚至个别试题存在无法归类到 TIMSS 数学测评中。从相互内容维度的名称上来看，似乎存在着很强的对应性，实际上也有差异存在。同时数量维度主要体现在数上，空间和图形维度主要体现在几何上，不确定性和数据主要体现在数据和机会上。上述三个整合概念维度与数、几何、数据和机会数学内容的对应性比较明显。但就“变化和联系”主要倾向于数据和分析、代数内容上，相比之下，在数据和分析内容上的倾向更明显。

从表 3 可作出的分析是，TIMSS 数学测评近 41%的试题量集中在整合概念“数量”维度上，同时对于“不确定性和数据”整合概念维度试题比重明显偏低，仅 9%。

纵向看，从每个 PISA 数学测评不同整合概念维度上来看，几乎都涉及所有不同内容领域 TIMSS 试题，除了不确定性和数据维度。横向看，TIMSS 数学测评的内容领域“几何”保持了与“空间和图形”明显的对应性，“数据和机会”主要表现在“不确定性和数据”“变化和联系”，“代数”主要表现在“数量”和“变化和联系”上。

按照 TIMSS 数学试题内容分类，就试题分布比例而言，PISA2003 年的数学试题相比 TIMSS 数学测评的分布，在“数据和机会”维度上明显比例较高，幅度在 15%左右。同时在代数层面明显偏少，幅度在 15%左右。在数和几何两个领域，PISA 略少于 TIMSS，幅度在 5%左右。

就现有的数学课程代数体系而言，代数主要体现在除了代数式、方程和函数的建立外，其余都是代数式的运算、方程的解法和函数相关性质等方面。相比之下，后者占更多的课时数和比重。显然后者属于数学内部的知识领域。根据 PISA 数学的测评目标，更关注数学应用，这一块的知识比重明显弱化实属正常。对于“数据和机会”，主要是随机性数学的相关内容，如数据整理、表示以及统计概率的初步知识，而PISA数学测评，侧重数学工具的使用，侧重数学表达以及数学交流能力的考查，"数据和机会"知识的运用是非常活跃的，也是主要的知识载体。

按PISA数学测评内容分类，在空间与图形、变化和联系上，两个测评的试题数量比重相当。但是将2003年的TIMSS数学试题归类到PISA数学测评内容维度下，与PISA数学测评内容试题比重相比，显示TIMSS数学测评试题量在"数量"上的比例明显偏高，幅度在15%左右。从表3中可以看出，"数量"几乎涉及TIMSS数学测评全部的内容领域，而在"不确定性和数据"上明显偏低，幅度在15%左右。

基于上述，我们可有如下初步结论：

(1) PISA数学测评和TIMSS数学测评在内容领域的分类随着时间的推移，都集中到四类上，有一定的对应性，表现出对核心知识领域的共同关注。

(2) TIMSS数学测评内容在"数"、"代数"、"几何"、"数据和机会"四个维度是根据参加测评的国家数学课程"整合"形成的，有一定的历史形成过程，并有不同的下属内容主题。TIMSS数学内容范畴一定程度上成为参加测评国家共同承认的能体现其数学课程实际的集合，从而形成了一个共同核心的数学内容。其不同于PISA数学测评的数学内容，易受限于数学现象的选取。

(3) PISA数学测评和TIMSS数学测评在内容领域上存在不平衡性。即无论是从哪个测评内容分类角度，另一个测评的分布存在明显的不均衡性；同时在共同的内容分类分布上，两个测评试题分布比重存在很大差异。

(4) 两个测评内容领域中，"空间和图形"与"几何"知识内容之间的对应关系最强。除此之外，PISA数学测评其他内容领域学科内跨内容主题比较明显。

(5) PISA数学测评不太注重数学课程内容中相关内容覆盖及权重，代数内容的比例很低。

(6) TIMSS数学测评内容在不同的PISA数学测评整体概念维度上，普遍存在集中度比较高，集中度最高的体现在"数量"维度。同时对于"数据和机会"主要体现在"变化和联系"、"不确定和机会"两个整合概念上。

总之，TIMSS数学测评的内容分类是基于数学课程中数学知识体系的分类。而PISA数学测评的内容(或称为大理念或整合概念)分类，是基于数学现象进行分类。这种分类的不同，体现对数学知识的再组织。

二、 认知或过程分析

无论是TIMSS数学测评还是PISA数学测评，对于过程或认知方面的构建，有一个很重要的影响因素，就是有助于量尺的形成和结果的解释。测评作为一个系统，系统内在的一致性必须时刻保证。过程和认知是作为目标层面的维度，量尺作为结果解释的部分，两者具有内在的联系性，是整个系统内在一致性的保证。但是认知或核心素养之间可能暗含的层次性，以及认知和核心素养水平界定的不确定性，使得试题实际所呈现的行为特征较难在过程层面精准刻画，这也使得在量尺模型构建上，无法轻易获得有效可靠的变量。反之，若这些变量由于对应于认知或核心素养结构层面，必然要求结果解释呈现上能清晰且准确体现认知或核心素养结构。这里蕴含着测量模型和过程模型两者间的匹配问题。

上述匹配问题的解决，是多年来心理测量学界相当活跃的研究领域，Frederiksen、Mislvey[6]和 Embretson[7]等人都着重研究过，但没有一个唯一正确或最佳的解决方案。就现有的两个国际大规模数学测评，如 TIMSS 数学测评在认知领域上，或删减（去掉问题解决和交流），或合并（合并知道和概念）（如图 1 所示）。

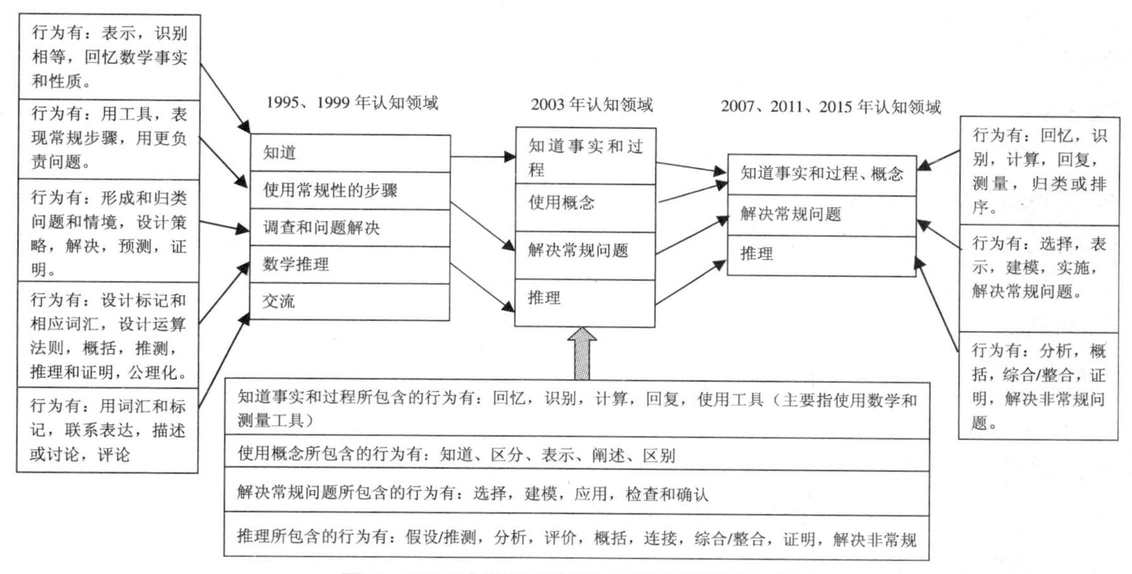

图 1　TIMSS 数学测评认知领域发展示意图

又如 PISA 数学测评的调整（从层次或能力群，调整为数学化模型过程中的三个阶段），如图 2 所示。

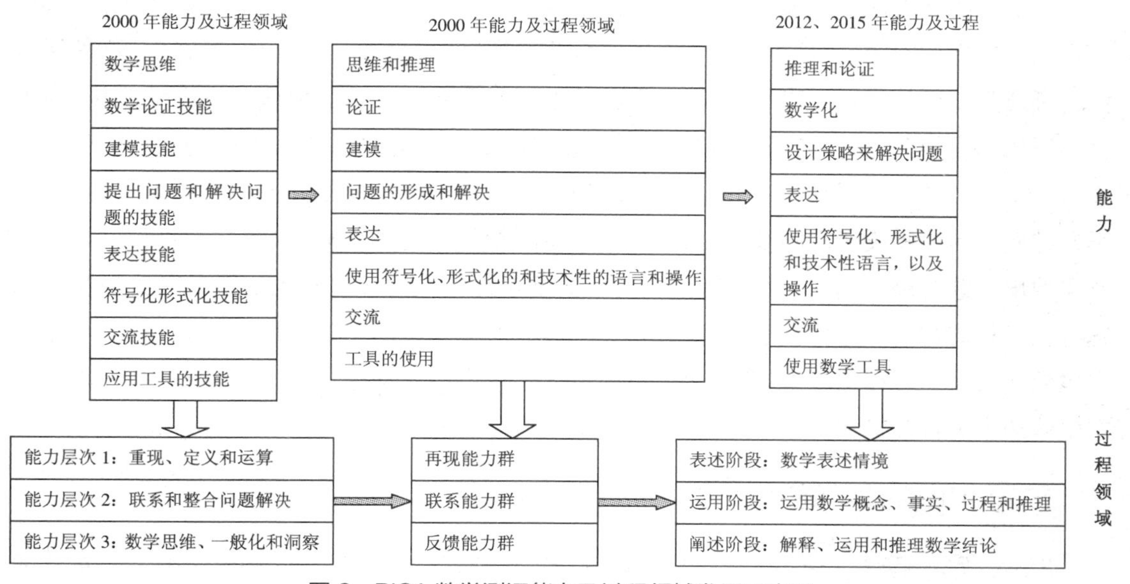

图 2　PISA 数学测评能力及过程领域发展示意图

上述图 1 和图 2 显示在过程或认知的发展中，两个国际大规模数学测评存在不断修正认知结构并逐步适合测量模型需求的特征。

（一）TIMSS 数学测评

从图 1 中我们看到，在 TIMSS 数学测评的目标维度设计中，认知方面实际反映的是试题所要求的或引发的学生行为特征，体现的是学生学业表现。无论是对 1995 年，还是对 2011 年认知不同维度上的行为描述，都显示出其深受布鲁姆教育目标分类的影响，有学者认为是对布鲁姆认知层面“知识、领会、运用、分析、综合、评价几个类别的细化或重组”。[8]

同时值得注意的一个细节是在 2003 年中删除了问题解决和交流的两个维度。TIMSS 认为问题解决和交流是数学教育中重要的结果，其与内容领域中许多主题联系。它们是可以通过大部分主题内容领域的试题所引发的有效行为。它们是内容和认知维度中所需要的重要基础。[9]即问题解决和交流是在不同内容领域的试题上都有反应的行为，具有共通性，故不再单列。所以从这里，可以看到，TIMSS 在认知方面关注和考虑的，是从试题所引发的相关行为角度出发，同时注重差异性表征。

2011 年专家团队决定充分考虑到大多数学生使用的认知过程，[10] TIMSS 数学测评的认知层面维度从便于区分或分类试题的角度，建立相关的分类。该分类分别是知道事实、过程和概念、应用知识和理解、推理，相应简称知道、应用和推理。“知道”主要侧重于体现问题解决所需基础性知识，如基本概念和事实的所知；“应用”主要侧重于常规性问题，如在各国课程教材中熟悉的，类似“习题”，即是有实际情境的，也是经过一定编辑和适当修正过的“拟实际”型的问题解决；“推理”注重对复杂、非常规性问题解决的体现。

从试题的分类而言，上述分类似乎明确。但不可否认的是，无论从基础到常规性问题，一直到非常规性问题，还是相应三个类别的行为表现，体现出明显层级性的特征。这种层级性的特征为量尺的解释会直接造成一定模糊性和重叠性。同时这种认知维度的结构，在解释上要求表明相关的行为特征的同时，无法进一步明确是何原因或因素影响的。这容易形成结果呈现和解释的局限性。进一步关注的是，上述分类是以问题解决为切入口进行的，“知道”侧重问题解决所需的基础，而“应用”侧重常规性问题，“推理”侧重非常规性问题。这些体现出问题解决基础——常规性问题——非常规性问题的分类特点。这种分类不是以问题解决过程进行的。这种似乎基于问题解决认识，但又不将问题解决作为测评维度，建立在大多数学生认知过程的分类，存在很多不确定性。这也给认知维度上的试题归类，特别是给学生认知表现特征描述带来很多含糊性，给结果解释带来不确定性。

（二）PISA 数学测评

PISA 数学测评过程维度设计，从最初设计一直到现在都是围绕问题解决展开。在它的设计过程中，一直在寻找问题解决过程和数学核心素养之间的结合点问题。目的在于不仅便于明确过程的分界及从试题的归类问题，同时探寻在不同过程维度上的影响因素及相应特征。

从图 2 来看，2012 年是重大变化的一年，2015 年延续了 2012 年的做法。这里变化的关键点就是，取消通过对能力分层（或群）的做法，直接对问题解决过程的不同阶段进行分类。直接在问题解决过程中观察不同核心素养的表现，该过程分为三类：表述、应用、阐述/评估（如图 3 所示）。[11]

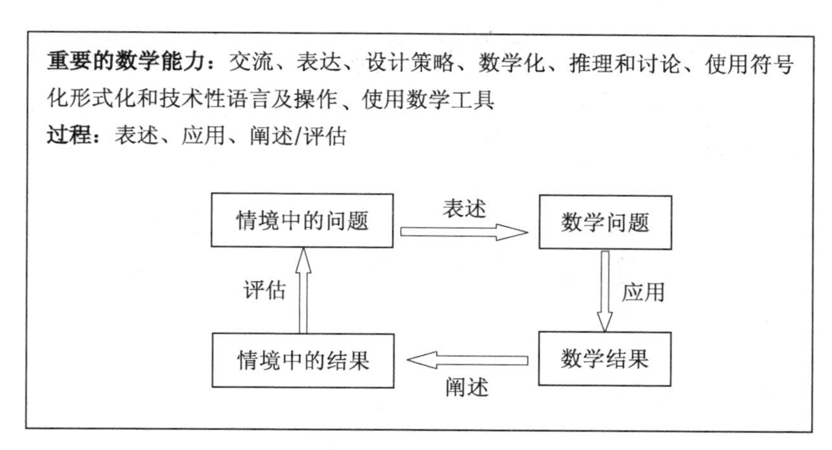

图 3　2015 年 PISA 数学测评数学化过程示意图

这样既解决了问题解决过程中分类的界限问题，同时通过试题在不同学生上的实际表现，不同技能和能力在过程阶段的表征得到体现，有利于不同阶段学生量尺的解释，从而凸显出针对测评目标，问题解决的核心地位。

（三）TIMSS 数学测评和 PISA 数学测评在认知或过程上试题分布交叉分析

从上述分析中，我们看到，TIMSS 数学测评的认知设计受到布鲁姆分类目标的影响较大，同时现有分类，按照基础——常规问题——非常规问题层层递进的方式进行处理，没有对不同类的影响因素或潜质的分析。而 PISA 数学测评，对于过程分类是基于问题解决过程的认识。目前为止，问题解决过程分三个阶段：表述、应用、阐述/评估。结合试题中学生的实际表现，归纳分析七个能力在三个不同阶段上的表现特征，并形成三个阶段对应变量的量尺描述。为进一步了解两个测评认知或过程维度上的差异，Margrat Wu 将 2003 年的 PISA 数学测评试题，用 TIMSS2003 数学测评的认知分类，进行重新归类[12]。为了与内容领域分析保持一致，本文在 Margrat Wu 工作基础上，采用 TIMSS2015 的认知类别，得到如表 4 所示的内容。

表 4　2003 年 PISA 数学试题按照 2015 年 TIMSS 数学测评认知维度分类分布表

		TIMSS 数学测评认知			
		知道	应用	推理	合计（百分比）
PISA 数学能力群	再现	20	4	2	26(31%)
	联系	16	8	16	40(47%)
	反馈	1	3	15	19(22%)
	合计(百分比)	37(44%)	15(17%)	33(39%)	85(100%)

资料来源：基于 Margret，Wu. Comparing the Similarities and Differences of PISA2003 and TIMSS [M]. Paris：OECD Publishing，2010：46. 相关信息汇总所得。

从表 4 可以看到，PISA 试题在应用层面，即体现常规问题上比重整体偏低，主要体现在知道和推理两个认知维度上。知道维度主要集中了再现和联系能力群的试题；而推理维度主要集中了联系和反馈能力群的试题。

2003 年 TIMSS 数学测评在上述认知维度上试题分布如表 5 所示。

表 5　2003 年 TIMSS 数学测评试题按照 2015 年 TIMSS 数学测评认知维度分类分布表

	TIMSS 数学测评认知			
	知道	应用	推理	合计（百分比）
合计(百分比)	65(34%)	93(48%)	36(18%)	194(100%)

资料来源：International Association for the Evaluation of Educational Achievement. IEA's TIMSS 2003 International Report on Achievement in the mathematics Cognitive Domains [M]. TIMSS & PIRLS International Study，Lynch School of education，Boston College，2005：76.

2003 年的 TIMSS 测评试题和 PISA 数学测评试题，按 2015 年 TIMSS 数学测评认知分类进行比较。首先，两个测评都非常重视相关概念及事实等基础性知识的考查。结合上一节对于内容方面的分析，虽然 PISA 数学测评在知识覆盖均衡性上不如 TIMSS 数学测评，但在这里我们看到，在基础知识体现的试题比重体现上，PISA 不比 TIMSS 少。其次，TIMSS 数学测评在应用维度，即常规性试题所占比重远远大于 PISA，一定程度上体现对课程实施实际的反映。最后，PISA 数学测评的试题在推理维度上远远大于 TIMSS 数学测评，体现出在高阶思维层面上，PISA 数学测评整体要求较高。

总结对于 PISA 数学测评和 TIMSS 数学测评在认知或过程方面的比较分析，凸显出如下几点。

（1）结果报告量尺的形成，需促使在认知过程与测量模型上不断加强连接，一定程度上要求各自构建的维度更加清晰、界限明确。这里体现了测评系统结果解释对测评目标及目标分析框架的反作用。

（2）TIMSS 数学测评的认知分类是考虑试题所需引发学生的行为特征。而 PISA 数学测评建立在问题解决的大框架下，构建过程的维度设计，然后再去考虑试题的设计和编制。这里体现出在认知或过程设计上出发点的不同。

（3）就试题在不同认知过程维度分布上，两个测评都非常重视相关概念及事实等基础性知识的考查，但 TIMSS 数学测评在应用维度，即常规性试题所占比重远远大于 PISA，同时 PISA 数学测评的试题比重在推理维度上远远大于 TIMSS 数学测评，体现出在高认知层面上，PISA 的要求更高。

三、 TIMSS 与 PISA 数学测评分析框架异同点总结及启示

（一）数学课程实施和测评应体现从应知应会什么到应能做什么

TIMSS 明确以课程作为整个研究的着眼点，将课程作为测评数学学业成就结果的重要影响因素。而 PISA 测评着眼于学生离开学校走向社会时，对社会要求的满足度。这差异直接影响着两个测评分析框架的构建。

基于对课程因素的关注，IEA 在进行 TIMSS 相关测评开发过程中，很大一部分精力花在了对参加测评国家课程的覆盖面上，对各个国家的相关数学课程内容进行详尽描述。然而传统的数学课程内容，更注重数学知识历史发展脉络，注重知识之间内部的联系，强调计算和公式，往往不重视数学知识的发生和运用。测评所关注的结果也往往直接与课程相关，与参试国共同的课程（包括预期课程和实施课程）内容相关。

PISA 在谈到进行该测评的缘由时，明确提出主要涉及对学生发展及课程的重新思考，主要体现在以下三个方面：[13]

其一，成年人生活中所需的知识应用在更大更宽的范围内依赖个体相关概念和技能。相比之下，学校教育给个人所提供的专业知识虽然重要，但是相应窄了些。如数学，在每天生活中需要运用数学知识和技能的同时，能够进行量化的推理和表述关系或依赖关系，比仅能回答类似教材上的问题而言，更为重要。

其二，如果仅仅关注课程内容或课程因素，从政府想了解其他国家在教育体系上强弱或改革的角度，会狭隘化我们的视野，并不利于测评结果的解释和运用。

其三，从学生的发展角度来看，一些更一般和重要的技能是应具备的。包括交流、适应、灵活性、问题解决以及信息技术的使用等。这些技能都是跨课程存在的，这就需要相关的测评关注跨课程的技能和能力。

总之，PISA 认为与其局限于学生所学的课程内容不如将测评聚焦于确定学生能在他们每天生活的情境中运用所学。[14]

基于以上思考，PISA 数学测评在数学素养的界定及目标分析框架构建时，更关注与跨课程内部领域的技能能力、数学内容之间的联系以及在实际情境中数学化过程的体现，关注学生人生发展所处环境变化时所必需的知识技能。回答不是学生已知或已能的问题，而是应能的问题。这体现出 PISA 数学测评至少在课程的关注上与 TIMSS 数学测评的不同。

从上述两个国际大规模数学测评在课程因素上的不同思考和实践，我们必须反思当前数学课程在初中阶段的设计和实施，关注共同的核心数学内容（知识和技能）的确立，同时在

过程层面关注数学核心素养的选择和培养，这也决定着数学学科教育人才培养的影响力。同时从测评实践的角度，无论在内容领域，还是在认知或过程领域中，不同维度上试题分布的权重设置需要进一步细化，这决定着最后结果的解释力。

（二）国内大规模数学测评框架需要关注问题解决主导下数学素养的体现

基于两大国际数学测评分析框架设计的不同方面——内容方面和过程方面上的比较分析，我们进行了综合与罗列，具体如表 6 所示。

表 6 TIMSS 和 PISA 数学测评分析框架上的异同

具体内容	相同之处	不同之处
内容方面	数学内容领域随着时间推移，都集中在四类上，体现出对于共同核心内容领域的关注。	两个测评在内容领域分布上存在不平衡性。即无论从哪个测评内容分布角度看另一个测评的分布，都存在不均衡性。 相比之下，PISA 代数内容比例很低。同时 PISA 数学测评除空间和图形领域外，其他内容领域在跨 TIMSS 内容领域上明显，体现出对于学科内内容领域的跨越性。
过程或认知方面	都非常重视概念及事实等基础性知识的考查，体现在低层次的描述和该层上较高的试题比重。两个测评都关注问题解决，关注实际情境问题的解决。在过程联系维度或运用维度上，占 50%。	TIMSS 数学测评在应用维度对常规性试题比重远远大于 PISA；PISA 数学试题在 TIMSS 数学测评最高层次推理维度上的比重远大于 TIMSS 测评。PISA 数学测评体现出在高阶思维上考核高于 TIMSS 数学测评要求。 PISA 数学测评将核心素养的考查置于整个问题解决的核心地位。更关注一般能力，如数学交流等，而 TIMSS 没有将其纳入考核范畴。 对于实际情境问题解决的考核，从试题分布的角度，PISA 比 TIMSS 更关注。在核心素养模型和数学问题解决模型的整合上，PISA 比 TIMSS 相比，统一性更加明显。

两个国际大规模数学测评在内容方面既体现出对于共同核心内容的关注，同时 PISA 数学测评体现出更强烈的跨课程内容领域的特点；两个测评在过程或认知方面都关注问题解决，但在问题分类及解决过程描述上存在差异。PISA 数学测评在思维层次体现上更高，同时更加凸显对核心素养如数学交流和问题解决的考查。TIMSS 数学测评对核心素养没有专门提出和体现，而 PISA 数学测评以问题解决为主线凸显核心素养的考查，反映出两个测评在核心内容和核心素养哪个为主导是各有偏重的。

（三）聚焦数学核心素养

在 TIMSS 数学测评和 PISA 数学测评中，有一个明显的不同就是 PISA 测评中核心素养(key competencies)[15]的提出。同时在上述的分析中，PISA 数学测评将 8 个(2012 年及 2015 年为 7 个)核心素养作为问题解决过程的不同阶段表现特征主要影响因素，也是衡量和描述学生 PISA 数学素养的关键要素。相比 TIMSS 数学测评，有些核心素养却是忽略的，如问题解决和交流。对于过程维度上数学核心素养的取舍，这两个国际大规模数学测评有着不同的思考。如何看待核心素养的构建并在测评中体现，值得关注。PISA 数学测评将核心素养置于过程维度测评的重要地位，并直接作为学生在过程维度上表现的主要影响因素。这不仅仅跟 PISA 数学测评对数学素养的关注相顺应，同时直接影响结果的解释，而且也反映出背后对数学课程及数学教育的再思考。

在PISA数学测评内容和过程方面的发展中，核心素养与问题解决相互契合，呈现结构如图4所示。

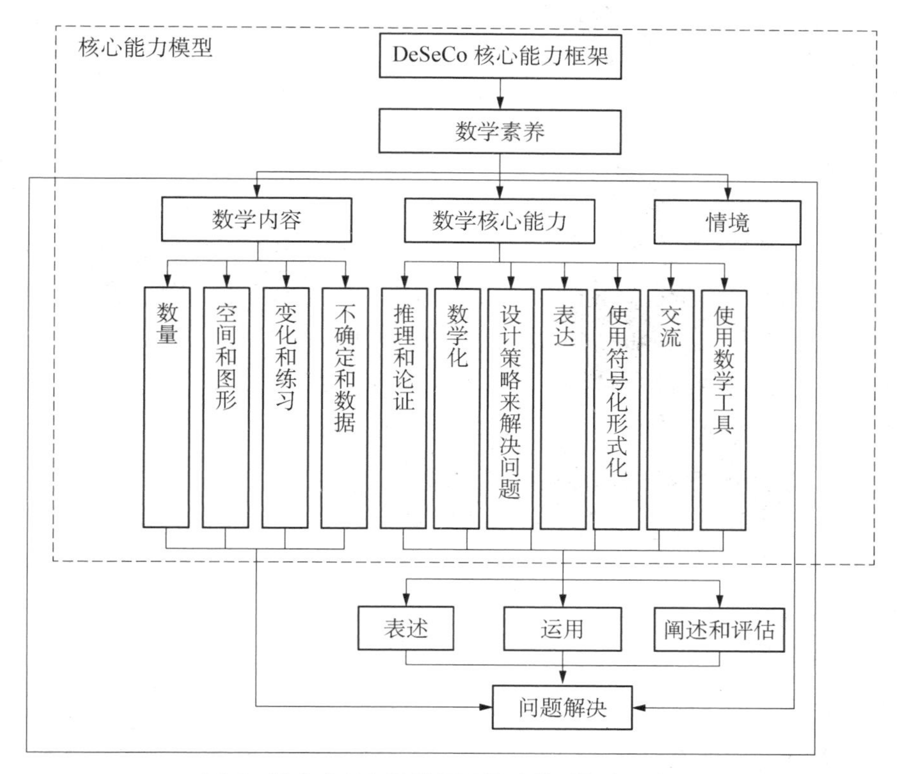

图4　核心素养和数学问题解决模型契合示意图

首先PISA数学测评过程维度中核心素养的运用叙述体现如下三个显著的特点。

特点一：数学核心素养的提出，无论是2000年的三类能力层次，2003年的三类能力群，还是对2012、2015年的数学化过程中的三个阶段，PISA数学测评坚定对不同核心素养的表现进行分层分类描述。建立起以核心素养为中心的学科学业表现，改变以往以知识体系或线索为重表述学科学业表现的模式。

特点二：PISA数学测评的数学核心素养与情境、数学知识技能、问题的解决构成一个平面上的网状结构，体现出内部存在的逻辑关系。这使得无论情境、数学知识技能，还是核心素养运用，都围绕问题解决展开，凸显出问题解决过程中核心地位的同时，更加在问题解决过程中体现出核心素养运用及层次的体现。

特点三：将数学素养测评的数学核心素养与数学化过程的阶段进行直接对接。这样的好处就在于将问题解决的过程与学生思维认知过程一致起来，直接关注相关影响要素——数学核心素养。促成结果解释可以直接清晰地了解到或指向学生群体在数学思维发展过程中所在问题解决的阶段以及不同能力表现状况，这有助于对学生学和教师教的反馈和改进。

其次，就 PISA 数学测评所呈现的相应结构特征，如下特点值得关注。

特点一：核心素养模型的呈现（如虚框所示）。PISA 数学测评整体呈现出基于对学生发展所需的核心素养基础上，学科内容和学科核心素养整合的结构组织设计。学科的核心素养作为学科素养核心的组成部分，也是作为学业质量的重要组成部分。同时学科素养从属于作为人的整体发展所需核心素养框架。TIMSS 数学测评几乎没有看到。这在国际大规模数学测评中目前没有他例。这为基于核心素养的课程及测评设计提供了借鉴和思考。

特点二：核心素养模型和数学问题解决评价模型（如实线框所示）的整合。TIMSS 数学测评对于数学问题解决评价也有相应模型，以 2015 年为例，建立内容和认知两个方面。内容方面包括数、代数、几何、数据和机会；认知包括知道、应用、推理。PISA 数学测评将问题解决评价模型与核心素养模型两者的整合，显然要比 TIMSS 数学测评问题解决评价模型，在层次上和内涵上要更加丰富。

总之，PISA 数学测评中核心素养的提出及描述，建立了以核心素养表现为中心的模式，改变了以往以知识体系或线索为中心表述学科学业表现的方式。TIMSS 数学测评深受布鲁姆分类目标的影响，基本上还是体现出以知识体系为中心表述学科学业表现的模式。PISA 数学测评体现出以核心素养模型和数学问题解决评价为模型相结合的结构特征。其中核心素养模型，以人发展所需的核心素养为统摄，整合数学素养、数学知识、数学核心素养，形成完整性的框架结构。这是 TIMSS 数学测评所不具备的，也为我们在思考国内大规模数学测评分析框架中如何有效整合知识和技能与核心素养提供了一个范式。同时，以知识为线索或中心的测评，和以核心素养为中心的测评，在不同内容和过程方面中不同维度上的细化及权重上存在差别，甚至会直接影响知识内容的重组。这是框架设计中要进一步细化及注意的地方，这个工作也会影响测评结果的解释。

针对我国新一轮义务教育阶段课程标准所体现的知识和技能、过程和方法、情感态度价值观的三维结构特征，在相应测评框架设计上，就有纸笔测试。那么，如何体现共同的核心内容，如 PISA 数学测评和 TIMSS 数学测评在内容领域上所呈现的共同性；如何根据测评目标合理分布相关内容领域中不同维度的权重；如何进一步细化知识和技能、过程和方法两方面的维度设计：是体现类似 TIMSS 数学测评以课程作为设计出发点，体现以学科知识为线索的测评框架设计思路，还是体现类似 PISA 数学测评体现跨学科知识内容领域，以核心素养和问题解决相整合为测评重心的测评框架设计思路，都值得我们进一步思考。这些问题在数学课程改革逐步深入的当下，特别是对于数学核心素养的呈现和测评，如怎样体现评价与课程改革的匹配性和一致性等问题，无论在理论层面还是在操作层面都是值得我们深入思考的。

参考文献：

[1] 辛涛，姜宇，刘霞. 我国义务教育阶段学生核心素养模型的构建[J]. 北京师范大学学报(社会科学版)，2013(1)：5.

[2] 郭元祥，马友平. 学科能力表现：意义、要素与类型[J]. 教育发展研究，2012(22)：29－34.

[3] OECD. PISA2012 Assessment and Analytical Framework: Mathematics, Reading, Science, Problem Solving and Financial Literacy [M]. Paris: OECD Publishing, 2013: 35.

[4] Gronmo, L. & Olsen, R. TIMSS versus PISA: The Case of Pure and Applied Mathematics [EB/OL]. http://www.uv.uio.no/ils/forskning/prosjekt-sider/timss-norge/TIMSS/publikasjoner/irc2006_gronmoolsen.pdf, 2006－05－26/2017－06－06.

[5] Margret, Wu. Comparing the Similarities and Differences of PISA2003 and TIMSS [M]. Paris: OECD Publishing, 2010: 45.

[6] Fredriksen, J., Mislevy, R. J. & Bejar, I. Test Theory for A New Generation of Tests [M]. Hillsdale, NJ: Lawrence Erlbaum, 1991.

[7] Embretsons, S. E. Multicomponent Response Models [A]. W. J. van der Linden & R. K. Hamblenton. Handbook of Modern Item Response Theory [C]. New York: Springer-Verlag, 1997: 305－321.

[8] 崔国涛，石艳. 国际教育成绩评估项目的背景测试及其对我国“中考”改革的启示[J]. 外国教育研究，2012(2)：92.

[9] I. V. S. Mullis, M. O. Martin, Teresa, A. Smith & Robert. Assessment Framework and Specifications 2003 [M]. Boston: Boston Colloge, 2003: 34.

[10] I. V. S. Mullis, M. O. Martin & P. Foy. IEA's TIMSS 2003 International Report on Achievement in the Mathematics Cognitive Domains: Findings from a Developmental Project [M]. US: TIMSS & PIRLS International Study Center; Boston: Boston College, 2005: 7.

[11] OECD, PISA2015 Assessment and Analytical Framework: Science, Reading, Mathematicand Financial Literacy [EB/OL]. PISA, OECD Publishing, Paris. http://www.oecd-ilibrary.org/docserver/download/9816021e.pdf?expires = 1496976180&id = id&accname = guest&checksum = 6F3AEF0FB3315D4D5DCDB6E1AD8708E4, 2016－04－19/2017－01－09.

[12] Margret, Wu. Comparing the Similarities and Differences of PISA2003 and TIMSS [M]. Paris: OECD Publishing, 2010: 46.

[13] OECD. Measuring Student Knowledge and Skills: A New Framework for Assessment [M]. Paris: OECD Publications Servise, 1999: 9.

[14] OECD. The PISA2003 Assessment Framework: Mathematics, Reading, Science and Problem Solving Knowledge and Skills [M]. Paris: OECD Publications Servise, 2003: 4.

[15] OECD. PISA2009 Assessment Framework: Key Competencies in Reading, Mathematics and Science [M]. Paris: OECD Publications Service, 2009.

PISA2015 科学素养测评对我国中小学科学教学与评价的启示

| 张莉娜

提高学生的科学素养一直以来都是为世界各国科学教育领域所关注和研究的问题，同时也是各国科学课程标准当中切实落实的课程目标。我国中小学科学课程标准，如初中化学课程标准当中明确提出课程以提高学生的科学素养为主旨；重视科学、技术与社会的相互联系；倡导多样化的学习方式；强化评价的诊断、激励与发展功能。[1]

纵观国际科学教育研究当中从评价的视角明确提出科学素养的内涵，并以此为框架实施测评的莫过于 PISA 测试。[2] PISA，是国际学生评估项目（Program for International Student Assessment）的缩写，该项目是一项由经济合作与发展组织（Organization for Economic Co-operation and Development, OECD）负责的学生能力国际评估计划，主要对接近完成基础教育的 15 岁学生进行评估，测试学生是否掌握参与社会所需要的知识与技能。

PISA 测试自 2000 年开始，每 3 年实施 1 次，每次测试分别侧重阅读素养、数学素养、科学素养；2006 年和 2015 年测试重点是科学素养。2015 年 4 月，北京、上海、江苏、广东等省（市）的 268 所学校 1 万多名学生在各自学校以计算机考试模式顺利完成了由 OECD 组织的 PISA2015 正式测试和调查问卷。4 个省市共同参与 PISA 测试，是我国继 2009 年上海参与 PISA 测试取得好成绩之后的最具影响力的一次 PISA 测试。PISA 的测试结果以及测评理念必将对我国科学教学产生巨大且深远的影响，而 PISA 测试的设计理念及其具体做法值得我们从评价的视角进行分析，以便在科学教学与评价当中学习借鉴。

一、 PISA2015 科学素养测评内容的架构

PISA2015 将科学素养界定为 3 种能力：科学地解释现象；设计和评价科学探究；科学地阐释数据和证据。PISA 将科学素养界定为一种核心能力，[3] 并分别从能力、知识、态度、情境这 4 个方面来构架对科学素养的测评（如图 1 所示）。

（一）测评对象之科学能力：构筑科学素养的核心

PISA 的研究认为，学生要了解并参与与科学技术相关的具有批判性的讨论，需要具备 3 个

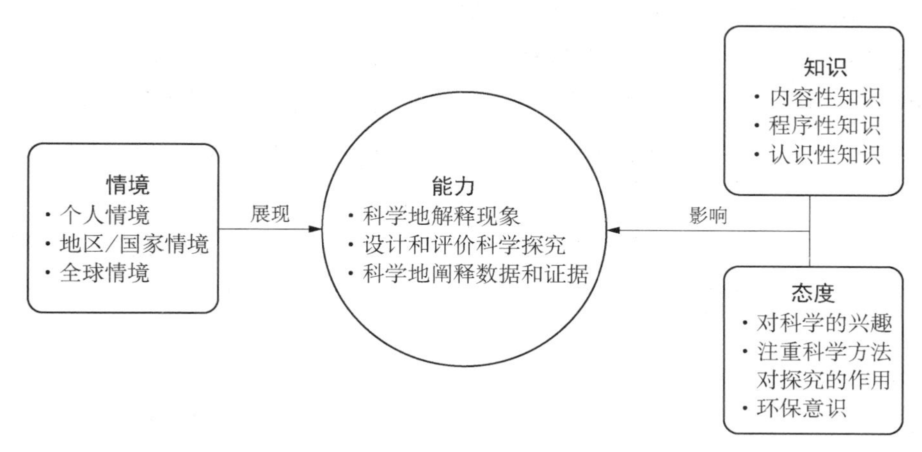

图1　PISA2015科学素养内涵

方面的能力：科学地解释现象，设计和评价科学探究，以及科学地阐释数据和证据。这3个方面的能力分别考查学生在认识、提供和评价对一系列科学现象和技术产品的解释；描述和评价科学探究，科学地提出问题解决的方法；以及分析和评价不同的科学数据、科学主张和科学论证的表达方式，得出恰当结论的时候所展示出来的能力要素。这些能力要素作为测查的一系列能力水平的考查点（如表1所示），如"形成和证明恰当的预测"，构成了开发测试题目来评价学生科学能力的基本框架。

表1　PISA2015科学能力的构成

维度	考　查　点
科学地解释现象	(1) 回忆、应用适当的/合适的科学知识； (2) 识别、使用和形成解释模型并表达出来； (3) 形成和证明恰当的预测； (4) 提供解释性假设； (5) 解释科学(知识)对社会的潜在影响。
评价和设计科学探究	(1) 在给定的科学研究中，识别可以进行探究的问题； (2) 科学地区分可以研究的问题； (3) 科学地提出给定问题的探究方法； (4) 科学地评价给定问题的探究方法； (5) 描述和评价一系列科学家用来保证数据的可靠性，解释的客观性和适用性的方法。
科学地阐释数据和证据	(1) 转换数据表达方式； (2) 分析、阐释数据，得出结论； (3) 识别科学文献中的假设、证据和推理； (4) 区分基于科学证据或理论推导得出的论证和基于其他考虑得出的论证； (5) 评价来自不同资源(如报纸、因特网、期刊)的科学论证和证据。

（二）测评对象之科学知识：构筑能力的基础

PISA界定了3种科学能力，而所有这些能力都需要以知识作为基础。比如，科学地解释现象，就需要科学内容知识；而设计和评价科学探究，以及科学地阐释数据和证据则需要更多我们不知道的、所谓的缄默知识。这些知识依赖于理解科学知识是如何建立的这个过程。PISA 将这些知识外显出来，界定为程序性知识和认识性知识。

PISA 要求测评学生理解以科学知识为基础的主要事实、概念和理论，包括自然科学知识和科技产品，即内容性知识。内容性知识从物理、化学、生物、地球与空间科学当中选择具体知识。表 2 当中列述了物质科学的内容性知识，包括物理和化学这两个学科的测试内容。从内容性知识的选取，我们可以看出，PISA 测试的内容性知识主要是一些重要概念，而不是具体的、细枝末节的知识点。

表 2 PISA2015 科学内容性知识——以物质科学为例

知识分类	考查点
内容知识	(1) 物质结构(如：粒子模型、化学键)； (2) 物质性质(如：状态的变化、导热性和导电性)； (3) 物质的化学变化(如：化学反应、能量转移、酸/碱反应)； (4) 运动和力(如速度、摩擦力)、远距离相互作用(如：磁场力、引力和静电力)； (5) 能量及其转化(如能量守恒、能量损耗、化学反应中的能量变化)。

科学的基本目标是解释物质世界。暂定的解释首先得以发展，然后通过实证探究检验。实证探究依赖于某些公认的概念，如变量的控制、测量的类型、误差的形式、降低误差的方法、在数据观察中的通用模式，以及呈现数据的方法。正是这些概念和程序对于科学探究是非常重要的，它们支撑着收集、分析和阐释科学数据。PISA 的研究认为关于标准的程序的知识是科学家用来获得可靠和有效数据的知识。这种知识既需要开展科学探究，又需要我们严格核实那些用以支持特定论点的证据。[3] 表 3 中列出了程序性知识的考查要点。

表 3 PISA2015 程序性知识

知识分类	考查点
程序性知识	(1) 变量概念，包括：相关变量、独立变量和控制变量等； (2) 测量概念，如：定量测定、定性观察、天平使用、分类和连续变量等； (3) 评估和减小不确定性的方法，如重复测量，平均测量等； (4) 确保数据准确性(确保测量质量)和可重复性(确保每次测量的一致性)的机制； (5) 恰当使用表格、图形和图表等方式表达或提取数据； (6) 控制变量的策略及其在实验设计中的作用，或者使用随机对照实验，避免复杂结果，并识别可能的因果关系； (7) 对于给定的科学问题，设计恰当的研究方案，如：科学实验、科学调查、科学推理等。

认识性知识是关于建构的一类知识，它是界定构成科学流程重要特征的一类知识，用于判断科学知识的产生。拥有这些知识的人，能够用实例来说明科学理论和假说之间的区别，或科学事实和观测之间的区别。他们知道，在科学中使用的“理论”一词，同我们在日常生活中的“理论”是不一样的，后者是“猜测”或“直觉”的同义词。尽管程序性知识是需要解释什么是变量控制的意思，能够解释为什么使用变量控制或重复测量对于科学知识的建立才是核心的，后

者是认识性知识。[4]表4列出了科学素养相关的认识性知识的主要维度和测评考查点。

表4 PISA2015认识性知识

维度	考查点
科学的结构和特征	(1) 科学观察、事实、假设、模型和理论的本质； (2) 科学和技术的不同之处在于：科学帮助人们形成对自然世界的解释，而技术则是为人类改造自然服务；这构成了科学或技术问题及其相关数据； (3) 科学的价值，如：公布研究结果、客观认识自然、消除偏见等； (4) 科学当中推理的本质，如：演绎、归纳、推理到最佳的解释(溯因)、类比、基于模型推理等。
科学结构和特征在科学知识建立过程中的作用	(1) 科学数据和推理是如何支持科学主张的； (2) 在知识建立过程中，实证调查的目的(验证解释性假设或界定模式)和不同形式(观察、对照实验、参考相关研究)的功能； (3) 测量误差如何影响科学知识的置信度； (4) 物理模型、系统模型和抽象模型的使用及其作用，以及它们的局限性； (5) 合作与批判的作用，以及同行评审如何帮助人们建立对新知识的信任； (6) 科学知识以及其他形式的知识，对于识别、解决科学与技术问题的作用。

（三）测评对象之科学态度：科学素养的重要组成部分

科学态度很重要。人们对科学的态度影响其兴趣，以及是否关注并参与科学技术相关的问题，并影响他们对具体问题的处理。科学教育的目标之一是开发出引领学生参与科学问题的态度。这种态度还支持后续的获取和应用科学技术知识于个人、地方/国家和全球的利益，并导致自我效能感的发展。

PISA2015科学测试以学生问卷的形式测量学生对科学的态度。科学态度具体测查的维度和考查点见表5。

表5 PISA2015态度领域的测量

维度	考查点
对科学的兴趣	(1) 对科学以及有关科学的问题和事业具有好奇心； (2) 愿意使用各种资源和方法，获得更多的科学知识和技能； (3) 对科学有持续的兴趣，包括将来从事与科学有关的职业。
注重科学方法对于探究的作用	(1) 保证把证据作为物质世界解释的信仰基础； (2) 保证在适当的时候使用科学方法进行探究； (3) 重视将批判的评价方式作为验证猜想正确性的方法。
环保意识	(1) 关心环境，可持续生活； (2) 具有促进环境可持续行为的倾向。

（四）科学情境：评价能力与知识的背景

PISA科学评价，并不是评价情境，而是评价在特定情境下的能力和知识。情境的选择存在相应的基础，主要包括科学技术在个人、地区/国家和全球范围的应用，应用的背景包括健康与疾病、自然资源、环境质量、危害、科学和技术前沿这5个维度(详见表6)。

表6 PISA2015科学素养测评的情境

背景	个人	地区/国家	全球
健康与疾病	保持健康,处理意外事故,营养	控制疾病的社会传播,食物选择,社区健康	流行性传染病及其扩散
自然资源	物质和能量的个人消费	控制人口数量,保障基本生活条件,保障区域安全,保障食物的生产和分配,保障能源供应	可再生和不可再生的自然系统,人口增长,物种的可持续利用
环境质量	友好的环境(环保)行为,设备与材料的使用和处置	人口分布,废物处理,环境影响	生物多样性,生态环境可持续性,控制污染,土壤/生物量的损耗
危害	生活方式选择的风险评估	瞬间发生的危害,如地震,恶劣天气;缓慢发生的危害,如海岸侵蚀,沉降,风险评估	气候变化,现代交流方式的影响
科学和技术前沿	科学方面的爱好,个人技术,音乐和体育运动	新材料,设备和流程,基因改造,健康技术,运输方式	物种灭绝,太空探险,宇宙的起源和结构

二、PISA2015科学素养测评实施特点解析

(一)测评考虑认知需求

跟2006年相比,PISA2015测评的一个重要的新特点是:在科学素养评价当中,界定认知需求水平。因为在评价中,根据经验得出的题目难度,往往是混淆的认知需求,难以界定题目难度。PISA的研究将认知需求界定为高、中、低这三个水平。

(1)高水平:分析复杂的信息或数据,整合或评估证据,判断理由的不同来源,制定一个计划或一系列步骤来解决问题。

(2)中水平:使用和应用概念性知识来描述或解释现象,选择涉及两个或多个步骤相应的程序,组织/呈现数据,或用简单的数据集或图形进行阐释。

(3)低水平:经历一步到位的过程,应用一个事实、术语、原则或概念,或从图表、表格当中定位单点信息。

(二)根据科学素养测评框架与观测指标设计试题

由于科学态度另辟学生问卷测查,因此PISA2015科学测试的主测试工具测评的对象主要是科学能力和科学知识。科学素养内涵框架当中的能力、知识、情境以及认知需求共同构架了PISA2015科学素养测评框架。[5]

PISA科学测评的设计是严密的评价研究过程,这表现为根据上面所述的科学素养内涵框架,结合认知需求逐步细化评价的观测指标,根据观测指标设计测评试题。这里需要特别指出的是:测评试题的设计并不仅仅包括题目本身,更包括从评价框架的角度对试题的"解

读”。这是为后续报告学生测评结果的极为重要的设计。在这里，我们列举科学样题“温室效应”加以说明。

科学样题及其解析：温室效应

阅读文字并回答下列问题

生物需要能量才能生存，而维持地球生命的能量来自太阳。太阳非常炽热，将能量辐射到太空中，但只有一小部分的能量会到达地球。地球表面的大气层，就像包裹着我们的星球表面的毯子一样保护着地球，使它不会像真空的世界那样，有极端的温差变化。大部分来自太阳的辐射能量，会穿过大气层进入地球。地球吸收了部分能量，其他则由地球表面反射回去。部分反射回去的能量，会被大气层吸收。由于这个效应，地球表面的平均温度比没有大气层吸收能量时的平均温度高。大气层的作用就像温室一样，因此有了“温室效应”一词。温室效应在20世纪越来越显著。事实表明，地球大气层的平均温度不断上升。报纸杂志上常说，二氧化碳排放量增加，是20世纪气温上升的主要原因。小德有兴趣研究地球大气层的平均温度和地球上二氧化碳排放量之间的关系。他在图书馆找到下面两幅曲线图。

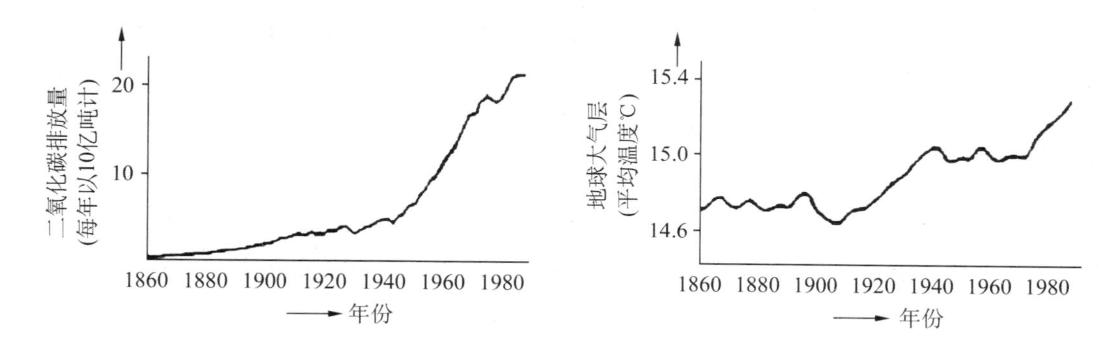

小德从曲线图中得出结论，认为地球大气层平均温度的上升，显然是由二氧化碳排放增加而引起的。

问题1：曲线图中有什么数据支持小德的结论？

问题2：小德的同学小妮却不同意他的结论。她比较两幅曲线图，指出其中有些资料并不符合小德的结论。请从曲线图中举出一项不符合小德结论之处，并说明理由。

问题3：小德坚持自己的结论，即地球平均温度的升高，是由于二氧化碳排放的增加而引起的，但小妮则认为他的结论太草率。她说：“在接受这个结论之前，你必须确定在大气层内其他会影响温室效应的因素维持不变。”请写出小妮所指的其中一个因素。

样题解析：问题1不仅要求学生了解在两个图当中数据的表达方式，更要求学生根据证据得出科学的结论。这是2015年认识性知识的特征之一。情境分类是环境的，全球的。这个问题，需要涉及几个连接步骤来阐释图，因此可归类为中等认知需求。问题2要求学生探求/质疑两个图的细节，其知识、能力、情境和认知需求的框架同问题1。问题3要求学生能用证据来支持判断。这类知识属于程序性知识。

表7　温室效应问题1与问题2的分级框架

框架类别	问题1观测点	问题2观测点	问题3观测点
知识类型	认识性知识	认识性知识	程序性知识
能力	科学地解释现象	科学地解释现象	科学地解释现象
情境	环境的、全球的	环境的、全球的	环境的、全球的
认知需求	中等	中等	中等

三、PISA2015科学素养测评对科学教学与评价的启示

（一）注重在教学与评价中细化能力的内涵

PISA明确界定了科学素养的内涵，并据此分别从能力、知识、情境这3个构成要素的层面，结合认知需求架构评价的细则；其具体题目的选项只让学生答1次，却可以从4个维度加以解析，这不仅降低了学生答题的量，还帮助老师深入地了解学生的学习情况。因此PISA测评的结果及其报告，历来为各国、各地区的教育研究与实践所重视。

这给我们的教学与评价带来了深刻的启示：多年来，我们一直面临着两个问题。第一，培养学生的能力，而能力的内涵是什么，却是模糊的；第二，学生做了很多题，能力却不见提升，老师对学生答题结果的分析是笼统的。因此，能力的培养被泛化，作业等习题的诊断、反馈功能没有得到充分的发挥。从测试设计的角度来看，PISA的特点是有从粗到细的测评框架，命题以及题目的解析完全对照测评框架实施。这就需要我们教师和研究者在我国小学阶段实施综合科学课程，中学阶段多数地区实施分科教学的课程实施现状下，深入理解和分析科学能力，以及科学领域各学科需要帮助学生建构的学科能力是什么，据此细化能力内涵框架来评价学生的能力表现，并根据学生的表现来反观现有的教学，以促进教学改进，进而促进学生的科学素养发展。

（二）注重科学探究在教学与评价当中的实施

2015年PISA测评与2006年相比一个很大的改变在于：将科学探究的过程与数据及其阐释、科学论证提到了前所未有的重视高度。“评价和设计科学探究”、“科学地阐释数据和证据”不仅作为3个科学能力中的两个出现在科学素养内涵框架当中，PISA测评框架当中还特别提出了要注重科学论证的过程。

这给我们的教学和评价带来了巨大的冲击：多年来，科学探究作为一种学习方式一直以来为理论界所提倡，但是在一线教学当中，教师对探究，特别是实验探究的教学情感是非常复杂的：[6]大多数老师支持开展探究式教学；不过依旧存在一些困惑，比如有的老师认为，实验探究涉及安全问题，准备和组织也非常费力、耗时，更多的时候探究在教学中流于形式，成为“八股”。科学探究的实质在于过程，这个过程是“知”与“行”的统一；作为学习方式，科学

探究不仅仅应该让学生学会科学家研究未知事物的过程，获取已知的科学知识；更应该让学生了解知识的形成过程，以及培养变量的识别与控制、演绎、归纳、推理到最佳的解释（溯因）、类比以及基于模型推理等科学思维。

再者，跟国外的学生相比，我国学生在科学论证方面，特别是运用证据进行推理和论证方面存在明显不足。已有研究表明：学生对同一个问题的判断水平高于解释，推断水平高于分析，[7]这意味着学生在回答问题的时候存在一定程度的“蒙”与猜；他们注重得出结论，却缺乏论证，或者说他们猜得了结果，却不明白为什么。这与多年来的应试教育和题海战术是不无关系的。但是，学生却没有真正学明白。PISA2015 特别注重基于定性和定量的证据进行科学论证，特别是注重评价运用图表、图形等方式来表达数据，转换不同形式数据的表达方式，并阐释数据的含义。这是在考查学生基于定量数据进行分析和论证的能力。这也是我们教师在科学教学与评价中需切实关注的。何谓让学生学明白？基于证据解释清楚、表达明白，这才是科学探究过程中最应该加以落实和培养的能力，而不仅仅是注重探究的表面 8 个环节。在教学的过程中，我们教师可以根据学情和教学的实际情况设计观测工具，比如自评量表等，帮助学生关注并调控在探究的过程中应该形成哪些能力，比如变量控制能力、基于证据论证的能力。这些能力是值得花时间培养的，是应该落实在教学评价当中的。

（三）关注认知过程与深度思考

PISA2015 测试当中将科学能力细化为一系列认知过程，比如回忆、应用科学知识；使用模型；分析、阐释数据并得出结论等。这不仅细化了学生学习的具体能力，更注重了检测学习的具体水平和认知过程。再者，PISA 将科学知识详细划分为内容性知识、程序性知识和认识性知识；其中后两者往往是我们以往所称的缄默知识，是不容易说清楚的。特别是认识性知识，它包括认识科学的价值，了解科学学习中各种推理的本质，能够合作并形成批判性思考等。这些恰恰是科学家研究未知领域科学问题所必备的“经验”，这些“经验”超越了具体的科学内容，更具有认识论与方法论的价值。同时，PISA2015 测试将学生的认知水平划分为高、中、低 3 个层次，更加清晰地界定了测试问题的深度，可以有效反馈学生的测试结果。

PISA 对科学能力、科学知识的详细划分及其对学生认知水平的细化界定启示我们：在日常教学和评价当中，应该关注学生的认知过程，而不仅仅关注结果，因为后者往往是浅表的、夹生的；在教学当中，布置一些需要高水平认知活动的任务，如让学生在判断问题之后进行解释，运用数据和资料分析结果是如何得出的，而不是过多提出仅仅需要记忆和回忆就可以完成的任务，促进学生深度思考，培养能力。

（四）注重在教学与评价中创设科学情境

问题的解决是需要在一定情境下进行的。这是 PISA 测试的特点之一。PISA 试题往往是用一个情境包含若干问题，这既寓问题的解决考查于情境当中，又减少了测查实施的时候学生阅读信息所花费的时间。与此同时，更为重要的是，素养的本质是能力，能力是蕴含在实际问题解决当中体现的。仅仅会背书，会解答已知领域的熟悉问题而不会迁移，远非科学教育的目的。我们希望学生在走出校门之后能够创新，而创新的本质是在新情境下解决未知领域的未知问题，而不是照本宣科。

PISA 将情境作为考查科学素养的一个方面，不仅仅是题目形式的创新，更是蕴含了用测评考查迁移能力的深意。

在日常教学和评价当中，我们可以借鉴 PISA 测试的这一理念，在教学设计中注重选择和应用与教学内容相关的情境，让学生在情境中学习，习惯于不断在新情境中应用知识，并习得新知识与技能，避免过多的照本宣科与简单记忆、习题训练。

参考文献：

[1] 中华人民共和国教育部. 义务教育化学课程标准(2011 年版)[S]. 北京：北京师范大学出版社，2012：4.

[2] 张莉娜. 国际大型测评的评价设计对我国中学化学教学评价的启示[J]. 化学教育，2013，34(10)：83－87.

[3—5] OECD. PISA2015 Draft Science Framework [EB/OL]. [2015－03－17]. http://wwwoecdorg/pisa/pisaproducts/Draft%20PISA%202015%20. Science% 20Framework%20. pdf.

[6] 张莉娜. 中学化学学习过程研究——理论、技术、案例[M]. 北京：北京师范大学出版社，2015.

[7] 张莉娜. 初中生化学核心认识发展水平的评价研究[D]. 北京：北京师范大学，2014.

PISA 财经素养测评对我国财经教育与财经素养研究的启示

陈启山　李文蕊　黄彬彬　原　露　杨舒婷

国际学生评估项目(Programme for International Student Assessment,简称 PISA)是由经济合作与发展组织(OECD)发起的一项评估完成基础教育的 15 岁学生是否具有投身社会所需的知识、技能及终身学习能力的国际比较研究项目。2012 年的 PISA 测评中引入财经素养(financial literacy)的概念并对其进行测评,这是财经素养第一次出现在大型的国际测评项目中,引起了教育领域研究者、决策者和实践者的关注。那么,PISA2012 是如何对财经素养进行测评的,它对财经素养的教育与科研有何启示呢?本文首先简要介绍了 PISA 财经素养的测评框架与测评实施方法,然后着重从如何开展财经教育和如何利用 PISA 财经素养的数据库进行科学研究两个方面阐述了 PISA 财经素养测评对财经教育与财经素养科研的启示。

一、 PISA 财经素养测评简介

所谓素养是指学生在主要学科领域应用知识和技能的能力,以及在不同情境中提出、解决和解释问题时有效地分析、推理和交流的能力。[1]财经素养则是指学生对财经概念和风险的相关知识的掌握程度和理解力,并运用这些知识和理解力的技能、动机和信心,使个体能够更好地在广泛的财经情境中做出有效决策、提高个人和社会经济利益以及参与经济生活。[2]

PISA2012 关于财经素养的测评框架包括内容(content)、过程(process)和情境(contexts)三个维度。

内容维度包含了财经知识以及对财经知识的理解程度等,是实施素养领域任务中所必需的部分。主要包括货币与贸易、规划与理财、风险与回报、金融视野与金融世界四个方面的内容。[3—4]其中货币与贸易关注与学生个人财务相关的问题;规划和理财注重的是学生对个人收入和资金的短期和长期的计划和管理能力;风险与回报考查学生在不同的财经情境中,对可能获得的资金收入或蒙受的损失的理解,以及对多种管理、平衡和抵御风险的方法的认识能力;金融视野与金融世界考查学生对个体在金融市场和一般的理财环境下的权利、义务和金融合约的主要含义的了解情况,从更广泛的角度来讲,金融视野还包含对国家政策和经济条件变化产生的结果的理解。

过程维度描述的是学生在处理材料或面对任务时所采用的心理策略或方法。PISA2012借鉴了布鲁姆的分类法,将过程维度分为识别财经信息、分析财经背景中的信息、评估财经问题、应用财经知识和理解力四个部分。[5—6]识别财经信息的过程发生在个人对金融信息资源进行搜索和访问以及对它的相关信息进行识别和认知时;对财经背景中的信息进行分析这一过程包含了在金融环境中可能会发生的各种认知活动,涵盖了解释、比较和对比、综合分析以及从提供的信息中延伸理解等方面;评估财经问题过程关注学生利用某一特定情境中的金融知识以及相应的理解,辨别或做出一个财经判断;应用财经知识和理解力过程指的是在某一财经情境下,运用金融产品的信息及其背景知识,并结合对金融概念的理解来采取有效的行动。

情境维度指的是应用财经领域知识、技能和理解时的情境,涉及的范围从个人到全球。在 PISA2012 的财经素养测评中设置了四种情境:教育与工作情境、居家与家庭情境、个人情境以及社会情境。[7]教育情境显然跟 PISA 测试的 15 岁学生有关,虽然大部分学生将继续接受教育,但是有为数不少的学生可能在课外时间打零工或者在一两年之内离开学校参加工作,因此工作情境也与 PISA 测试中的学生有关。居家与家庭主要包括与家庭生活开支相关的财经事件,以及非家庭成员关系的人(如年轻人离开家后短期合住的室友)的财经事件。个人情境包括与个体为满足个人利益而进行的决策相关的所有财经事件。虽然个体进行决策时,可能会受到家庭或社会的影响,但责任却是由个人承担。社会情境指与个人行为有关的地区或地区之外的情境。虽然财经素养领域的核心在于个人理财,但经济全球化使得个人财经行为受到社会的影响,个人经济利益不能完全脱离社会经济。

除了财经素养本身,PISA 还关注和测评了财经素养的影响因素。非认知因素(如动机、自信等)会影响个人的金钱管理行为,[8]因此 PISA2012 在财经素养测评中还测量了学生的四个非认知因素,分别是:获得信息和教育、获得金钱和财经产品、对财经事务的态度和信心、消费和储蓄行为。[9]

获得信息和教育一方面指财经信息的来源,另一方面指学生的财经教育。现实生活中,学生获得财经信息的来源是多种多样的,比如来自父母或朋友。通过收集学生财经信息的来源数据,可以对高水平的财经素养是否与某一种特定的信息来源有所关联进行探讨,即通过哪一种途径得到信息会使学生有较高水平的财经素养。

获得金钱和财经产品的经验对财经素养亦有重要价值。学生在处理日常的财经事务中获得的较多的与财经相关的经验可能会使他们在财经素养的认知测评中有更好的表现。而这些与财经事务相关的经验的积累可能来自于学生赚钱、使用信用卡或借记卡等财经产品以及处理银行事务的过程中。

态度被认为是财经素养的一个重要成分,对与财经相关的事务的态度和学生对能处理好财经事务的信心可能会影响学生的财经素养水平。此外,个人偏好是财经行为的一个重要决定因素,并与财经素养有关。在个人偏好中可以调查的因素有两个:第一,风险容忍度,为了得到更大的收益而愿意接受风险的可能性；第二，时间敏感度，为了获得将来的更大的收益而放弃现在的收益的可能性。[10—11]可以基于 PISA 的数据对学生的个人偏好与财经素养水平的关系进行探讨。

消费和储蓄行为是 15 岁学生在现实生活中最主要的财经行为。因此，可以将消费和储蓄行为作为学生日常财经行为的指标。在 PISA2012 的财经素养测评中，通过学生报告的消费及储蓄行为和他们在认知测评中的结果，可以对财经素养和财经行为之间的关系进行探讨。

与阅读素养和数学素养测评一样，PISA2012 的财经素养测评命题时控制了题目的跨文化性和跨国家(地区)性，还通过试题本轮转程序、评分培训、分类计分、多次评分、评分检查等环节来对测试评分的质量进行控制。

财经素养测评的数据包括学生的财经素养、数学运算和阅读认知的结果、在财经素养方面的行为数据，还有从一般学生问卷、家长问卷以及学校问卷收集到的数据。根据这些数据，财经素养测评可以报告：学生的财经素养水平；与财经素养相关的数学运算能力、阅读能力；财经行为；相关的背景变量，例如学生家庭的社会经济状况。

二、 PISA 财经测评对我国财经教育的启示

（一）进行财经教育的必要性

随着经济全球化进程的逐渐加快，财经问题对个人生活的重要性日益凸显，特别是经过多次金融危机的冲击后，关于个人如何规划及管理自身或家庭财富成了社会各界普遍关注的问题。考虑到财经素养对社会、国家和个体的重要性，以及目前我国财经教育基本处于空白的现状，有必要在我国系统、全面地推进财经教育。

个体是否具有良好的财经素养对国家社会经济的发展、金融市场的稳定与繁荣至关重要。正如美国经济学教育国家委员会主席 Robert F. Duvall 所言："对青年人进行经济学以及个人理财教育，对培养一个拥有深谋远虑的投资者和储蓄者、有见识的消费者、高劳动生产率的劳动力、负责任公民和全球经济有效参与者的国家是至关重要的。"[12]可见财经教育对于个人的发展与国家经济甚至全球经济的重要性。

Bernheim 等人进行了中学财经课程教育对学生进入成年后的储蓄行为的长期影响的实证研究，其结果表明，中学的理财教育对学生进入成年后的财产积累有重要的、渐进性的积极影响。[13]这一研究说明了财经教育对学生有着持久的作用。而且国内的很多调查结果都表明了我国中小学生在理财方面存在很多问题，而未成年人对"钱"的错误认识可能会使他们走上犯罪的道路。一项调查研究结果表明，在未成年人所有的犯罪类型中，因为抢劫、盗窃等与"钱"有关的罪名而入狱的中小学生占到全部未成年犯的 70%以上，远远高出其他犯罪类型。[14]现有的数据也表明，若是成年人接受过财经教育，那么他们比其他人要更懂得为

自己的退休进行规划或储蓄。这些结果揭示了财经教育对个人、社会以及国家的重要性，也说明了提高财经素养会带来积极的变化，即开展财经教育具有潜在的价值。[15]而且在基础教育学段开设财经教育相关课程或专题能够在最大的范围内使一代人了解或掌握解决财经问题的相关技能，所以实行财经教育是至关重要和势在必行的。

（二）开展财经教育的方法

如何开展才能达到最好的教学效果呢？本文分别从课程设计、教学内容、教学方法和教学评价等四个方面加以阐述。

1. 课程设计

在基础教育阶段，建议将财经教育融入其他学科中，即不将财经教育设立为一门单独的学科，而是在其他学科的教学中有机、系统地渗透财经教育的相关知识，让学生在学习其他学科知识的过程中获得相应的财经知识与素养。

这样做，一方面有出于不加重学生学业负担的考量，更重要的是，财经素养是学生多学科教育结果的综合表现。[16]PISA2012 的测评结果显示财经素养与其他学科之间有着紧密的关系，特别是数学素养和阅读素养。首先，具备一定的数学能力有助于学生财经素养的提高，虽然解决财经问题从本质上来讲是对财经问题的观念和意识的考查，但有时也会需要借助数学中的运算技巧；其次，尽管财经素养的题目已经尽可能地降低对阅读能力的需求了，但对题目的阅读以及一些相关术语还是需要学生具有一定的阅读理解能力。财经教育还涉及社会学科以及一些综合实践活动课内容，强行对其进行剥离，实践效果并不佳。

国外的长期财经教育实践，比如美国的 K－12 财经教育课程、俄罗斯的财经教育课程以及韩国的与社会课程相容的财经教育课程等，证明了将财经素养教育融入其他的课程中要比独立式的教育更有效。

2. 教学内容

基础教育学段的财经教育应以学生的可持续发展为核心理念，并以经济学基本原理和市场经济基础知识为主要教学内容，因地制宜，因材施教。

以学生的可持续发展为财经教育的核心理念是由 PISA2012 财经素养测评的重点以及政府开展财经教育的目的所决定的。PISA 财经素养测试的重点在于学生是否掌握了生活中所必需的与财经问题相关的能力，而这也是政府希望通过开展财经教育能够达到的目的。因此，财经素养教育的教学内容要以学生的终身可持续发展为核心理念，特别要注重对财经素养能力的培养。

以经济学基本原理和市场经济基础知识为财经教育的主要内容则是借鉴了其他国家的宝贵经验以及结合我国自身的财经素养教育现状的结果。在基础教育中，美国的财经素养教育内容主要以财经知识和财经技能为主，而俄罗斯也是着重培养学生在生活中运用经济知识和技能的能力。

财经教育的教学内容要因地制宜，对于不同经济环境要有选择性地开展财经素养教育，教材要与实际生活相联系，使学生不仅能够很好地将课堂中学到的财经知识运用到实际生活中，而且为其将来继续接受财经教育打下坚实的基础。

对于基础学段的不同学生，财经教育的内容也应视他们的发展特点而定。对于小学生而言，他们的思维发展最突出的重点就是具体化，所以在教学内容的安排上可以设定为日常生活中的特定例子以及一些比较浅显的财经概念。[17]而对于思维正向抽象的逻辑思维方向发展的中学生，已经具备了一定的问题分析和解决问题的能力，所以针对这一思维特点，中学生的教学内容的选取要注重理论与实践相结合，选取一些可以培养学生问题分析和解决问题能力的内容。

3. 教学方法

教学方法除了要与教学内容相适应，还要顺应基础教育学段学生的认知发展规律。[18]学生在不同阶段的认知发展水平是不一样的，需要配以不同的教学方法。对于思维具体化以及教学内容主要以生活示例以及简单的财经概念为主的小学生，合适的教学方法有讲授法、教师演示法、小组讨论法等。而对于正在发展抽象思维而且课业较重的中学生，应以老师讲授为主，再以讨论法和实践法为辅助。[19]老师通过联系实践来讲授理论知识，拉进理论与实践之间的距离，易于培养学生的判断、推理、分析以及动手解决问题的能力，并在教学中设置问题情境启发学生创造性解决问题的能力。

4. 教学评价

（1）评价理念。财经教育的理念是培养学生与财经问题相关的终身可持续发展能力。因此，在对财经教育进行教学评价时要基于学生的可持续发展能力。[20]具体而言，就是在学生进行财经教育后，要对学生是否掌握并且能够用于应对现在的或者未来的可能会出现的财经问题的相关的基本知识和技能进行测验。

（2）评价内容。财经教育评价就是对财经教育成果进行评价，即对学生在接受财经教育后的财经素养水平进行测评，并确定其内容的等级和层次，体现出评价内容明确的指向性和清晰的层次性。这些所需要确定的内容可以借鉴 PISA 的财经素养测评，PISA 对财经素养做出了明确的界定，而且财经素养测评将财经素养发展水平分成五个层次，并对每个层次进行了详细、具体的描述。在评价过程中不能只对学生的财经素养的发展水平进行评价，还要对学生的态度、情感以及价值观进行评价，这是由终身学习发展的理念所决定的。通过对这些因素的评价可以知道学生在学习中的思维过程、相应的学习策略以及学习方法等，从而可以让我们知道学生的协调能力和克服困难的能力，这些能力恰恰是学生终身学习能力中必不可少的。[21]

（3）评价技术。为了确保财经教育教学评价的信度和效度，评价手段一定要科学规范。[22]无论是评价内容的确定、命题的确立、评价形式的选择抑或是对评价结果的分析方法都要讲究科学规范。评价内容要如前文所述，真正做到对学生的财经素养的发展水平及其态度、情感和价值观的评价；命题要注重与生活情境的联系，要与实际紧密相连；评价形式要多样化，不仅要注重笔试还要结合调查。除此之外，为了与财经素养的终身学习发展的理念相结合，财经教育的教学评价还要注意评价的连贯性，考查学生随时间发展的财经素养水平。[23]反观国内现状，这些方面都有所欠缺，需要进一步加强改善。

(4) 评价结果。在财经教育的教学评价中除了要对学生的发展水平进行诊断之外，还要发挥其发展和指导改进的功能，评价要服务于财经素养教育，提升其质量。因为在我国教育领域的诸多教学评价的结果基本都只停留在对学生水平的简单描述上，这种只描述现象而不分析原因的做法是对结果的"浪费"，没有发挥出教育评价应有的作用。

三、 PISA财经测评对财经素养研究的启示

PISA是由OECD发起的一项大型国际比较研究项目，PISA测评的领域包括阅读素养、数学素养、科学素养与财经素养等，除此之外，还包括了学生与学校问卷，目的是收集有关社会、文化、经济和教育因素的指标，探讨其与学生的阅读、数学、科学与财经等素养间的关系。[24—26]PISA每三年测试一次，每次以一个素养为主测试。PISA采用按照概率与抽样元素的规模大小成比例的抽样法，能等概率地抽取各类学段、各类不同教育质量的学校，被试丰富，覆盖面广，代表性高；更重要的是，其题目命制过程、数据收集及清理过程通过各种手段进行严格质量控制，信效度较高，[27—28]因此，PISA的数据是一份难得的高质量的数据。PISA数据及其测量结果被各国政府、教育管理机构和学术研究者所关注。[29]因此，如何有效地利用PISA的数据进行高质量的研究显得非常重要。本文主要从研究内容和研究方法两方面提出以下建议。

(一) 财经素养的研究内容

PISA财经素养测验给研究者提供了研究素材，研究者可针对财经素养进行三大方向的研究。

第一个方向是以财经素养水平的描述以及跨国或跨地区之间的比较为主的研究，这一方向的研究可以为我国财经教育政策服务。该研究方向包括对我国财经素养水平现状的描述，以及与其他国家或地区之间的比较：如与香港、澳门等中华圈内的比较；与在PISA财经素养测验中表现优秀、中等、差的国家之间的比较；与美日欧等发达国家之间的对比等。并对比较结果进行分析，揭示其中的前因和后果，如可否用各国（地区）的教育模式、文化差异或者经济发展水平等因素对各国（地区）学生在财经素养测评上的表现差异进行解释。比如，OECD利用PISA2012财经素养测评数据探讨了各参与国或地区的特征对学生的财经素养测评水平的影响，使用的特征有人均生产总值和收入分配等。[30]

第二个方向是研究财经素养与数学素养和阅读素养之间的联系。一定水平的运算能力被认为是财经素养的必要条件，一个人拥有的运算能力会在一定程度上影响他的财经素养。[31]在财经素养的测评中也会涉及一些与数学能力相关的题目，比如在财经素养中关于计算收入或进行汇率计算的项目就需要运用数学运算能力。而读懂财经素养测评题目的题意

又是解决财经问题的前提,因而学生的阅读素养水平可能会在一定的程度上对他们的财经素养水平有所影响。对 PISA2012 数据进行分析,其结果显示 PISA 财经素养成绩与数学素养成绩相关系数达 0.83,与阅读素养成绩的相关系数达到 0.79。[32] 这表明学生的财经素养与数学素养、阅读素养之间可能存在着非常紧密的关系,研究者可以就这一问题对财经素养与其他素养之间的关系进行更加深入的探讨。针对财经素养与数学素养之间的关系,是否可以进行猜想:在财经素养的试题中有部分试题涉及进行数学运算,因此财经素养可能与数学素养中的数量这一维度有相关关系,也可能因为这一维度导致财经素养与数学素养之间的相关显著,这值得我们进一步研究。

第三个方向是结合相关变量对财经素养水平的前因和后果进行研究,如前文所述的几个相关变量。除此之外,相关变量包括了学生层面、家长层面以及学校层面,因此,研究者可以探讨不同的层面的相关变量对财经素养的影响。比如,OECD 在 PISA2012 财经素养测评结果的呈现中就分析了学生的财经素养水平与态度、行为之间的关系。[33] 在研究财经素养与相关变量之间的关系时,可以借鉴数学素养、阅读素养与相关变量的关系。例如,Martin 等人利用 PISA 的数据对移民学生的问题解决能力与数学素养和科学素养进行了研究。[34] 而财经素养不仅注重学生的财经概念和相关知识技能,还注重在实际生活中对这些知识概念的运用。而运用过程实际上就是问题解决的过程,所以在问题解决的过程中可能会涉及财经素养的使用。因此,根据 PISA2012 的数据可以对 15 岁学生表现出来的财经素养水平和问题解决能力之间的关系进行探讨。

(二)财经素养的研究方法

要实现上文三个方面的研究内容,除了可以使用一些常规的研究方法之外,我们还建议研究者要运用一些更契合 PISA 数据模式和特点的高级统计方法,如分层线性模型(Hierarchical Linear Models,简称 HLM)、多水平结构方程模型(Multilevel Structural Equation Models,简称 MSEM)、多水平潜在类别分析(Multilevel Latent Class Analysis,简称 MLCA)以及多重或者跨层次的中介或调节模型(Cross-level Mediation Models, Multiple-mediation Models)等方法对 PISA 数据进行分析,以更好地扩展数据中更为丰富的信息,探讨数据中更深层次的规律。

分层线性模型对嵌套结构数据进行分层多元回归分析的统计方法,明确区分了数据的层次,可以针对模型的任何一层进行统计分析和测量,并且能够定义某一层次的变量对另一变量之间所产生的影响,从而对变量有更准确的预测和更合理的解释。多水平结构方程模型是将多层线性模型和结构方程模型相结合的处理数据的方法,同时具有这两种统计方法的优势,既可以解决数据多层结构的问题又可以对潜变量进行估计。多水平潜在类别分析是一种通过类别潜变量来介绍指标间的关联,进而实现指标间局部独立的统计方法,最突出的特点是其处理的是类别变量,可用于对 PISA 中的类型变量进行分析。跨层次中介或调节模型用于探讨具有多层次变量的数据在不同层次的变量之间可能存在的中介或调节效应。

这些统计方法最大的共同点就是需要数据具有多层次性，而 PISA 的数据恰好符合这一特点，PISA 数据结构相当复杂，除了财经素养、数学素养、阅读素养以及科学素养等数据外，还有与学生、家长和学校相关的背景变量的三个层次的数据，而且不同的层次之间会相互影响，即某个变量可能受不同层次变量的影响。

西方有研究者开始使用这些方法进行了一些比较有意义的研究。比如，Gümüş 利用分层线性模型分析了土耳其 PISA2009 的数据，探讨了家庭层面和学校层面的因素对土耳其学生使用信息和通信技术的影响；[35] Goldstein 运用了多水平结构方程对 PISA 数据进行了分析，探讨了法国与英格兰学生在 PISA 阅读素养成绩上的差异；[36] Finch 等人运用了潜在类别分析对 20 个西方国家学生的教育成绩与社会经济地位之间的关系，其结果表明了不能单纯地只用成绩的均值进行比较，要将学生嵌套到学校中去对数据进行分析。[37]

我国也有研究者开始尝试使用这些方法进行了一些探索性的研究。如雷雅缨(2014)使用分层线性模型的统计方法，通过三水平情境效应模型分析对学生阅读素养成绩产生影响的个人、学校及国家各层面因素，并进一步利用两水平中介效应模型分析教师指导如何通过学生的阅读参与度对学生的阅读素养成绩产生影响；[38] 周爽(2015)使用分层线性模型的统计方法，探讨了教师层面的教师教学质量对学生层面的数学素养的影响以及学生层面的数学卷入行为的跨层次中介作用；[39] 徐泳仪等人(2014)则利用 PISA 的数据探究了数学自我效能感在数学性课外活动与数学素养二者之间的关系上所起中介作用，其中数学自我效能感属于学生层面的变量，数学性课外活动属于学校层面的变量；[40] 刘星辰等人(2016)利用 PISA2012 上海地区的数据，研究了数学焦虑、数学自我效能感对数学素养的影响，结果表明数学焦虑在数学自我效能感对数学素养的影响中起调节作用。[41] 此外，国内还有不少基于跨层模型的跨文化研究，探究阅读投入对阅读素养影响，[42] 学校氛围如何影响学生数学成绩，[43] 学生科学教学知觉对科学素养成绩的作用，[44] 比较不同国家和地区之间的差异。目前这方面的研究，主要集中在阅读素养和数学素养上，很少关注财经素养。关于财经素养的前因与后果，有待我们运用更确切的研究方法与统计技术，进行进一步的探讨和研究。我们相信，我们可以在众多关于 PISA 财经素养的有意义的议题中得到更准确和更有意义的研究发现。

参考文献：

[1] [25] [28] OECD. PISA2009 Framework: Key Competencies in Reading, Mathematics and Science [M]. Paris: OECD, 2010.

[2] OECD. Improving Financial Literacy: Analysis of Issues and Policies [M]. Paris: OECD, 2005.

[3] [5] [7] [9] [24] [27] OECD. PISA2012 Assessment and Analytical Framework: Mathematics, Reading, Science, Problem Solving and Financial Literacy [M]. Paris: OECD, 2013.

[4] Lusardi, A. & Mitchelli, O. Financial Literacy and Retirement Preparedness: Evidence and Implications for Financial Education [J]. Business Economics, 2007, 42(1): 35 - 44.

[6] Anderson, L. W., Krathwohl, D. R. & Bloom, B. S. A Taxonomy for Learning, Teaching, and Assessing: A

Revision of Bloom's Taxonomy of Educational Objectives [M]. Boston: Allyn & Bacon, 2001.

[8] Johnson, C. & Staten, M. Do Inter-temporal Preferences Trump Financial Education Courses in Driving Borrowing and Payment Behavior [C]. Paper Presented at the 1st Annual Boulder Conference on Consumer Financial Decision Making, 2010.

[10] Barsky, R. B., Juster, F. T., Kimball, M. S. & Shapiro, M. D. Preference Parameters and Behavioral Heterogeneity: An Experimental Approach in the Health and Retirement Study [J]. The Quarterly Journal of Economics, 1997,112(2): 537-579.

[11] Holt, C. A. & Laury, S. K. Risk Aversion and Incentive Effects [J]. American Economic Review, 2002,92(5): 1644-1655.

[12] 肖璐. 浅析如何促进我国个人理财教育[J]. 全国商情(经济理论研究),2006(11): 62.

[13] Bernheim, B. D., Garrett, D. M. & Maki, D. M. Education and Saving: The Long-term Effects of High School Financial Curriculum Mandates [J]. Journal of Public Economics, 2001,80(3): 435-465.

[14] 楚城,常艳春. 现代社会呼唤理财教育——关颖研究员访谈录[J]. 家长,2005(7): 2-3.

[15] 杨玉东. PISA2012 财经素养测评框架[J]. 上海教育,2014(20): 8-10.

[16] 杨玉东,陆璟. PISA2012 测试新领域"财经素养"的动向和启示[J]. 上海教育科研,2012(10): 40-43.

[17] [18] [19] 雷雅缨,郑智潇,江婷婷,等. 各国财经素养教育的实践及启示[J]. 科教导刊,2014(9): 39-40.

[20] 王正青,徐辉. PISA2006 科学测评: 框架、结果与启示[J]. 中国教育学刊,2009(5): 64-67.

[21] 孔凡哲,李清,史宁中. PISA 对我国中小学考试评价与质量监控的启示[J]. 外国教育研究,2005(5): 72-76.

[22] [23] 赖小琴. PISA 评价的发展趋势及启示[J]. 教育测量与评价,2008(9): 51-53.

[26] Bybee, R. W. & McCrae, B. J. PISA Science 2006, Implications for Science Teachers and Teaching [M]. Arlington: NSTA Press, 2009.

[29] OECD. Lessons from PISA for the United States, Strong Performers and Successful Reformers in Education [M]. Paris: OECD, 2011.

[30] [32] [33] OECD. PISA2012 Results: Students and Money: Financial Literacy Skills for the 21st Century [M]. Paris: OECD, 2014.

[31] Huston, S. J. Measuring Financial Literacy [J]. Journal of Consumer Affairs, 2010,44(2): 296-316.

[34] Martin, A. J., Liem, G. A. D., Mok, M. C. & Xu, J. Problem Solving and Immigrant Student Mathematics and Science Achievement: Multination Findings from the Programme for International Student Assessment(PISA) [J]. Journal of Educational Psychology, 2012,104(4): 1054-1073.

[35] Gümüş, S. Investigating the Factors Affecting Information and Communication Technology (ICT) Usage of Turkish Students in PISA2009 [J]. Turkish Online Journal of Educational Technology-TOJET, 2013,12(1): 102-107.

[36] Goldstein, H., Bonnet, G. & Rocher, T. Multilevel Structural Equation Models for the Analysis of Comparative Data on Educational Performance [J]. Journal of Educational and Behavioral Statistics, 2007,32(3): 252-286.

[37] Finch, H. H. & Marchant, G. J. Application of Multilevel Latent Class Analysis to Identify Achievement and Socio-economic Typologies in the 20 Wealthiest Countries [J]. Journal of Educational and Developmental Psychology, 2013,3(1): 201-221.

[38] 雷雅缨. 阅读素养影响因素分析: 基于 PISA2009 的多水平模型[D]. 广州: 华南师范大学,2014.

[39] 周爽. 学生数学素养的影响因素: 基于 PISA2012 的多层分析[D]. 广州: 华南师范大学,2015.

[40] 徐泳仪,邓家毓,陈启山. 激发自我效能感的数学性课外活动更有利提升数学素养: 基于 PISA2012 数据的两层中介

分析[C]. 第十七届全国心理学学术会议,2014.
[41] 刘星辰,原露,陈启山. 数学焦虑与数学自我效能感对数学素养的影响：来自 PISA 的结果[J]. 考试研究,2016(2)：89-93.
[42] 张文静,辛涛. 阅读投入对阅读素养影响的跨文化比较研究——以 PISA2009 为例[J]. 心理发展与教育,2012,28(2)：175-183.
[43] 张平平,李凌艳,辛涛. 学校氛围对学生数学成绩影响的跨文化比较：基于多水平分析的结果[J]. 心理发展与教育,2011,27(6)：625-632.
[44] 吴娴,张文静,辛涛. 学生科学教学知觉对科学素养成绩影响的跨文化比较[J]. 心理发展与教育,2008,24(4)：75-79.

坚守与创新：PIRLS阅读素养评价的回顾与启示

| 张所帅

国际阅读素养进展研究(Progress in International Reading Literacy Study,简称PIRLS)是由国际教育成就评价协会(International Association for the Evaluation of Educational Achievement,简称IEA)发起并组织实施的全球性学生阅读素养跨国(地区)和历时比较评价研究,每五年举行一次,评价的对象是9—10岁小学四年级的学生,以此来监控各国(地区)学生阅读素养的进展情况,并为教育政策制定者和研究者提高学生的阅读素养提供事实依据。[1]

从2001年至今,IEA已先后组织实施了四轮阅读素养评价。回顾PIRLS阅读素养评价的发展历程可以发现,坚守与创新是其永恒的追求:坚守不变的是其评价的理念和框架,以便对国际学生阅读素养的发展趋势进行跟踪研究;创新求变的是其评价的工具和内容,以期对研究成果和现实需求给予及时回应。通过梳理分析PIRLS阅读素养评价的设计理念和具体做法,可以为我国的母语阅读素养评价提供借鉴和参考。

一、坚守:评价的理念和框架

阅读素养是个人学习和智力发展的基础,也是学习所有学科的基础,建立在阅读素养基础上的国民素质是一个国家发展的先决条件。因此,了解学生阅读素养的发展状况,提高学生阅读素养的发展水平便成为教育政策制定者和研究者普遍关注的重要议题。

(一)“阅读素养”的理论界定

“对阅读的理解,直接影响评估内容的设计,也制约着采用什么方法来评估学生的阅读表现。”[2]IEA在1991年的阅读研究中,首次将“阅读”(Reading)和“素养”(Literacy)合并在一起,传递出对阅读更为宽广的概念理解——理解和运用社会需要的或个人认为有价值的书面语言形式的能力,包括对阅读内容的反思能力和以此作为取得个人和社会目标的工具。PIRLS以此为基础,吸收最新的理论研究成果,形成对“阅读素养”的重新认识:理解和运用社会需要的或个人认为有价值的书面语言形式的能力,年轻阅读者能够从各种文章中建构意义,他们通过阅读来进行学习、参与阅读社群并获得娱乐。从中可以看出其将阅读看成是一个建构的过程，是读者与文本情境相互作用的结果，读者有积极的阅读态度，阅读不但为了消遣娱乐而且也为了获得信息。[3] 2006 年 PIRLS 对"阅读素养"做了进一步的修订，将 2001 年定义中的最后一句修改为"他们通过阅读来进行学习，参与学校和日常生活中的阅读群体，并进行娱乐"，[4]突出了阅读在学校和日常生活中的重要性，强调了阅读活动发生的具体情境，更加切合学生的阅读实际，指向性也更为明确。这一界定一直沿用到现在，成为 PIRLS 阅读素养评价的指导思想。

（二）阅读素养评价的内容

根据对阅读素养的理解，PIRLS 将评价的内容分为"理解过程"、"阅读目的"、"阅读行为和态度"三个方面。

理解过程体现了读者以不同的认知形式建构意义、获得对文本理解的过程。PIRLS 将理解过程区分为"关注并提取明确信息"、"直接推论"、"解释并整合观点和信息"、"检视并评价内容、语言和文本要素"四个层级，每一个理解层级都会设计与之相对应的阅读问题，供学生建构阅读反应以证明其具有相应的阅读能力。

阅读素养与人们的阅读目的直接相关。概括地说，阅读的目的包括为了个人兴趣或娱乐而阅读、为了参与社会活动而阅读和为了学习而阅读，对于年轻读者而言，阅读的主要目的是为了兴趣或娱乐而阅读和为了学习而阅读两种。由此，PIRLS 将阅读素养评价聚焦在为了文学体验而阅读和为了获取并使用信息而阅读两种阅读目的上。

"理解过程"和"阅读目的"是 PIRLS 阅读素养评价的基础，主要以纸笔测试的方式进行，在评价中所占的比例如表 1 所示。

表 1 "理解过程"和"阅读目的"在 PIRLS 阅读素养评价中的占比

阅读素养评价框架		PIRLS
阅读目的	为文学体验而阅读	50%
	为获得和使用信息而阅读	50%
理解过程	关注并提取明确信息	20%
	直接推论	30%
	解释并整合观点和信息	30%
	检视并评价内容、语言和文本要素	20%

从表 1 可以看出，两种阅读目的所占比例相等，均为 50%，说明在 PIRLS 看来，这两种目的的阅读对学生来说同等重要，不可偏废；四个层级的认知过程所占比例两两相当，其中"直接推论"和"解释并整合观点和信息"比"关注并提取明确信息"和"检视并评价内容、语言和文本要素"各高 10 个百分点，体现了 PIRLS 在认知理解评价上的侧重。

阅读素养不仅包括从各种不同文本中建构意义的能力，也包括有利于养成终身阅读习惯的行为和态度，这些行为和态度能够促使学生成为熟练的阅读者，帮助其实现自己的阅读目标。“阅读行为和态度”将通过学生问卷的形式来完成。

（三）评价工具的设计与要求

阅读素养评价的理念最终要通过与之相匹配的评价工具来具体实施，“只有前期的设计工作考虑全面、充分，才能获得更为准确、客观的测验结果”[5]。PIRLS主要从测试题本的设计、阅读材料的选择、问题的类型和评分的程序等方面对评价工具进行科学设计。

1. 测试题本的设计

考虑到测试内容广泛性与测试时间有限性的现实矛盾，PIRLS采用矩阵抽样的方法对测试题本进行设计，每个题本的测试时间限定为80分钟。

以2001年的测试为例，测试材料由8个40分钟的文本和题目模块组成，其中4个模块是文学体验性文本（标记为L1、L2、L3和L4），4个模块是获得和使用信息文本（标记为I1、I2、I3和I4）。8个模块按照一定的配对组合形成10个题本，每个题本包含2个40分钟的文本和题目模块。其中9个题本源自3个文学性文本模块和3个信息类文本模块的配对组合，第10个题本由最能体现自然、真实阅读情境的两个模块（一个文学类文本模块L4和一个信息类文本模块I4）以彩色和杂志化的格式单独组合而成，不与其他任何题本发生联系，命名为“读者”题本。“读者”题本的数量是其他题本数量的3倍，确保有足够的学生阅读此类题目，题本的具体组合如表2所示[6]

表2　测试题本组合

1	2	3	4	5	6	7	8	9	10（读者）
L1	L2	L3	I1	I2	I3	L1	I2	I3	L4
L2	L3	I1	I2	I3	L1	I1	L2	L3	I4

2. 阅读材料的选择

为了达到近似真实阅读体验的评价效果，PIRLS要求呈现的阅读材料是学生平时经历过的，具有广泛的代表性。这些材料由懂得如何为年轻读者写作的成功作家所写，以便能更好地吸引学生的阅读兴趣，引起学生的阅读反应。在国际研究的话语背景下，会尽量选择那些在翻译时不会造成意义损失或对学生参与阅读有潜在倾向性的材料，同时，材料中潜在的文化偏见必须被考虑。

总之，PIRLS选择阅读材料的标准主要包括：[7]话题要适合四年级学生的年龄水平；考虑性别、人种、种族和宗教的公平性和敏感性；语言特征的性质和水平；信息的密度等。考虑到测试时间所限，所选材料的长度一般不超过800个字，以便学生有足够的时间阅读并回答相关问题。当然不同性质的阅读材料，长度会略有不同。

3. 问题类型和评分要求

PIRLS纸笔测试的问题类型分为选择题和建构反应题两种，各占题本总分值的50%。选择题的做法是从提供的四个反应选项中选择唯一的正确答案，每题1分；建构反应题则要求学生构建书面反应，根据理解的程度赋值1—3分。

建构反应题有具体的评分指南描述不同作答水平的反应特征，并附有典型的作答样本供评分者评阅参考。建构反应题的评分，只关注学生对文本的理解程度，不关注其书写能力；在有文本证据支持的前提下，可以接受的不同作答反应都需要考虑给分的可能。

（四）背景信息的收集

PIRLS阅读素养评价的主要目的是对参与国家（地区）学生阅读素养成就发展趋势的纵向研究和国家（地区）间学生阅读素养成就发展的横向比较，同时对影响学生阅读素养发展的相关因素进行分析研究。为此PIRLS设计了背景问卷以便进行相关信息的收集。

PIRLS认为直接影响四年级学生形成与阅读素养有关的技能、行为和态度主要是家庭和学校环境；除此之外是学生生活和学习的更大环境——社区和国家环境。[8]于是PIRLS形成了以国家和社区、家庭、学校、课堂、学生为层级的阅读素养背景问卷体系，通过使用学生问卷、父母或监护人问卷、教师问卷、学校领导问卷收集与形成阅读素养相关的家庭和学校背景信息；通过完成参与国家（地区）的课程问卷和阅读教育百科全书收集学生家庭和学校所在国家（地区）的教育信息。这些问卷信息将用来解释学生阅读素养成就背后的相关原因，提供研究者洞察发展和完善阅读教育的有效策略和途径，方便政策制定者理解教育制度如何更好地培育阅读素养的政策导向。

二、创新：评价的工具和内容

回顾PIRLS的发展历程会发现，其一直在结合前瞻性的思考和现实中的需要不断完善、调整评价工具和内容，以便能更好地实现评价目的。

（一）开发prePIRLS和PIRLS Literacy评价工具

随着参与国家（地区）的增多，教育发展水平的差异性也越来越明显，有的国家（地区）大多数四年级的学生仍处于发展基本阅读技能的阶段，尚不能达到参与PIRLS阅读素养评价的认知水平要求。针对这种情况，IEA在2011年采取了两种应对举措：一种举措是推迟这些国家（地区）参与PIRLS评价的学生年级，比如在一些国家（地区）中，学生直到五年级或六年级才可能具备PIRLS评价所必需的阅读能力，IEA鼓励这些国家（地区）五年级或六年级的学生参与PIRLS的阅读素养评价；另一种举措是尝试对PIRLS评价内容进行拓展，通过开发难度较小的阅读素养评价工具，作为参与PIRLS测试的垫脚石。

2011年新开发的评价工具为“prePIRLS”，其评价的理念和框架与PIRLS完全相同，但用来测试的材料更短，词汇和语法也更容易，更多比例的题目（占整个评价的50%）用来测试阅读理解的基础能力“关注和提取明确信息”，其与PIRLS评价框架的对比具体如表3所示。[9]

表 3 PIRLS 与 PrePIRLS 评价框架对比

阅读素养评价框架		PIRLS	prePIRLS
阅读目的	为文学体验而阅读	50%	50%
	为获得和使用信息而阅读	50%	50%
理解过程	关注并提取明确信息	20%	50%
	直接推论	30%	25%
	解释并整合观点和信息	30%	25%
	检视并评价内容、语言和文本要素	20%	

新开发的评价工具为阅读水平相对较低的国家(地区)提供了一个系统测量学生阅读素养成就的平台。每个国家(地区)可以根据自身教育发展的状况和学生实际的阅读水平,参与 PIRLS 和 prePIRLS 评价中的任何一个或两者都参与,以便对学生进行最有效的评价。[10]

2016 年 IEA 又开发了"PIRLS Literacy"阅读素养评价工具,其功能和框架与之前的"prePIRLS"相同,但与之不同的是,PIRLS Literacy 测试题本中包含的两篇文章(一篇是文学类文本,一篇是信息类文本)及题目也包含在 PIRLS 中,而 PIRLS 包含的两篇文章(一篇是文学类文本,一篇是信息类文本)及题目也包含在 PIRLS Literacy 中,两者共有的测试材料和题目将两个评价连接起来,为参与 PIRLS Literacy 评价的学生在 PIRLS 维度上报告其阅读素养成就提供了坚实的基础。[11]此外,包含在 PIRLS 评价中两篇难度较小的 PIRLS Literacy 文章,可以提供参与 PIRLS 评价的学生在较低理解水平上阅读素养成就表现的信息;同理,包含在 PIRLS Literacy 评价中两篇更有难度的 PIRLS 文章,可以提供参加 PIRLS Literacy 评价的学生在更高理解水平上阅读素养成就表现的信息。这样一来,丰富了彼此的评价结果,扩展了量度的区间,可以获得更多的评价信息。

在题型设计上,PIRLS Literacy 与 PIRLS 一样,均采用选择题和建构反应题两种题型,但建构反应题在其测试中所占的比例比 PIRLS 要高,占总分值的 60%(PIRLS 为 50%)。之所以这样做,是因为选择题需要阅读四个选项后才能进行应答,而建构反应题只需写出简短的回答,这对阅读水平较低的学生来说,阅读的负担较轻,更容易做到。

(二)增加 ePIRLS 评价内容

随着信息技术和网络媒体的发展,学生阅读电子文本的时间和机会越来越多,通过网络和计算机搜集并阅读信息的能力显得越来越重要。早在 2001 年 PIRLS 就在评价框架中提到了对电子文本进行研究的设想,[12]2011 年 PIRLS 推出了基于网络的阅读计划,探索扩大阅读信息呈现的可能性,包括在 PIRLS 将来的评价周期中进行基于网络的文本阅读评价。[13]2016 年,PIRLS 正式推出了基于电脑的在线阅读评价——ePIRLS,通过模拟的因特网环境呈现给学生类似真实的学校学习情境,旨在评价学生使用网络媒体阅读的能力。[14]

鉴于网络阅读的主要目的是为了搜集和获得信息,因此 ePIRLS 阅读评价只关注"获得并使用信息"这一阅读目的;在理解过程中,ePIRLS 评价与传统纸笔测试形式 PIRLS 和

PIRLS Literacy 并无两样，也涉及理解过程的四种能力，其与 PIRLS 和 PIRLS Literacy 的评价框架对比如表 4 所示。[15]

表 4　PIRLS、PIRLS Literacy 与 ePIRLS 评价框架对比

<table>
<tr><th colspan="2">阅读素养评价框架</th><th>PIRLS</th><th>PIRLS Literacy</th><th>ePIRLS</th></tr>
<tr><td rowspan="2">阅读目的</td><td>为文学体验而阅读</td><td>50%</td><td>50%</td><td>0%</td></tr>
<tr><td>为获得和使用信息而阅读</td><td>50%</td><td>50%</td><td>100%</td></tr>
<tr><td rowspan="4">理解过程</td><td>关注并提取明确信息</td><td>20%</td><td>50%</td><td>20%</td></tr>
<tr><td>直接推论</td><td>30%</td><td>25%</td><td>30%</td></tr>
<tr><td>解释并整合观点和信息</td><td>30%</td><td rowspan="2">25%</td><td>30%</td></tr>
<tr><td>检视并评价内容、语言和文本要素</td><td>20%</td><td>20%</td></tr>
</table>

ePIRLS 的测试设计包括 4 个基于学校的在线阅读任务，每个任务涉及 2—3 个网站，总计 5—10 个网页。如同 PIRLS 和 PIRLS Literacy 的测试文本一样，每个阅读任务包含需要 40 分钟来完成的问题。为了保证学生的作答负担在可承受的合理区间内，每个学生只需完成电脑随机派送的 2 个阅读任务即可，随后完成一份 5 分钟的在线问卷。ePIRLS 借助项目反应理论来评价参与国家（地区）学生整体的在线阅读素养情况。

参与 ePIRLS 评价的国家（地区）也参与 PIRLS 评价，因此，除了报告两者各自的评价结果之外，还可以对学生在 PIRLS 上的阅读素养成就与其在 ePIRLS 上的阅读素养成就进行相关性研究。[16]

（三）完善问卷结构和内容

PIRLS 非常重视与学生阅读素养形成和发展相关的背景信息的收集，为此专门设计了阅读素养背景问卷。2001 年的背景问卷主要分为国家和社区背景、家庭背景和学校背景三个纬度，具体包括学生问卷、家长问卷、教师问卷和学校问卷。2006 年的背景问卷增加了课堂背景纬度，添加了课程问卷。到了 2011 年，背景问卷进一步细分为国家和社区背景、家庭背景、学校背景、课堂背景和学生特征与态度五个纬度。到 2016 年，直接将阅读素养评价内容中的"阅读行为和态度"调整到背景问卷中，最终形成国家和社区、家庭、学校、课堂和学生的阅读素养背景问卷体系，范围由大到小，影响由间接到直接，结构更加科学，也更有利于揭示学生阅读素养成就背后的原因。

除了阅读素养背景问卷的结构不断完善之外，问卷的具体内容也在不断地优化，或调换、或增加、或更换，内容维度的组合更细致、具体，也更加聚焦阅读素养的核心，使研究报告更具阐释力和指导意义。

三、PIRLS 阅读素养评价的经验启示

PIRLS 是当前国际上重要的阅读素养评价项目之一，代表了阅读素养评价的最高水准

和发展走向。回顾 PIRLS 发展历程中的坚守与创新，诸多的经验和做法值得我们学习借鉴。

（一）明确评价目的和具体内容

任何评价都具有目的性，阅读素养评价也不例外。所谓评价目的就是想通过评价发现什么现象、揭示什么规律、解决什么问题，“决定了考试的测量目标、考试的信度、效度等质量指标要求，也决定了如何命题以及试题的技术参数要求”，[17]这既是评价工作的原点，也是评价工作的归宿，回答的是“为什么评价”的问题。PIRLS 评价的目的是对世界各国（地区）四年级学生阅读素养成就发展趋势（纵向和横向）以及与之相关的影响因素进行研究，这一评价目的统摄了 PIRLS 评价活动的一切，所有的评价设计和内容都围绕着他而展开。

明确了“为什么评价”的问题，接下来就需要解决“评价什么”的议题，即具体的评价内容。评价内容的确立要么基于现实层面的考虑，要么基于理论层面的思考，实际操作中往往是将两者有机结合起来。以 PIRLS 为例，基于阅读素养在现实层面的重要性而将其确定为评价对象，在此基础上，借鉴已有的阅读素养研究成果，对阅读素养的内涵进行界定，最终确定了阅读素养评价的三个方面：阅读目的、理解过程、阅读的行为和态度，并不断细化具体的评价内容，逐步形成评价的内容体系。

所以说，“为什么评价”和“评价什么”是整个评价工作的核心，集中体现了评价工作的理念，决定了后续评价工作的基本走向，也为评价结果的理论解释埋下了伏笔，必须通盘考衡，慎重定夺。

（二）建立科学严密的框架结构

评价的目的和内容只有通过科学严密的设计才能达成预期的评价愿望，否则，设想再好，也只是一纸空文，无力实现，因此，“如何评价”就显得愈发的重要。教育评价是一项科学性、技术性很强的工作，发展至今已逐渐形成了一套严密的工作流程和规范要求，必须严格按照科学的程序进行系统设计。

在 PIRLS 的测试框架中，根据评价的需要，其对题本设计、材料选择、问题类型和评分程序、背景问卷等方面进行了科学地规划、细致地说明，有理有据，互成体系，形成评价的合力，确保了评价结果的客观和可靠。

在教育评价中，建立科学严密的框架结构至关重要，特别是在大规模的教育评价中，牵一发而动全身，更需要集思广益，科学设计。在这方面，PIRLS 为我们提供了很好的范例，值得认真学习。

（三）充分发挥背景问卷的作用

要想对教育评价的结果进行深入研究，仅仅有测试题本和数据结果是远远不够的，最好能有与之相匹配的背景问卷，以便将测试结果与问卷信息进行相关分析，互相佐证，揭示数据背后的原因和规律，更好地发挥评价的反馈和指导作用。

背景问卷在大规模教育评价中使用得非常普遍。以 PIRLS 阅读素养评价为例，为了揭示与学生阅读素养形成、发展相关的背后原因，根据已有的理论研究成果，PIRLS 设计了“国家和社区”、“家庭”、“学校”、“课堂”和“学生”等多层面的背景问卷，同时还包括参与国家（地区）的“阅读教育百科全书”，形成了较为完整的问卷体系。借助问卷信息，PIRLS 可以从不同的视角对造成学生阅读素养成就变化的相关因素进行分析评判，将测试数据的价值进行最大化挖掘，丰富研究的内容空间，提升评价的教育功能。

（四）在坚持不变当中创新发展

作为一个教育评价项目特别是大规模教育评价项目，其在设计之初必须经过充分论证、反复修改，才能付诸实施。而一旦实施，就要保持其核心内容、基本结构的稳定性，一方面可以借助不断累积的评价数据修订评价框架，另一方面可以确保评价结果的前后关联，发现其中的研究问题。当然，随着评价项目的持续进行，除了就其中存在的纰漏和问题及时进行修补完善外，还应结合理论研究的最新成果以及现实中的评价诉求进行局部的求变创新，更好地满足教育发展的需要，实现教育评价的目的。

以 PIRLS 为例，到目前为止，国际阅读素养进展研究已完成四轮评价，跨越 16 年的时间，其核心理念、整体框架基本保持不变，而在具体的评价工具和评价内容上不断丰富拓展、推陈出新，在保持评价项目稳定的前提下，寻找评价项目新的生机和活力，从而将评价项目做大做强！

参考文献：

[1][4] IEA. PIRLS 2006 Assessment Framework and Specifications, 2nd Edition [EB/OL]. http://timssandpirls.bc.edu/PDF/P06Framework.pdf, 2006-02-15/2016-06-17.

[2] 祝新华. 促进学习的阅读评估[M]. 北京：人民教育出版社，2015：243.

[3][6][8][12] IEA. PIRLS 2001 Assessment Framework, 2nd Edition [EB/OL]. http://timssandpirls.bc.edu/pirls2001i/pdf/PIRLS_frame2.pdf, 2001-03-20/2016-06-17.

[5] 王文静，罗良. 阅读与儿童发展[M]. 上海：华东师范大学出版社，2009：195.

[7][9][10][13] IEA. PIRLS 2011 Assessment Framework, 2nd Edition[EB/OL]. http://timssandpirls.bc.edu/pirls2011/downloads/PIRLS2011_Framework.pdf, 2009-08-16/2016-06-18.

[11][14][15][16] IEA. PIRLS 2016 Assessment Framework, 2nd Edition[EB/OL]. http://timssandpirls.bc.edu/pirls2016/downloads/P16_Framework_2ndEd.pdf, 2015-08-16/2016-06-18.

[17] 雷新勇. 大规模教育考试：命题与评价[M]. 上海：华东师范大学出版社，2006：82.

关于数学素养测评及其践行

徐斌艳　蔡金法

核心素养驱动的课程改革成为全球潮流，我国在课程标准修订中亦对核心素养给予了全面的关注。以数学素养为例，已有丰富研究成果着力阐述数学素养之内涵，但我们也需要探讨如何让数学素养真正成为课程教学的有机部分、如何开展数学素养的测评。这恰是本文研究的重点。

一、素养测评研究的背景

进入21世纪，两大国际评价研究项目TIMSS① 和PISA② 引发了世界各国对教育的思考与改革。以美国为例，项目的测评数据显示美国学生学科素养成绩低于国际平均水平，[1—2]这督促政府和专业协会出台改革政策。2009年11月美国教育部发布《"力争上游"计划实施摘要》(*Race to the Top Program Executive Summary*)，联邦政府投资40多亿美元，推进教育改革。[3—4]"力争上游"计划关键是采用新型评价标准，以保证能够让学生在大学或工作岗位上取得成功，并最终在全球经济范围内具备竞争力。PISA测试结果也直接影响了德国教育改革的走向。德国文化与教育部长联席会议(KMK)首次颁布全联邦性的各学科教育标准，为各联邦州的学业测评建立统一标准，以保障学校质量的均衡发展，并通过"评价"促进学生发展。[5]被誉为"教育神话"之国的芬兰并没有因为学生成绩优异而沾沾自喜，他们始终坚持"向前看"的教育政策，积极学习他国教育改革与创新经验，启动了素养驱动的核心课程改革。[6]

我国教育改革立足本土特色又与世界同步，同样关注教育质量监测、重视并落实学科素养及其评价。教育部强调，各级教育行政部门要逐步建立规范化、科学化、制度化的义务教育教学质量监测评估体系和教学指导体系；积极探索以学业水平测试和学生综合素质等为主要指标的综合评价体系。[7]全国各省市也在积极探索并落实以综合素养评价为驱动的教育质量监控，如上海开展了学业质量绿色指标综合评价改革，从注重学科知识成绩到关注学生全面发展。[8]关于核心素养的研究也日渐丰富。有些研究论证核心素养与课程改革发展之关系，阐述如何基于核心素养促进学校课程的发展，[9]如何从课程目标的范畴建构"核心素养"，提出核心素养将有助于课程与评价的设计、实施有明确的方向。[10]其他研究则针对学科课程

① 国际教育成就评价协会(IEA)主持的"国际数学与科学研究"(Trends in International Mathematics and Science Study，简称TIMSS)。

② 国际经济合作与发展组织(OECD)主持的"国际学生评价项目"(Programme for International Student Assessment，简称PISA)。

中核心素养的落实，提出评价学科素养的可行性建议。[11—12]素养的培养和素养的测评是全球教育改革的热点，也是我国监测教育教学质量、保障学生全面发展的重要环节。

素养本身并不是某种技能技巧，它是一种用于交流和学习的工具。联合国教科文组织(United Nations Education, Scientific and Cultural Organization，简称 UNESCO)专家报告指出，素养的提升离不开在特定情境和环境下的交流与学习。[13]对素养的测评，旨在衡量学生并促进学生发展，整体提升教育质量。

二、 数学素养测评实践

近十年各国在数学课程发展过程中，对学校数学教与学的评价进行再度审视与改革，评价的功能和作用不断丰富和拓展，测评不再是单一的某类技术，而是技术、教学、学习以及政策之间的互动系统。

（一）美国数学素养测评

美国各州对本地区的教育完全负责，各州都有各自独立的数学课程标准以及评价标准。但国际经验让美国的专业团队认识到，出台影响各州制定标准连贯性或完整性的统一标准意义深远。如全美数学教师理事会(National Council of Teachers of Mathematics，简称 NCTM)曾于 1989 年出台《学校数学课程与评价标准》，[14]它不仅对全美各州统一要求起到一定作用，而且助推了全球范围内开展基于标准的数学课程改革。其中提出的五大数学素养对当下数学教育发展仍然有影响，包括能认识数学价值；有数学学习自信；会成为数学问题解决者；会数学交流，会数学推理。20 世纪 90 年代 NCTM 又出版各种标准，其中 1995 年的《学校数学评价标准》，提出包括终结性、形成性、表现性评价的多元数学评价系统。[15]进入 21 世纪，更多标准相继出台，其中 2010 年全美州长协会和首席州立学校官员理事会合作出台《美国州际核心数学课程标准》(Common Core State Standards for Mathematics，简称 CCSSM)。[16]目前各州自行决定是否采用 CCSSM。

2009 年启动撰写 CCSSM，恰逢美国教育部出台“力争上游”计划，力求培养未来能胜任各岗位、具有国际竞争力的学生。因此 CCSSM 的开发遵循了相关准则，包括要与成功升入大学或进入职场的期望一致，要包括数学主要内容以及数学知识的高水平应用技能等。[17] CCSSM 提出了相当于数学素养的 8 大作为数学教学的重要基础：理解问题并能坚持不懈地解决问题；抽象化、量化地进行推理；构建可行的论证，评判他人的推理；数学建模；合理使用恰当的工具；关注准确性；寻求并使用结构；在不断的推理中寻求并表征规律。针对 CCSSM，美国不仅注重终结性评估的导向作用，而且注重形成性评估的反馈功能。终结性评估在于测量学生在某个单元学习结束后所获得的成功水平或精熟度，侧重学习的结果。形成性评估则强调学习的过程，旨在“收集和利用关于学生学习的信息，帮助教师和学生改善教与学的行为。”[18]美国教育部资助两个州的评估机构：大学和就业准备评估合作伙伴

(Partnership for Assessment of Readiness for College and Careers，简称 PARCC)和精确均衡的评估组织(Smarter Balanced Assessment Consortium，简称 SBAC)，让他们提出 CCSSM 评估建议并加以落实。整个评估建议涉及课程、政策、学习、教学等多方面。

针对 CCSSM 中的数学素养的终结性评价，PARCC 提出贯穿课程的评估(through-course assessment)，但要保证不能影响或决定课程内容，让学校有选择课程的自由。他们建议在 11 年级结束后进行一次总结性测评；或者当学生完成 CCSSM 某一领域内容的学习后，进行该领域的结业考试。SBAC 建议设计适应性测试，但要建构步骤分以及标注系统以保证给教师、家长和学生报告有效的信息。评估机构以及各方专家也都建议，要开展长期和可持续的评估，并支持基于证据的恰当修订评估的途径。[19]

CCSSM 同时强调开展形成性评估。不少研究者构建并在实践中践行着形成性评估模型。如卡诺德(Kanold)和拉森(Larson)提出了以专业学习共同体为基础的包含 5 个阶段的教学—评估—学习周期(如图 1 所示)。

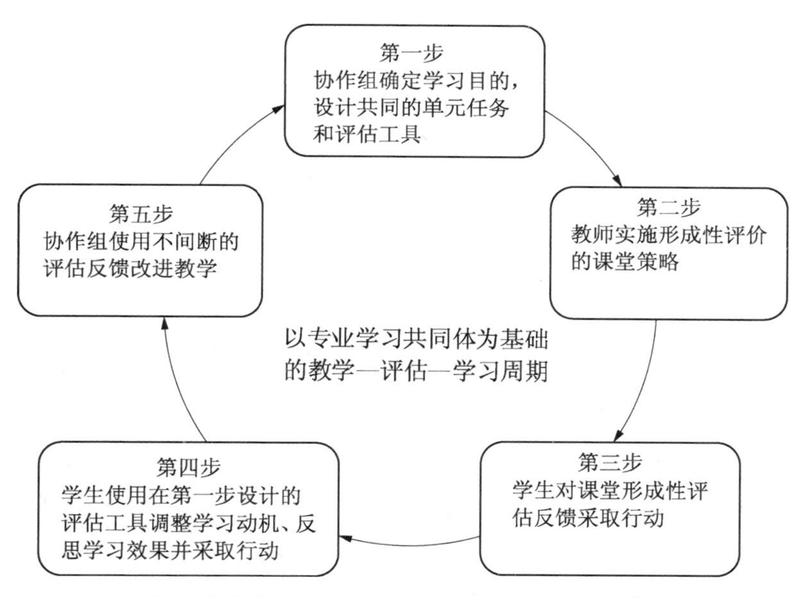

图 1　专业学习共同体的教学—评估—学习周期[20]

在这模型中，小学的协作组(collaborative teams)为年级，中学的协作组为学科组。第一阶段，教师通过三个问题来明确学习目标，设计相应的数学任务和工具：学习标准是什么？日常形成性数学任务是什么？共同评估工具是什么？第二阶段，协作组教师要营造学生积极参与的学习环境，将日常数学任务呈现给学生，并使用合适的形成性评估反馈策略来确定学生对预期学习目标的理解程度。第三阶段，教师采取相应的支持策略，鼓励学生运用反馈信息，调整学习目标。第四阶段，进一步发挥评估的调控和诊断功能，让学生利用评估工具(如测评结果)，分析并发现自己的不足，知道如何采用不同的方法去弥补不足。第五阶段，教师利用学生的评价结果改进自己的教学，包括检验教学任务质量、教学成效、学生成绩有效性等。这样的形成性评价循环,一方面突出学生学习的主动性,另一方面即时改进教学。

(二) 芬兰数学素养测评

PISA 让芬兰的教育受到世界瞩目,因为在 PISA 中,芬兰学生的数学素养成就连续位于世界前列。1994 年芬兰国家教育委员会颁布《综合性学校课程框架》(*Framework Curriculum for the Comprehensive School*),数学课程以建构主义思想为基础,以数学问题解决为核心培养学生数学逻辑素养,同时重视几何、统计和数与计算的基本知识和技能,强调数学思维与数学理解。芬兰数学教师被鼓励直接参与数学测评。[21] PISA 成绩说明芬兰这些数学课程实施的成功。但是,本着"向前看"的教育改革理念,芬兰始终关注关于数学学习的教育学与心理学研究成果,2014 年再次进行数学课程改革。当下的数学教育体现出四大特点:重视数学学习情感,加强培养学生对数学的积极态度;加强学生对数学概念的理解;重视问题解决与数学推理过程;关心有特殊数学学习需求的学生。[22]

长期以来,芬兰教育制度保障教师在学校有特定的决策权,教师承担着对学生评价的责任。数学测评系统以教师主导测评为核心,国家对 6 年级和 9 年级抽样调查为辅助,同时强调学生自我评价。数学测评的功能旨在改进学生的数学学习,教师被鼓励基于测评数据,决策如何帮助学生更好地理解数学。数学教师拥有较强的数学测评设计能力,得益于芬兰卓有成效的数学教师培养体系。

芬兰教师擅长以多元的方法主导测评。如在课堂上实践形成性评价,具体包括即时干预、教师反馈、学生自我评价等。[23] 在芬兰数学课堂上,形成性评价的意图首先是创设满足学生需求的学习环境,教师通过形成性问题了解学生思维,实施针对性干预,揭示学生的迷思概念或拓展学生思维。在充分了解学生思维的基础上,教师构建有效的学习环境。芬兰国家教育委员会提出,数学测评的作用在于描述学生在多大程度上满足了预设的发展和学习目标。教师测评的是学生的进步以及对课程的掌握。同时,教师不断培养学生在课堂上的自我评价意识与能力,帮助学生理解自己在课程学习中的进步,发展其独立的思维、自信的态度。芬兰的数学测评已经成为学习过程的自然组成部分,所得数据为教师以及学生的数学教与学服务。

(三) 德国数学素养测评

为监测并保障学校教育质量的均衡发展,德国教育质量发展研究所(IQB)承担了德国各联邦州统一的学科素养测评。国家层面的数学测评以 2003 年和 2012 年颁布的德国数学教育标准中的能力模型为依据。该能力模型提出了包括数学论证、数学地解决问题、数学建模、数学表征的应用、数学符号、公式以及技巧的熟练掌握和数学交流在内的六大数学核心能力。[24] 而这些核心能力的提出聚焦于每个学生应该在数学教学中获得的"基本经验",它包括:用数学方式感受并理解周边的现象,如自然界现象、社会以及文化现象;认识并理解数学对象是世界中的精神杰作;在数学学习中获得超越数学的方法与能力。[25] 显然基本经验涉及数学交流、数学精神、数学方法与能力，其内涵与数学核心素养相当。这个能力模型强调数学能力的发展是一个可持续的过程，它要求教学能从学生现有能力出发，根据现有学习内容，设计符合学生发展并且促进发展的数学学习问题，使得所有学习者在整个学习生涯中数学能力得到可持续发展。

IQB在设计测评题时注重创设或提出适当的问题情境，让学生在处理或解决问题过程中逐步获得关于数学概念、数学联系与方法的新知识，这些新知识有助于学生合理地处理数学内部和数学外部的问题情境，解释并表达其结果。在编制试题时，还考虑到让学生能够将已获得的数学概念、数学联系以及数学方法应用于复杂的数学化过程中，进一步认识并理解这些概念与方法。如果仅仅照搬已学的解题过程或者反复操练同类习题，很难完成这些问题解决，无助于现有的知识与能力的发展。编制试题时还注重让学生能够持续不断地学习合理的方法和策略，掌握启发性策略，如能够将复杂事实分解为可解决的、熟知的部分；并让学生了解到这些策略对其他应用情景的影响与可迁移性。

IQB及时向教师公布研制测试框架的理念，设计测评任务的教育教学功能，并且及时将测试结果反馈给学校教师，以帮助教师对照具体的教育标准和教学大纲，学会诊断学生的数学素养水平，形成促进学生能力发展的教学策略。因此IQB的测评项目弱化了能力评价的功能，而突出诊断和改进教学的功能。尤其为教师提供改进教学的具体策略，如通过变式习题改进教学、鼓励教师激发学生认知积极性、关注学生能力差异等教学策略。

（四）新加坡数学素养测评

新加坡21世纪以来的数学课程改革，强调建立更具灵活性和多样性的教育制度，能为学生提供更多选择，能适应不同学生的兴趣、潜力和发展需要；让学生从小掌握重要的生活技能，养成学习及发问并重的习惯，培养独立学习和创造性思维的能力。以“问题解决”为核心的课程模型对学习评价提出新的要求。[26]新加坡教育部及时组建由大学研究者、教育管理者和一线教师组成的团队，启动数学测评项目(Mathematics Assessment Project，简称MAP)，构建并推进四种测评策略：基于项目的测评；基于学业表现的测评；基于交流任务的测评以及学生自我评价。[27]新加坡聚焦素养评价，提出多样化评价策略，强调课堂评价应有助于教与学质量的提升，素养测评应该是教学实践的组成部分。多样化的测评方法及其测评意图如表1所示。[28]

表1　多样化测评及其意图

多样化的方法	测 评 意 图
学业测评	认知维度，测评学生的高阶思维能力和问题解决能力。
真实性评价	认知维度，测评真实问题解决能力
档案袋评价	认知和情感维度，测评某阶段学生学习的发展
写作型评价	认知和情感维度，测评学生深度思维和书面交流技能，以及他们关于数学学习的态度
项目型评价	认知维度，测评学生问题解决能力和创造性思维能力

续 表

多样化的方法	测评意图
口头表达	认知维度,测评学生组织和口头交流能力
学生访谈	认知和情感维度,从特定的学生群体收集信息
课堂观察	情感维度,考查学生在课堂上的学习行为
学生自我评价	认知和情感维度,测评学生对数学的态度,以及他们对学习过程的参与度
学生构造性评价	认知维度,依据布鲁姆教育目标分类学进行评价

(五) 数学素养测评实践的比较

比较这四国数学测评实践可见,数学素养及其测评形式、功能定位丰富、多元,且测评执行机构也各有特色,四国数学素养及其测评的特征如表 2 所示。

表 2 四国数学素养测评特征

数学素养		美国	芬兰	德国	新加坡
素养内涵	共有	数学问题解决,数学推理			
	特有	认识数学价值,数学交流,数学自信与兴趣	数学概念理解,数学积极态度	认识数学价值,数学交流,数学精神数学方法	数学概念理解,数学技能,数学交流,数学自信与兴趣,思维的自我监控
测评形式	终结性	√		√	√
	形成性	√	√	√	√
	表现性				√
	学生自评		√		√
测评功能	测试结果	√		√	
	√	诊断学习		√	√
	√	改进教学	√	√	√
测评机构	国家层面			√	
	√	机构委托	√		
		教师主导		√	

从数学素养看,数学问题解决和数学推理为这四国共同关注的数学素养,数学交流与数学情感(自信、积极态度、兴趣等)也分别为大部分国家关注。芬兰和新加坡仍然重视数学概念理解,将其作为核心素养之一,美国和德国则将认识数学价值作为重要素养之一。

从数学素养测评看,这四国都采用形成性评价,测评成为教学的重要环节;除芬兰之外,其他三国仍然重视终结性评价。芬兰则特别重视学生自我评价。在这四国,测评发挥的主要功能都是诊断教学并改进教学,鼓励教师基于测评数据,了解学生素养的表现,根据学生现有素养水平,及时调整和改革教学。

对测评的组织与管理则各具特色,德国从国家层面开展测评,保证各联邦州教育质量均衡发展。美国与新加坡则委托机构或团队开发、实施测评；芬兰则更强调教师在测评中的主导作用。

三、数学素养测评工具举例

在比较数学素养测评实践以后，我们以具体素养为例，深入分析践行测评中可采用的测评工具与方法。由于目前仅有少量针对数学交流和数学情感的研究，[29]我们应该对此加以关注，在此聚焦这两个素养测评的工具与方法。

（一）数学交流素养的测评

在数学交流过程中，学生会不断反思、精炼或修正自身的数学观点，使思维清晰化。但学生并非天生就具备数学交流素养，有意识培养数学交流素养是数学教育任务之一。我们也需要显性的、可检测的数学交流素养测评工具，测评学生的数学交流素养状况。蔡(Cai)等研究者设计开放式问题及其评分方法对学生数学交流进行测评，他们建议可以从改编教师熟悉的题目出发。有些看似封闭的选择题，当要求学生表达出思维(思考)过程时，题目具有“开放”的特征。以下面“小数问题”为例。[30]

[小数问题]在下列数字中圈出最大的数，并解释你的理由。

0.08　0.8　0.080　0.008000

下面是三个学生的解答：

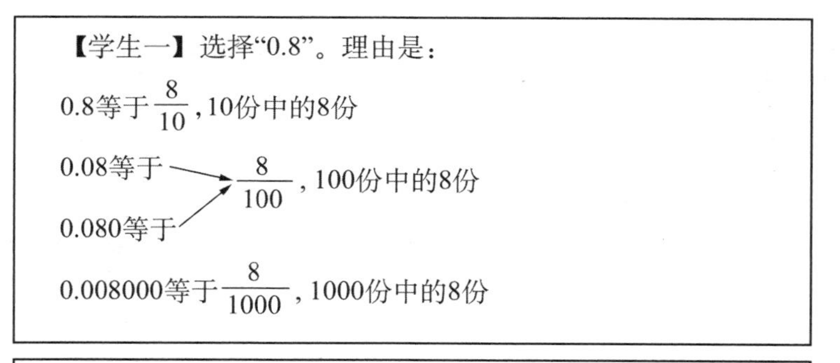

【学生二】选择“0.8”。理由是：

零越多，数字越小。

0.08有一个0

0.8没有0

0.080有两个0

0.00800有4个0

【学生三】选择“0.008000”。理由是：

我想是0.008000，因为在“8”前面有多少个零是没关系的，重要的是在“8”后面有多少个零，代表它的位值。

这看似是单项选择题，因为要求学生解释他们解答过程，常规的单项选择题成为可测评其数学交流的非常规题目。从学生的解释可见，第一个学生正确地将小数转化为相等的分数，被给予合理解释。第二个学生尽管选择正确答案“0.8”，但解释的理由是不合适的，该学生没有理解数字 8 前后零的位置如何影响小数的大小。第三个回答，说明学生误解小数位值概念。他混淆了整数位值和小数位值之间的差异。这一例子表明，学生在书写思维过程中，将自己的数学理解显性化。有时选择正确答案，但理由不合理；有时，选择不正确答案，但可能给出的理由是合理的。

测评数学交流重要的首先是开发测试任务。任务的问题情境应该是学生相对熟悉，让学生能够参与到数学任务中。任务的解答过程或策略是开放的，有利于学生使用各种不同的数学表征手段或工具，进行数学推理，表达解答过程或策略，促进其数学交流。在设计测评任务时，可使用如下提问方式促进学生交流：解释你是如何找到答案的；说明你的解答过程；详细说明论证你的答案；解释你的理由，并举例说明等。

其次构造数学交流过程的评分方法。蔡(Cai)等研究者提出整合定量整体评分法和定性分析评分法，给数学交流素养进行一个合理全面的评价。[31]定量整体评分法不仅测评答案正确性，而且检验解决过程，包括数学交流、解决策略、数学错误等。进行整体评分时，可参考如下数学交流评分标准，给学生的回答赋予一个从 0—4 的值。

数学交流的定量整体评分标准

4 分值

用清晰、明确的解释或描述做出完整的解答；包括使用恰当并完整的图表；有效地与特定的对象交流；呈现符合逻辑并完整的观点；或用恰当的正反例表达观点。

3 分值

用较清晰的解释或描述做出较为完整的解答；包括使用几乎完整的、恰当的图表；与特定的对象进行较为有效的交流；呈现符合逻辑但有些微小瑕疵的观点。

2 分值

在完成任务上表现良好，但解释或描述不够明确或不够清晰；可能包括图表有些缺陷或不够清晰；交流上比较含糊或不易解释；观点可能不完整或不够符合逻辑。

1 分值

有一些满意的元素，但不能完成任务或者遗漏某些重要部分；缺少或提供很难让人理解的解释或描述；包括没有正确表征图表，及问题情境或图表不清晰，很难做解释。

0 分值

交流没有效果；文字没有反映要解决的问题；包括完全错误地使用图像表征问题情境。

定性分析评分法从两个角度进行：交流的质量和交流的表征。交流的质量包括交流的正确性和清晰度。交流的表征包括学生为了找到解答使用的数学交流模式。当然还有其他可能的测评工具，了解把握学生的交流素养水平。[32]

（二）数学情感素养的测评

学生对数学的态度或信念是影响学生数学学习的内在因素。蔡和梅琳娜(Cai & Merlino)开发了“比喻调查法”，这方法要求学生把数学比做一种颜色、食物或动物，即让学生用自己熟知的颜色、食物或动物来类比自己对数学喜欢或憎恶的程度以及原因。[33]这一测评方法包括“问卷调查表”以及对收集数据进行定量和定性分析的工具。

问卷调查表具有如下结构：

我们对你如何看待和考虑数学很有兴趣，请思考下面的问题，写下你的真实感觉。以下问题的回答不分正误。

如果数学是一种颜色，它应该是________，因为________________________________。

如果数学是一种食物，它应该是________，因为________________________________。

如果数学是一种动物，它应该是________，因为________________________________。

然后用定性和定量方法对学生的回答进行评分。通过定性分析，可以对学生的态度进行分类。在某次研究中曾收集到表明喜欢数学的例子：“蔬菜是对你有利的，就像数学对于现实世界是很有用一样，我们生活中需要它。一些人喜欢它，一些人则不喜欢，但健康的生活却离不了它。”也收集到不喜欢数学的例子：“我想说数学像蚊子，因为无论你试图做什么躲避它，它总会回来的。让我讨厌的是每年都要上数学课，无论你试图做什么以逃避数学课，你总不会得逞的。”学生在说明喜欢或不喜欢数学的原因时，有如下表述：“菠萝有粗糙的外壳，很难打开，但一旦打开外壳，就会有很强的满足感。数学也一样，开始很难，但你一旦达到，就很有意思。”“黑是一种黑的颜色，我们很多人无法描述它或者理解它，数学对我来说就像黑色的影子，我不喜欢。”

对上述学生给出原因进行归类，可以发现他们喜欢数学可能的原因，如他们体验到努力学习数学、克服困难、到达目标后的满足感；也能发现导致学生不喜欢数学的原因，可能是他们无法克服学习数学时遇到的挑战。我们可依据表3对数据或信息进行定量分析。

表3　数学情感测评的整体评分标准

分值水平	每个分值水平的描述
0	无法评分。
1	非常负面。如使用这样一些词或短语：“恨”、“反感”、“很不好”、“真的不喜欢”、“可怕的”、“讨厌的”等。
2	中等程度的负面。如使用这样一些词或短语：“不喜欢”、“不好的”、“令人沮丧的”等。
3	中间派或态度不明朗。如使用这样一些表述：“还行，我不喜欢但我知道我需要它”。
4	中等程度的正面。如使用如下一些词语：“有趣”、“喜欢”、“好”、“美味”等。
5	非常正面。如使用一些词，如，“喜爱”、“好极了”、“最好的”、“偏爱的”、“真的喜欢”等。

基于这样的评分标准，对学生回答进行评判，教师可利用此信息了解学生数学态度的现状，思考如何使学生对数学更有兴趣或态度更为正面。

四、对数学素养研究的展望

“核心素养是课程发展的DNA”，对核心素养的研究旨在为课程教学改革提供重要路标。[34]在探讨数学素养测评的同时，我们还需要努力构建并实施有助于培养与发展学生数学素养的课程教学实践。已有研究给了我们很多启发，如“促进协商和对话”的教学模型可为学生交流素养发展创设学习环境；[31]通过“学习项目”课程与教学设计，为数学问题解决等素养的发展重构课程资源。[32]由于数学情感是一种对数学的个体感受、内心体验，很难通过直接的、传授的教学加以培养。教师可在教学中与学生讨论利用比喻评价数学情感得到的结果，这种讨论可以聚焦在加强积极数学情感上，找到改变负面情感的方法。如何将数学素养的研究从理论构建延伸至课程教学实施，再基于实践数据进一步完善素养理论，将是我们需要继续潜心研究的领域。

参考文献：

[1] OECD. Learning for Tomorrow's World. First Results from PISA2003 [R]. Paris: OECD, 2004.

[2] OECD. PISA2015 Results in Focus [R]. Paris: OECD, 2016.

[3] 凡勇昆，邬志辉. 美国基础教育改革战略新走向——“力争上游”计划评述[J]. 比较较远研究，2011(7)：82－86.

[4] Schoenfeld, A. H. Reflections on Curricular Change [A]. Y. Li, G. Lappan. Mathematics Curriculum in School Education. Advances in Mathematics Education [C]. Springer, 2014: 49－72.

[5] 徐斌艳. 关于德国数学教育标准中的数学能力模型[J]. 课程・教材・教法，2007(9)：84－87.

[6] Sahlberg, P. PISA in Finland: An Education Miracle or An Obstacle to Change? [J]. C・E・P・S Journal, 2011, 1(3): 119－140.

[7] 教育部. 教育部关于进一步推进义务教育均衡发展的若干意见[EB/OL]. http://www.moe.gov.cn/srcsite/A06/s3321/200505/t20050525_81809.html, 2015－09－20/2017－08－01.

[8] 徐淀芳. 学业质量绿色指标实践研究[J]. 教育发展研究，2012(Z2)：1－6.

[9] [34] 钟启泉. 基于核心素养的课程发展：挑战与课题[J]. 全球教育展望，2016(1)：3－25.

[10] 崔允漷. 追问“核心素养”[J]. 全球教育展望，2016(5)：3－10.

[11] 邵朝友. 评价范式视角下的核心素养评价[J]. 教育发展研究，2017(4)：42－47.

[12] 张乔平. 西方国家数学教育中的数学素养：比较与展望[J]. 全球教育展望，2017(3)：29－43.

[13] UNESCO. Aspects of Literacy Assessment. Topics and Issues from the UNESCO Expert Meeting [R]. Paris: UNESCO, 2006.

[14] National Council of Teachers of Mathematics. Curriculum and Evaluation Standards for School Mathematics [M]. Reston, VA: Author, 1989.

[15] National Council of Teachers of Mathematics. Assessment Standards for School Mathematics [M]. Reston, VA: Author, 1995.

[16] Common Core State Standards Initiative. Common Core State Standards for Mathematics [EB/OL]. Washington, D.C.: National Governors Association Center for Best Practices and the Council of Chief State School Officers, http://www.corestandards.org, 2011－04－29/2017－08－01.

[17] [20] 全美州长协会和首席州立学校官员理事会. 美国州际核心数学课程标准：历史、内容和实施[M]. 蔡金法，孙伟，等，译. 北京：人民教育出版社，2016：7，254－257.

[18] Suurtamm, C. Assessment Can Support Reasoning and Sense Making [J]. The Mathematics Teacher, 2012, 106(1): 28－33, 29.

[19] Moving Forward Together. Curriculum & Assessment and the CCSSM [EB/OL]. http://www.mathismore.net/resources/MovingForward/MFT_Final_Report.pdf, 2011-04-29/2017-08-01.

[21] Krzywacki, H., Pehkonen, L. & Laine, A. Promoting Mathematical Thinking in Finnish Mathematics Education [A]. H. Niemi et al.. Miracle of Education [C]. Sense Publishers, 2016: 109-123.

[22] Finnish National Board of Education. National Core Curriculum for Basic Education [M]. Helsinki: Opetushallitus, 2014.

[23] Hendrickson, K. A. Learning from Finland: Formative Assessment [J]. The Mathematics Teacher, 2012,105(7): 488-489.

[24] 徐斌艳.关于德国数学教育标准中的数学能力模型[J].课程·教材·教法,2007(09): 84-87.

[25] H. Winter. Mathematikunterricht und Allgemeinbildung [J]. Mitteilung der Gesellschaft fuer Didaktik der Mathematik, 1995(61): 37-46.

[26] Curriculum Planning and Development Division. Mathematics Syllabus. Secondary One to Four. Normal (Technical) Course [S]. Ministry of Education, Singapore. 2012.

[27] [28] Fan, L. Performance Assessment in Mathematics [M]. Prentice Hall, 2011: 8,8.

[29] 蔡金法,徐斌艳.也论数学核心素养及其构建[J].全球教育展望,2016(11): 3-12.

[30] Cai, J., Jakabcsin, M. & Lane, S.. Assessing Students' Mathematical Communication [J]. School Science and Mathematics, 1996,96(5): 238-246.

[31] Lane, S. The Conceptual Framework for the Development of a Mathematics Performance Assessment Instrument [J]. Educational Measurement, Issues and Practice, 1993(12): 16-23.

[32] 徐斌艳,朱雁,鲍建生,孔企平.我国八年级学生数学学科核心能力水平调查与分析[J].全球教育展望,2015(11): 57-67.

[33] Cai, J. & Merlino, F. J. Metaphor: A Powerful Means for Assessing Students' Mathematical Disposition [A]. D. J. Brahier & W. Speer. Motivation and Disposition: Pathways to Learning Mathematics [C]. National Council of Teachers of Mathematics 2011 Yearbook. Reston, VA: NCTM, 2011: 147-156.

[35] 徐斌艳.学习文化与教学设计[M].北京:教育科学出版社,2012.

[36] 徐斌艳.数学课程改革与教学指导[M].上海:华东师范大学出版社,2009.

学生发展核心素养的考试和评价——以PISA2015创新考查领域“协作问题解决”为例

| 王 蕾

一、引言

学生发展核心素养已经成为我国基础教育领域的热词。①《中国学生发展核心素养(征求意见稿)》将学生发展核心素养定义为“学生应具备的、能够适应终身发展和社会发展需要的必备品格和关键能力,综合表现为9大素养,具体为社会责任、国家认同、国际理解;人文底蕴、科学精神、审美情趣;身心健康、学会学习、实践创新。”[1]与传统的知识和能力的提法相比,素养一词更具有时代感,将成为未来若干年我国教育尤其是基础教育改革的关键词。

在全球化时代,资本、技术和高端人才在全球范围内迅速流动,带来了经济发展模式的不断变化。一个人终身从事一种职业的现象将发生变化。与此同时,信息技术的飞速发展每时每刻改变着人们的生活和工作方式。旧的职业不断消失,新的职业不断产生。在这种背景下,无论对于国家、地区,还是个人,教育被公认是经济和社会发展竞争的基础。国家和地区需要为经济发展的转型准备合格的劳动者。个人需要具备迅速转换职业的能力才能在社会竞争中处于有利地位。在这种背景下,学生发展核心素养的概念提出,体现了我国教育管理者和研究者的远见卓识和与时俱进。

学生发展核心素养是继2001年我国高中课程改革(俗称“新课改”)后又一次对基础教育课程体系的重大变革。[2]学生发展核心素养概念的提出,将又一次从整体上转换教育领域的话语体系。对于经过多年的学习和工作已经形成了熟悉路数的一线教师和教育管理者来说,这意味着观念的革新和大量的艰苦工作。这个重要概念的落地不会是一蹴而就的。中国学生发展核心素养的提出和推动,其根本出发点是强调社会责任感、创新精神和实践能力,促进学生全面发展。它是时代对教育提出的要求,教育工作者不能不积极、主动地回应这种要求。

二、学生发展核心素养的考试和评价

长期以来,我国教育存在“考什么教什么,教什么考什么”的现象。考试是教育的自然伴

---

① 详见:钟启泉.基于核心素养的课程发展:挑战与课题[J].全球教育展望,2016(1):3-25.崔允漷.追问“核心素养”[J].全球教育展望,2016(5):3-10.张华.论核心素养内涵[J].全球教育展望,2016(4):10-24.

随品，是现代教育中绩效问责的主要手段。考试中要求的内容自动会成为教学的重点，考试中没有的内容则往往流于课标上的空话。“考什么教什么”虽然严重点说会带来教育的扭曲，但对教师和学校来说有其合理性。“教什么考什么”反映的是一种技术现状。现实中，考试的内容往往受教学内容的限制，否则很容易引起教学者的反弹。但是，这种现实的选择却未必是合理的选择。

从专业名词角度，考试往往意味着对学生给出成绩。评价则往往意味着对一种教育方法、一个教育体系、一个地区的整体教育质量给出考核结论。考试和评价不但是教育内部的环节，很多情况下又是连接教育和社会的桥梁。

要想使学生发展核心素养的思想和目标真正落地，关键在于研究如何改革现有考试和评价的内容和形式。在学生发展核心素养的理论框架下，设计和实施大规模考试和评价，从而发挥考试和评价的指挥棒作用，引导教师和学生自觉地将学生发展核心素养作为教育教学的中心任务。

下面以经济合作与发展组织（OECD）组织的学生国际评价（PISA）中的一个创新评价领域“协作问题解决”为例，讨论学生发展核心素养如何在考试和评价中落地。通过考试和评价对学生发展核心素养的重视，渴望推动这一概念为更多的教师所接受和实践。

（一）关于核心素养的考试和评价的操作性定义

为确定 PISA 所评价的核心素养内容，OECD 曾专门成立了“素养的界定与遴选”工作组，建立核心素养的理论框架，然后收集大量的内外部效度证据，进行实证研究，形成框架和共识。[3]这是宏观层面的第一步。但是，这里定义的素养，往往还是比较抽象的心理学建构，距离考试中如何具体实现还有距离。

在 OECD 定义的核心素养中，“问题解决”是不同于传统的数学、阅读、科学的一个创新的领域。数学、阅读、科学等领域很容易和具体的教学内容相关联，表现在命题教师很容易出题考试。而问题解决则是“看上去很美”，似乎人人都知道说什么，但又显得无边无沿、不好把握。PISA2003，OECD 对其给出的第一版操作性定义是“个体利用认知能力去处理和解决真实的、跨学科的情境和问题，这时，解决方案不是显而易见的，所涉及的内容或学科知识也未必限制在一个单一学科领域内”。[4] PISA2003 定义形成后，问题解决从一个抽象的名词到具有了可测量性。但是，OECD 在 PISA2006 和 PISA2009 两轮测试中并未实施对问题解决的评价，直到 PISA2012 才给出第二版定义：“个体进行认知处理从而理解和解决那些解决方法不是显而易见的问题情境的能力，包括主动介入这种情境以达成个人作为建设性的和善反思的公民的潜质的意愿”。[5] PISA2012，问题解决第一次成为 PISA 基于计算机实施的评价领域。但仅仅三年后，PISA 在其基础上推出一个更新的评价领域，称作“协作问题解决”，其定义为：“个体有效介入有两个或更多其他个体同时尝试的，通过分享对问题的理解和努力达成一种解决方案的能力，这种解决方案融合了他们共同的知识、技能和努力”。[6] 以上界定随即在 PISA2015 测试中加以实施。

从 PISA2003 到 PISA2012，两个不同版本的定义变化的内容集中在其后半句，即：包括主动介入这种情境以达成个人作为建设性的和善反思的公民的潜质的意愿。这个说法看似累赘，但不难看出这一定义和我国 2001 年新课改强调情感、态度、价值观存在某种一致性。

PISA2015 将 PISA2012 的"问题解决"升级为"协作问题解决"，这是一个比较大的推进。在日益全球化和计算机化的经济背景下，当今世界的许多问题解决类工作都是通过团队来完成。与个体的问题解决能力相比，协作问题解决能力显得愈加重要。协作问题解决能力有助于人力资源的分工合作，整合源于不同认知、视角和体验的信息，提高团队成员在问题解决上的创造力与质量。由此可见，考试和评价领域的考查对象及其操作性定义也是渐进发展的，未必一步到位，更不存在一成不变的绝对真理。学生发展核心素养必须反映时代要求，具有时代特征。

操作性定义的关键是可观察和可测量，从而达到可定量。素养和知识、能力等概念的不同在于它未必存在完美的理论体系，更多地体现在行为和举止上。以数学为例，长期以来，对学生而言数学就是大量的公式和定理，传统的数学考试和评价——无论是知识考查还是能力考查——往往是在一个抽象的数学世界中进行的。数学素养则更多地强调数学是描述、构建、理解和预测世界的一种语言，而不是大量与真实环境完全不搭界的习题。学生是否具备数学素养，意味着他们是否能够理解数学的基本概念；是否可以将面对的新情况或新问题转变为数学形式；是否可以使用相关的数学知识来识别、处理、解决这些问题；是否能在问题的原始状态下评价和选择不同的解决方案；与解题相比，这是更核心的问题，也是在给出素养的操作性定义时更加关注的问题。

（二）核心素养的考试和评价题目应来源于真实生活而不是凭空想象

在向参与国家征集 PISA 题目时，要求 PISA 题目来源于真实生活而不是凭空想象。每一个评价领域都对题目背景来自的生活范围作出明确规定。比如，阅读的题目背景必须来自个人应用、学习、职业、公共事务；数学的题目背景必须来自个人生活、社会生活、职业生涯、科学研究；科学的题目背景必须来自个人生活、本地或本国、全球范围。

协作问题解决着眼于出自对学生在课堂内外所面临的协作互动和为今后学习工作所应做的"准备"。其评价基于学校学习、工作过程中或公共场合下所形成的协作技能。真实的生活环境要求学生在理论和知识之外具备与人打交道的技能，比如沟通、冲突管理、团队组织、达成共识及过程管理。

限于篇幅和 PISA 的管理规定，我们无法在这里列举具体的题目。但是，所有 PISA 题目的一个共同特征是：每个题目必来源于一个真实的生活场景。这个真实的生活场景被称为题干(Stimuli)。比如，拥有地图的一个人指引另一个没有地图的人在一个地形非常复杂的公园里发现特定的地点；一个小组分工完成不同的任务，比如拍摄一个小视频，互相配合完成一个科学实验，等等。[7]

（三）核心素养的考试和评价需要建立符合教育测量要求的考查模型

为了在考试中考查学生的协作问题解决能力或者说素养，出题者需要在操作性定义的基础上进一步描绘不同类型的协作问题解决任务。PISA 将协作问题解决的考查内容细分成决定、协调和成果三项任务。决定是团队成员通过争辩、讨论、协商，最终做出一致的决定；协调指确保问题解决者之间相互依存的方法；成果指团队成员通过协商对信息进行选择从而满足团队目标。为此，PISA2015 将协作问题解决能力的发展划分成三个维度和四个过程。三个维度是达成共识、采取行动、建立团队；四个过程是探索和理解、表达和陈述、计划和执行、监控和反思。由此形成协作问题解决能力矩阵，这就是从教育测量角度建立的考查模型[8]（具体如表 1 所示）。

表 1　PISA2015 协作问题解决能力矩阵（三个维度和四个过程）

	1. 达成共识	2. 采取行动	3. 建立团队
A 探索和理解	(A1)发掘队员的观点和能力	(A2)根据目标，找到团队协作的方法以完成任务	(A3)理解角色定位
B 表达和陈述	(B1)建立对问题表述和理解的共识	(B2)识别并描述需要完成的任务	(B3)描述角色和组织团队(制定沟通和参与规则)
C 计划和执行	(C1)与队员沟通问题解决的方法	(C2)制定计划	(C3)遵守参与规则(如促使其他队员执行各自任务)
D 监控和反思	(D1)监控和调整共识	(D2)监控行动结果和评估问题解决的成效	(D3)监控、反馈并调整组织和角色分工

协作问题解决能力的测评情境为单元。每个单元内包含多重任务，每个任务下设置不同的题目。围绕特定问题情境，将各个单元分成 5—20 分钟不等的协作互动，包含交流、行动、结果和对测试的回应等多样化的测试形式。

（四）实现核心素养的可测评性需要充分借助信息技术

对于传统的知识型考试，纸笔考试仍不失为一种简单高效的考查方式。对于一些适应信息时代需要的高阶素养，纸笔考试显示了它的极大局限性。信息技术是唯一可能的解决途径。从 PISA2015 起，所有参加国，包括中国在内，都可以从纸笔考试和基于计算机的考试两种考查形式中选择一种，选择基于计算机考查方式的国家和地区达 94%。也就是说，绝大多数国家和地区自觉自愿地选择了基于计算机的考查方式。对于这一轮以学生发展核心素养为主要标志的新课程改革来说，这一点尤其重要。以基于计算机的考试和评价方式来代替纸笔考试，这是一个总趋势。

协作问题解决是交互式、联合、双向的过程。不仅需要考虑学生怎样对问题进行归因，而且也要考虑学生怎样通过与他人互动来调整社交进程并交换信息。基于计算机的评价则为控制测试环境、收集和分析学生表现提供了有效手段。这种控制保证了评价在技术上的可行性。

PISA2015采用了一种类似于计算机游戏的考查方式。计算机采用人工智能技术模拟出一个“智能执行者”(Agent)。它模拟具有不同技巧和能力的团队成员。学生同这个智能执行者进行协作。这种测评方法具备高度的可控性和标准化的要求,且能将学生置于多种不同的协作情境中,也可控制测试时间。学生被置身于设计好的问题情境中,每一情境都与独立的评价单元保持一致。学生通过扮演问题解决者同给定情境中的智能执行者一起对情境做出反应。

在不同的评价单元中,为了使学生需要面对的协作问题解决情境更加逼真,智能执行者通过编程来模拟不同的角色、态度和能力水平。当学生在不同的问题解决状态上逐步发生变化时,智能执行者可与学生进行沟通和行为上的互动。每一种状态都属于特定的沟通行为,这些行为可以通过智能执行者实现或由学生呈现。[9]

在评价情境中,计算机智能执行者会严格控制协作互动过程,使用策略式对话管理和快速进入协作情境的方式,在有限的测试时间内获得有效的评价结果。例如,当团队使用的解决方式花费大量时间时,“救援”智能执行者可以更改团队的行动进程,确保测评能继续进行。每个评价单元对协作问题解决能力进行测评,且代表着问题解决进程的某一阶段并包含多重步骤。

(五)对核心素养的测评结果应该从相对评分模型过渡到绝对评分模型

任何考试无法回避的问题是评分。通常,教育考试和评价有两种评分模型,其中一种是相对的评分模型,理论上称作常模参照分数报告。考试结果可以阐释为不同考生间的相对差别。另一种是绝对的评分模型。考试结果可以阐释为每一个考生距离一个共同的外部标准的距离。理论上称作标准参照分数报告。以选拔为主要目的传统考试(如高考)多采用相对评分。焦点是考生之间相对位置的高低。强调学生发展核心素养的教育目标是要让最大多数的学生都能达到这个目标。因此,采用绝对评分模型更为适宜。绝对评分模型通常采用等级制,每个不同的分数等级表示达成目标的程度。可以用不同的描述语言或获得该等级的学生能做什么来加以阐释。PISA2015协作问题解决的评分标准划分为低、中、高三个等级。每个等级表示的含义如下:[10]

(1)低级水平:学生可以获得问题的基本信息,但这些信息与任务完成基本没有关联。当学生得到明确、重复的提醒时,学生会随机采取无意义的行动,但对组织目标实现的贡献很小。这部分学生往往单独行动,也与自己的任务角色定位不相符,其行为和协作不能帮助团队消除潜在的问题障碍。

(2)中级水平:学生可以获得大部分的信息和提示,基本可以选择有助于组织目标实现的行动,基本能够完成自己的角色任务,甚至偶尔也会采取主动行动。总之,中等水平的学生属于好队员,但在团队协作解决问题时的积极性和主动性不足。

(3)高级水平:学生可以灵活利用信息和提示,选择有助于组织目标实现的行动。学生会主动采取行动，积极寻求其他成员的信息和帮助，有效应对冲突、变化和消除阻碍。作为一个负责任的团队成员，在需要时会主动采取措施消除协作解决问题时的各种障碍。

对于已经在围棋上战胜了李世石的人工智能来说，以上所讨论的技术问题都显然没有任何技术上的壁垒。

三、结语

教育教学和考试评价往往是一对矛盾。在不成功的教育体系中，他们往往互相对立、互相牵制，以致互相埋怨；在高效成功的教育体系中，两者相辅相成、互相促进。PISA 测试始于 2000 年，仅仅十几年的时间，某种程度上已经成为事实上的教育国际标准。它在教育观念、管理体制、考试和评价技术等很多方面值得我们学习和借鉴。

参考文献：

[1] 中国教育学会.关于征求对《中国学生发展核心素养(征求意见稿)》意见的通知(学会发〔2016〕16)[Z]. 2016.

[2] 中华人民共和国教育部.关于印发《基础教育课程改革纲要(试行)》的通知(教基〔2001〕17)[Z]. 2001.

[3] OECD. The Definition and Selection of Key Competencies: Executive Summary [R]. Paris: OECD. 2005.

[4] OECD. PISA2003 Assessment Framework: Mathematics, Reading, Science and Problem solving Knowledge and Skill [M]. Paris: OECD Publishing, 2004.

[5] OECD. PISA2012 Assessment and Analytical Framework: Mathematics, Reading, Science, Problem Solving and Financial Literacy [M]. Paris: OECD Publishing, 2013.

[6] [8] [10] OECD. PISA2015 draft collaborative problem solving framework [EB/OL]. http://www.oecd.org/pisa/pisaproducts/pisa2015draftframeworks.htm, 2016-06-26.

[7] OECD. PISA2015 Submission Guidelines: Collaborative Problem Solving [R]. Paris: OECD, 2012.

[9] PISA2015 中国国家中心. PISA 机考公开样题[EB/OL]. http://niea.neea.edu.cn/infor.jsp? infoid=55271&class_id=40_11&child_class_id=,2015-02-11.